主　编：李洪雷
副主编：李　霞
撰稿人：（按照撰写条文的先后顺序）
　　　　李洪雷　刘　迪　戴　杕　张　亮　岳小花
　　　　刘志鑫　李　霞　张诗韵　郝嘉祺

中华人民共和国
野生动物保护法
理解与适用

李洪雷◎主　编
李　霞◎副主编

ZHONGHUA RENMIN GONGHEGUO
YESHENG DONGWU BAOHUFA
LIJIE YU SHIYONG

中国法制出版社
CHINA LEGAL PUBLISHING HOUSE

前 言

作为地球自然生态系统的重要组成部分，野生动物不仅在维护生态平衡、保障人类生存环境方面发挥着不可替代的重要作用，还是人类社会经济、科学研究、文化传统等领域不可或缺的重要物质资源。党和政府一直高度重视野生动物保护事业，致力于制定和不断完善野生动物保护方面的规范。这些规范对于加强野生动物及其栖息地保护和拯救繁育工作、维护生物多样性、推进生态文明建设发挥了重要作用。

现行野生动物保护法于1988年制定，2004年、2009年和2018年三次修正，2016年和2022年两次修订。2022年12月30日，第十三届全国人大常委会第三十八次会议通过了修订后的野生动物保护法，新法将于2023年5月1日起施行。新修订的野生动物保护法深入贯彻习近平生态文明思想和党的二十大精神，秉持绿色发展理念，坚持保护优先、规范利用、严格监管的原则，进一步完善了野生动物保护和管理制度，加大了对违法行为的处罚力度，注重与生物安全法、动物防疫法、畜牧法等相关法律的衔接，有助于促进人与自然的和谐共生。

为了积极配合对新修订的野生动物保护法的学习和宣传，我们组织了九位行政法学者，共同编写了这本《中华人民共和国野生动物保护法理解与适用》。本书在准确把握野生动物保护法立法目的和原则的基础上，阐述了野生动物保护和管理的各项重要制度，解答了野生动物保护法贯彻实施中的重点和难点问题，具有权威性、系统性、基础性、示范性、实用性等特点。

各章撰写分工如下：

第一章　李洪雷　刘　迪

第二章　戴　杕

第三章　张　亮　岳小花　刘志鑫

第四章　李　霞　张诗韵　郝嘉祺

第五章　李　霞

全书由李洪雷统稿、李霞协助统稿。

我们为保证本书的质量尽了最大的努力，但因编写时间和水平有限，错漏在所难免，恳请广大读者不吝指正。

本书编者

2023 年 2 月

目 录
Contents

第一章 总 则

第 一 条 【立法目的】 ………………………………………… 1
第 二 条 【适用范围】 ………………………………………… 5
第 三 条 【所有权及合法权益保护】 ………………………… 9
第 四 条 【基本原则】 ………………………………………… 11
第 五 条 【野生动物及其栖息地的保护】 …………………… 15
第 六 条 【公民义务和权利】 ………………………………… 18
第 七 条 【管理体制】 ………………………………………… 21
第 八 条 【宣传教育和舆论监督】 …………………………… 23
第 九 条 【表彰和奖励】 ……………………………………… 27

案例评析

张曙某、谢大某非法收购、运输、出售珍贵、濒危野生动物
及其制品案 ……………………………………………………… 29

第二章 野生动物及其栖息地保护

第 十 条 【分类分级保护】 …………………………………… 31
第十一条 【野生动物及其栖息地状况调查、监测和评估】 …… 36
第十二条 【野生动物重要栖息地与自然保护地管理】 ……… 40
第十三条 【涉野生动物栖息地规划与项目建设】 …………… 44
第十四条 【野生动物环境影响监测与调查处理】 …………… 47
第十五条 【野生动物应急救助与收容救护】 ………………… 49

第十六条　【野生动物防疫管理】……………………………… 54
第十七条　【野生动物遗传资源保护】…………………………… 57
第十八条　【野生动物危害防控】………………………………… 60
第十九条　【野生动物致害法律后果】…………………………… 64

案例评析

某市人民检察院诉陈某云、罗某鄘生态破坏民事公益诉讼案 ……… 68
林秀某诉某市人民政府、某市边境经济合作区管理委员会、
　某市林业局野猪伤人行政补偿案 ……………………………… 70

第三章　野生动物管理

第二十条　【禁止妨碍野生动物生息繁衍活动】……………… 72
第二十一条　【猎捕国家重点保护野生动物的特许制度】……… 75
第二十二条　【狩猎许可管理】………………………………… 78
第二十三条　【狩猎行为管理】………………………………… 80
第二十四条　【猎捕工具和方法限制】………………………… 82
第二十五条　【人工繁育野生动物分类分级管理】…………… 84
第二十六条　【人工繁育野生动物的具体要求】……………… 86
第二十七条　【人工繁育野生动物的致害责任】……………… 89
第二十八条　【野生动物及其制品的经营限制】……………… 92
第二十九条　【对人工繁育技术成熟稳定的野生动物资源
　　　　　　　的特殊管理】………………………………… 95
第三十条　【利用野生动物及其制品的原则性要求】………… 98
第三十一条　【禁止食用、生产经营国家重点保护野生动
　　　　　　　物和有重要价值陆生野生动物及其制品】……… 103
第三十二条　【禁止发布广告的情形】………………………… 106
第三十三条　【禁止交易与服务场所违法提供服务】………… 108
第三十四条　【运输、携带、寄递野生动物及其制品的要求】… 111
第三十五条　【相关部门的职责分工及执法协调机制】……… 114
第三十六条　【有关部门有权采取的执法措施】……………… 118
第三十七条　【进出口管理】…………………………………… 122
第三十八条　【遗传资源保护】………………………………… 125

第三十九条 【国际合作与交流】……………………………… 129
第 四 十 条 【境外引进野生动物】……………………………… 133
第四十一条 【放生的类型与限制】……………………………… 137
第四十二条 【禁止伪造证件和批件】…………………………… 142
第四十三条 【外国人野外考察等的管理】……………………… 145
第四十四条 【授权制定地方性法规】…………………………… 147

案例评析

临某船务有限公司诉 S 市渔政支队行政处罚案……………… 149
欧某诉高某饲养动物损害责任纠纷案………………………… 150

第四章 法律责任

第四十五条 【行政机关不依法履责的法律责任】……………… 152
第四十六条 【违反自然保护地管理规定、建设项目规定
　　　　　　 的法律责任】………………………………………… 156
第四十七条 【以收容救护为名买卖野生动物及其制品的
　　　　　　 法律责任】…………………………………………… 159
第四十八条 【违法猎捕国家重点保护野生动物、未将猎
　　　　　　 捕情况向野生动物保护主管部门备案的法
　　　　　　 律责任】……………………………………………… 162
第四十九条 【在自然保护地、无狩猎证或者使用禁用的
　　　　　　 工具、方法等违法猎捕野生动物的法律责
　　　　　　 任】…………………………………………………… 166
第 五 十 条 【以食用为目的猎捕、交易、运输在野外环
　　　　　　 境自然生长繁殖的野生动物的法律责任】………… 170
第五十一条 【人工繁育有关野生动物而未取得人工繁育
　　　　　　 许可证或者未备案的法律责任】…………………… 173
第五十二条 【违法出售、购买、利用、运输、携带、承
　　　　　　 运、寄递有关野生动物及其制品的法律责
　　　　　　 任】…………………………………………………… 175
第五十三条 【违法食用、生产经营野生动物及其制品的
　　　　　　 法律责任】…………………………………………… 180

第五十四条	【违法发布广告的法律责任】	183
第五十五条	【违法提供展示、交易、消费服务的法律责任】	186
第五十六条	【违法进出口的法律责任】	191
第五十七条	【违法提供野生动物遗传资源的法律责任】	196
第五十八条	【违法引进野生动物物种的法律责任】	200
第五十九条	【违法将引进野生动物放生、丢弃的法律责任】	204
第 六 十 条	【违法伪造、变造、买卖、转让、租借相关批准文件的法律责任】	207
第六十一条	【罚没野生动物及其制品的处理】	211
第六十二条	【野生动物及其制品价值的评估规定】	214
第六十三条	【野生动物保护公益诉讼制度】	219

案例评析

甲市乙区丙餐厅诉甲市自然资源局处罚决定案 …………… 224

闵某春诉甲县森林公安局、甲县人民政府处罚决定案 …………… 225

第五章 附 则

第六十四条	【施行日期】	228

第一章 总 则

> **第一条 【立法目的】** 为了保护野生动物，拯救珍贵、濒危野生动物，维护生物多样性和生态平衡，推进生态文明建设，促进人与自然和谐共生，制定本法。

【条文主旨】

本条是关于野生动物保护法立法目的的法律规定。立法目的通常规定在一部法律的第一条，以开宗明义、总览全法。任何法律制定都有其要实现的预期目的，立法目的是法要实现的基本价值和法的基本使命，体现着立法者的价值观念。本次修订新增了"促进人与自然和谐共生"这一立法目的，明确野生动物保护法的立法目的主要包括五个方面：一是保护野生动物，二是拯救珍贵、濒危野生动物，三是维护生物多样性和生态平衡，四是推进生态文明建设，五是促进人与自然和谐共生。

【理解与适用】

野生动物保护法的立法目的包括以下五个方面。

一、保护野生动物

野生动物是地球上所有生命和自然生态体系的重要组成部分，它们的生存状况同人类可持续发展息息相关。要遵循自然规律，加强野生动物栖息地整体保护、系统修复，推进野生动物保护科技攻关、人才培养和国际合作，促进野生种群繁衍复壮，保护自然生态系统的原真性和完整性，给子孙后代留下自然遗产。[①] 野生动物保护法自1988年颁布以来，曾于2004

[①] 《栗战书在全国人大常委会有关决定和野生动物保护法执法检查座谈会上的讲话》，载全国人大网，http://www.npc.gov.cn/npc/c30834/202007/864be8d61f594486ba5ba8a264ee2161.shtml，最后访问日期：2023年1月15日。

年、2009 年、2016 年和 2018 年修改。其中，前两次修改并未对立法目的进行修改，维持了 1988 年"为保护、拯救珍贵、濒危野生动物，保护、发展和合理利用野生动物资源，维护生态平衡，制定本法"的表述。在 2016 年修订中，该表述被修改为"为了保护野生动物，拯救珍贵、濒危野生动物，维护生物多样性和生态平衡，推进生态文明建设，制定本法"，并沿用至今。之所以作出这一修改，主要是为了回应当时社会上对本法立法目的的误解，即只有珍贵、濒危的野生动物才需要被保护，对于其他野生动物则更注重对其的合理利用。将"保护野生动物"作为立法目的的第一项，表明立法最重要的宗旨就在于保护野生动物，以更好地统领立法、容纳法条规范。本次修法保留了 2016 年的表述，对此未作修改。

但是对于野生动物的保护范围，目前学界存在不同的观点：有学者认为，不能以当前是否"珍贵、濒危""有益的"或者"有重要经济、科学研究价值"来确定法律的保护范围，而是应当扩大到所有野生动物；[①] 也有学者认为应扩展至大部分野生动物，特别是陆生脊椎野生动物，仅排除常见鱼虾等少数水生野生动物；[②] 还有学者认为应将全部野生动物包含在立法范围之内，在不同事项上则可根据野生动物的类型采取不同的规制措施。[③] 笔者认为，野生动物是重要的自然资源和生态资源，不论是珍贵、濒危的野生动物，还是普通的野生动物，对生态平衡的维护均具有重要意义，均需要加以一定程度的保护。

二、拯救珍贵、濒危野生动物

"拯救"一词体现了立法对珍贵、濒危野生动物的重点保护。在我国，珍贵、濒危野生动物是指收录在《国家重点保护野生动物名录》中的野生动物。《国家重点保护野生动物名录》由国务院野生动物保护主管部门组织科学论证评估后，报国务院批准公布。在 2021 年公布的新调整的《国家重点保护野生动物名录》中，共列入野生动物 980 种和 8 类，其中国家一级保护野生动物 234 种和 1 类、国家二级保护野生动物 746 种和 7 类。

---

① 宋蕾、秦天宝：《论我国野生动物保护法制之完善》，载《昆明理工大学学报（社会科学版）》2009 年第 4 期。

② 常纪文、吴平、王克颖、尹立霞：《〈野生动物保护法〉修改的热点问题与建议》，载《中国环境管理》2016 年第 1 期；莘萍：《野生动物保护法修订应体现善治理念》，载《中央社会主义学院学报》2016 年第 1 期。

③ 李洪雷、戴杕：《我国野生动物立法的检视与完善》，载《浙江学刊》2020 年第 3 期。

上述物种中，686种为陆生野生动物，294种和8类为水生野生动物。①

随着人类社会的不断发展，以及对能源、土地资源和环境资源等的不断损耗，越来越多的野生动物面临着栖息地的退化、开发、外来入侵物种、污染、气候变化等生存危机。世界自然基金会（World Wide Fund for Nature or World Wildlife Fund，WWF）公布的数据显示，由伦敦动物学会（The Zoological Society of London，ZSL）所负责监测的5230个物种、近3.2万个种群——包括哺乳动物、鸟类、两栖动物、爬行动物和鱼类，自1970年以来平均下降了69%。② 同时，野生动物还面临着被人为非法猎捕、杀害的风险，为此，我国刑法共设置了5个与野生动物直接联系的罪名，分别是走私珍贵动物、珍贵动物制品罪，非法捕捞水产品罪，非法猎捕、杀害珍贵、濒危野生动物罪，非法收购、运输、出售珍贵、濒危野生动物、珍贵、濒危野生动物制品罪以及非法狩猎罪。

三、维护生物多样性和生态平衡

野生动物是自然生态系统的重要组成部分，保护野生动物是维持生物多样性、保持生态平衡的重要举措。中国于1992年6月11日签署了联合国《生物多样性公约》（Convention on Biological Diversity）。③ 该公约于1993年12月29日对中国生效。作为生物多样性最丰富的国家之一，中国积极履行缔约国责任，高度重视生物多样性保护工作，实施了一系列保护措施。党的二十大报告明确提出，要加快实施重要生态系统保护和修复重大工程，实施生物多样性保护重大工程。

根据《中国的生物多样性保护》白皮书，"生物多样性"是生物（动物、植物、微生物）与环境形成的生态复合体以及与此相关的各种生态过程的总和，包括生态系统、物种和基因三个层次。生物多样性关系人类福祉，是人类赖以生存和发展的重要基础。人类必须尊重自然、顺应自然、

---

① 《国家重点保护野生动物名录》（国家林业和草原局、农业农村部公告2021年第3号），载国家林业和草原局网站，http://www.forestry.gov.cn/main/5461/20210205/122418860831352.html，最后访问日期：2023年1月15日。

② 《〈地球生命力报告2022〉：野生动物种群数量在过去几十年内平均下降69%》，载世界自然基金会网站，https://www.wwfchina.org/news-detail?id=2149&type=3，最后访问日期：2023年1月15日。

③ 载联合国网站，https://treaties.un.org/Pages/ViewDetails.aspx?src=IND&mtdsg_no=XXVII-8&chapter=27&clang=_en，最后访问日期：2023年1月15日。

保护自然,加大生物多样性保护力度,促进人与自然和谐共生。① 生态平衡,是指生态系统中生物与环境之间、生物与生物之间相互作用而建立起来的,生产过程与消费分解过程基本相当的动态平衡。生态平衡是一种动态的平衡,具有一定的内部调节能力,为人类提供着赖以生存的、适宜的环境条件和物质资源。生态平衡一旦遭到破坏,很可能出现一系列连锁反应,从而使该系统内的各类生物濒临灭绝。保护野生动物是维护生物多样性和生态平衡的重要环节,两者密切相关:首先,保护野生动物,拯救珍贵、濒危野生动物是维护生物多样性的题中应有之义;其次,野生动物作为生态系统中的重要组成部分,其生存、活动是维持生态系统动态平衡不可或缺的因素之一;最后,当生物多样性和生态平衡达到良好状态时,也会反哺于野生动物,为之提供适宜的栖息地和生存物质。

四、推进生态文明建设

自改革开放以来,伴随着人口的不断增长和经济社会的快速发展,我国的生态环境面临重大挑战。《2021中国生态环境状况公报》公布的数据显示,在2021年,全国339个地级市中,空气质量达标的城市仅为218个,占比64.3%;全国水土流失面积为269.27万平方千米,全国荒漠化土地面积为261.16万平方千米,沙化土地面积为172.12万平方千米;4357种已知脊椎动物(除海洋鱼类)中,需要重点关注和保护的脊椎动物2571种,其中受威胁的932种、近危等级的598种。② 面对以上数据,必须承认,虽然近年来我国生态环境状况已趋于好转,但总体仍面临着严峻的考验。

进入新时代,党和国家更加重视生态问题,不断提升生态文明建设的战略地位。党的十八大报告将生态文明建设纳入中国特色社会主义事业总体布局,将生态文明建设作为统筹推进"五位一体"总体布局和协调推进"四个全面"战略布局的重要内容。党的十九大报告提出建设生态文明是中华民族永续发展的千年大计,并提出了建设美丽中国的战略目标。对野生动物的保护、野生动物栖息地的保护和建设,不仅有利于维护生物多样性、提升生态系统稳定性和持续性,更是推进我国生态文明建设的重要途径。

---

① 国务院新闻办公室:《〈中国的生物多样性保护〉白皮书》,载国务院新闻办公室网站,http://www.scio.gov.cn/ztk/dtzt/44689/47139/index.htm,最后访问日期:2023年1月15日。

② 《2021中国生态环境状况公报》,载中华人民共和国生态环境部网站,https://www.mee.gov.cn/hjzl/sthjzk/zghjzkgb/202205/P020220608338202870777.pdf,最后访问日期:2023年1月15日。

五、促进人与自然和谐共生

促进人与自然和谐共生是本次修法的新增内容。党的二十大报告指出:"大自然是人类赖以生存发展的基本条件。尊重自然、顺应自然、保护自然,是全面建设社会主义现代化国家的内在要求。必须牢固树立和践行绿水青山就是金山银山的理念,站在人与自然和谐共生的高度谋划发展。"[1] 人类与自然的关系是辩证统一的,自然界为人类社会的活动提供了必要的物质基础和前提,而人类则通过活动影响和改变着自然并受到自然的约束。历史的经验表明,人类和自然是一荣俱荣、一损俱损的命运共同体,绿水青山就是金山银山,过度攫取自然资源以换取物质财富的结果只能导致人与自然关系的紧张从而损害人类自身。野生动物作为自然资源中的重要组成部分,构成了人与自然和谐共生中的关键一环。把促进人与自然和谐共生作为立法目的之一,体现了野生动物保护的重要性和战略意义。

【关联规范】

《中华人民共和国宪法》第九条第二款;《中华人民共和国自然保护区条例》;《中华人民共和国陆生野生动物保护实施条例》;《中华人民共和国水生野生动物保护实施条例》。

> **第二条 【适用范围】** 在中华人民共和国领域及管辖的其他海域,从事野生动物保护及相关活动,适用本法。
> 本法规定保护的野生动物,是指珍贵、濒危的陆生、水生野生动物和有重要生态、科学、社会价值的陆生野生动物。
> 本法规定的野生动物及其制品,是指野生动物的整体(含卵、蛋)、部分及衍生物。
> 珍贵、濒危的水生野生动物以外的其他水生野生动物的保护,适用《中华人民共和国渔业法》等有关法律的规定。

---

[1] 《习近平:高举中国特色社会主义伟大旗帜 为全面建设社会主义现代化国家而团结奋斗——在中国共产党第二十次全国代表大会上的报告》,载中国政府网,http://www.gov.cn/xinwen/2022-10/25/content_5721685.htm,最后访问日期:2023年1月15日。

【条文主旨】

本条是关于野生动物保护法适用范围的法律规定。

【理解与适用】

本条沿袭原法①条文，未予修改。

一、在中华人民共和国领域及管辖的其他海域，从事野生动物保护及相关活动，适用本法

（一）空间效力：中华人民共和国领域及管辖的其他海域

本条第一款规定了野生动物保护法的适用范围是中华人民共和国领域及管辖的其他海域。中华人民共和国领域，是指国家主权管辖下的一切陆地、水域及其底土和上空，即由领陆、领水和领空三部分构成。领陆是指国家主权管辖下的陆地及其底土，包括所属岛屿。领水，包括领海和内水，是指国家主权管辖下的全部水域及其底土。其中，领海是指领海基线向外十二海里的水域，领海也是沿海国领土的一部分，属于沿海国的主权范围。内水是指国家领域内及领海基线向陆地一侧的所有水域及水道，包括河口、湖泊、港口和内海等。领海基线，根据《联合国海洋法公约》，通常是指沿海国官方承认的大比例尺海图所标明的沿岸低潮线。② 领空是指国家领陆和领水之上的空域。③

管辖的其他海域，是指毗连区、专属经济区和大陆架以及根据国际法我国享有管辖权的国家领域之外的其他区域。毗连区，是指领海以外邻接领海的宽度为十二海里的海域。④ 专属经济区，又称经济海域，是指领海以外并邻接领海的区域，从测算领海宽度的基线量起延至二百海里。大陆架，是指领海以外依本国陆地领土的全部自然延伸，扩展到大陆边外缘的海底区域的海床和底土，如果从测算领海宽度的基线量起不足二百海里，则扩展至二百海里。⑤ 根据国际法我国享有管辖权的国家领域之外的其他区域，是指根据《联合国海洋法公约》第十一部分的规定，我国在法定时

---

① 本书中所称的原法一般指 2022 年修订之前的野生动物保护法，下文不再赘述。
② 参见《联合国海洋法公约》第五条，载联合国网站，https://www.un.org/zh/documents/treaty/UNCLOS-1982#5，最后访问日期：2023 年 1 月 15 日。
③ 参见《中华人民共和国民用航空法》第二条。
④ 参见《中华人民共和国领海及毗连区法》第四条。
⑤ 参见《中华人民共和国专属经济区和大陆架法》第二条。

间内对国际海底区域资源勘探、开发活动承担管控责任的区域①等。

野生动物保护法对于空间效力的规定，有利于在发生野生动物相关法律纠纷，尤其是引发国际争议时，明确执法管辖权归属问题，从而维护国家利益以及公民合法权益。

(二) 行为效力：野生动物保护及相关活动

本条第一款还规定了野生动物保护法的适用对象，是在中华人民共和国领域及管辖的其他海域内所开展的野生动物保护及相关活动。客观而言，野生动物保护事业具有相当程度的系统性、复杂性和专业性，而且我国地幅辽阔、气候多样，为野生动物保护和管理工作带来了更多挑战。也因此，我国野生动物保护工作的内容十分丰富，涉及多主体、多领域、多环节，如野生动物保护法律法规、政策和科学知识的宣传普及，对野生动物资源及其栖息地生态环境的调查研究和监督管理，对违法捕猎、交易、运输野生动物行为的依法惩治等。这里的"相关活动"，是指与野生动物保护相关的其他活动，这些活动的目的可能并不是保护野生动物，但其行为实质上可能会一定程度上影响野生动物保护，如利用野生动物从事其他领域的科研活动等，这些活动的展开必须在法治轨道上有序进行。

二、本法规定保护的野生动物，是指珍贵、濒危的陆生、水生野生动物和有重要生态、科学、社会价值的陆生野生动物

本条第二款是对野生动物范围的具体解释。在我国，珍贵、濒危野生动物是指收录在《国家重点保护野生动物名录》中的野生动物。② 珍贵、濒危野生动物是从野生动物的生存状态出发的概念，而有重要生态、科学、社会价值的陆生野生动物则是聚焦于野生动物的存在价值。野生动物具有生态、经济、科学、娱乐、美学和精神价值等多元价值属性。③ 有重要生态、科学、社会价值的陆生野生动物在社会上被称为"三有动物"。有重要生态价值的野生动物，其本身就是维护生态平衡、保护生物多样性的重要因素；有重要科学价值的野生动物，有利于相关科学研究的展开从而帮助人类更好地了解自然，与自然和谐共生；有重要社会价值的野生动

---

① 参见《联合国海洋法公约》第一百四十三条、第一百四十五条、第一百四十六条、第一百四十九条、第一百五十条、第一百五十一条和第一百五十三条，载联合国网站，https://www.un.org/zh/documents/treaty/UNCLOS-1982#5，最后访问日期：2023年1月15日。

② 详见本法第一条的解读。

③ 陈本寒、周平：《动物法律地位之探讨——兼析我国民事立法对动物的应有定位》，载《中国法学》2002年第6期。

物，其存在可能具有人类社会在历史进程中赋予其的特殊含义，它们可能象征着某种精神或者优秀品质，承载着美好的愿望，是文化传承与发展的重要源泉。例如，鸽子被国际社会认为是和平的象征，喜鹊在我国被认为是吉祥如意的象征，等等。2021年12月，根据野生动物保护法的有关规定，国家林草局拟定了《有重要生态、科学、社会价值的陆生野生动物名录（征求意见稿）》，并向社会公开征求意见。①

三、本法规定的野生动物及其制品，是指野生动物的整体（含卵、蛋）、部分及其衍生物

本条第三款是第二款的补充，对野生动物及其制品作了进一步解释：不仅野生动物本身，野生动物所产生的卵、蛋、部分以及其衍生物也属于本法所保护的范畴。在实践中，存在大量偷盗野生动物卵、蛋、角和皮毛等的恶劣现象，导致穿山甲、中华鲟等国家保护野生动物处于濒临灭绝的状态。本款即是为规制此类行为而进行的规定，以实现对野生动物的全方位保护。目前我国对野生动物及其制品的价值评估主要依据的是由原国家林业局（现国家林业和草原局，以下不再赘述）制定、公布并调整的《野生动物及其制品价值评估方法》和由农业农村部制定、公布并调整的《水生野生动物及其制品价值评估办法》这两个文件。

此处存在争议的是，野生动物的死体是否属于本法规定的保护对象，野生动物的死体究竟属于本法所称的野生动物还是野生动物制品？这个问题，在目前立法和司法解释中都未予以明确说明。目前学界的通说是，野生动物死体应当属于本法所规定的野生动物及其制品范畴，但在其具体归类和相关犯罪量刑上仍存在争议。根据目前的司法实践，法院倾向于将形体完整的野生动物死体认定为野生动物，以加大对野生动物违法犯罪行为的处罚力度，防止行为人为减轻或逃避责任而将野生动物杀害后进行运输和交易。②

四、珍贵、濒危的水生野生动物以外的其他水生野生动物的保护，适用渔业法等有关法律的规定

本条第四款是衔接性规定，将野生动物保护法与渔业法的保护范围予

---

① 《有重要生态、科学、社会价值的陆生野生动物名录（征求意见稿）》，载中国政府网，http://www.gov.cn/xinwen/2021-12/15/5661077/files/6f878804587a46e5973ab11e27ec719f.pdf，最后访问日期：2023年1月15日。

② 陕西省汉中市中级人民法院（2018）陕07刑终178号刑事裁定书，载中国裁判文书网，https://wenshu.court.gov.cn/website/wenshu/181107ANFZ0BXSK4/index.html?docId=FoLm6CABDTjDadqDvsLZ7y8tPXrKo9yu06d8LjNey1Skj6Gt5OAnKZO3qNaLMqsJ25nQ3WZeDDAUF0ZEauFanJBHq9I0moCszvVPy0+MTg3RTwkdZyQxwv+Iemd3t9vh，最后访问日期：2023年1月15日。

以衔接。根据本款，对于珍贵、濒危的水生野生动物以外的其他水生野生动物的保护，由渔业法予以规范。渔业法第三十七条明确规定：国家对白鳍豚等珍贵、濒危水生野生动物实行重点保护，防止其灭绝。禁止捕杀、伤害国家重点保护的水生野生动物。因科学研究、驯养繁殖、展览或者其他特殊情况，需要捕捞国家重点保护的水生野生动物的，依照野生动物保护法的规定执行。

【关联规范】

《中华人民共和国陆生野生动物保护实施条例》；《中华人民共和国水生野生动物保护实施条例》；《中华人民共和国渔业法》第三十七条；《中华人民共和国海岛保护法》第十六条；《中华人民共和国草原法》第十三条、第四十二条；《联合国海洋法公约》；《中华人民共和国专属经济区和大陆架法》；《国家保护的有益的或者有重要经济、科学研究价值的陆生野生动物名录》；《野生动物及其制品价值评估方法》；《水生野生动物及其制品价值评估方法》。

> **第三条 【所有权及合法权益保护】** 野生动物资源属于国家所有。
> 国家保障依法从事野生动物科学研究、人工繁育等保护及相关活动的组织和个人的合法权益。

【条文主旨】

本条是关于野生动物资源所有权及合法权益保护的法律规定。

【理解与适用】

本条沿袭原法条文，未予修改。

一、野生动物资源属于国家所有

自然资源国家所有权制度最早可以追溯到罗马法上的共有物和公有物理论；此后在大陆法系国家得到进一步的发展，形成了法国行政法上的国家公产理论和德国的公物制度。法国国家公产理论认为，公产是依其自然属性供公众使用的财产，政府除了保存和维持这种财产之外无须加以干预。20世纪后该理论认为，公产制度不完全排除政府可以取得收益，公产制度和经济收益不是对立的。① 德国的公物制度将公共财产认定为不同于私人所有权的一种公法意义上的所有权。

我国明确将野生动物资源归属于国家所有。本款条文的上位法依据是宪法第九条的规定："矿藏、水流、森林、山岭、草原、荒地、滩涂等自然资源，都属于国家所有，即全民所有；由法律规定属于集体所有的森林和山岭、草原、荒地、滩涂除外。国家保障自然资源的合理利用，保护珍贵的动物和植物。禁止任何组织或者个人用任何手段侵占或者破坏自然资源。"宪法是国家的根本大法，将保护珍贵动物的内容写入宪法，体现了我国对于自然资源保护的高度重视。野生动物作为自然生态系统中的重要组成部分，具有极高的生态环境价值、科学研究价值及社会价值。野生动物资源所有权归属于国家，一方面可以强化国家对于野生动物保护管理的责任和义务，使国家能够强有力地开展相应的管理保护措施；另一方面可以约束私人罔顾生态平衡、肆意捕猎的逐利行为。根据宪法以及野生动物保护法的规定，野生动物资源属于国家所有意味着：第一，国家保护珍贵的动物和植物；第二，国家保障野生动物资源在内的自然资源的合理利用；第三，任何组织或者个人不得以任何手段侵占或者破坏野生动物资源在内的自然资源。

同时，关于野生动物资源所有权的归属在民法典中也有规定。民法典第二百五十一条规定："法律规定属于国家所有的野生动植物资源，属于国家所有"，第二百四十六条规定："法律规定属于国家所有的财产，属于国家所有即全民所有。国有财产由国务院代表国家行使所有权……"

二、国家保障依法从事野生动物科学研究、人工繁育等保护及相关活动的组织和个人的合法权益

国家保障依法从事野生动物科学研究、人工繁育等保护及相关活动。野生动物保护事业需要科学和系统的基础理论研究作为支撑，这就需要大量专业的研究组织和人员依法对野生动物开展一系列科学研究工作。对野生动物展开科学研究不仅是人类进一步了解和认识自然的基础和前提，更是帮助人类科学高效地开展野生动物保护工作的重要环节。除科学研究活动外，人工繁育活动对野生动物的保护同样起着至关重要的作用。对于许多珍贵、濒危的野生动物，人工繁育是借助外界力量保证其能够繁衍存续的活动。根据国家林草局发布的《野生动物人工繁育管理规范——总则》

---

① 王名扬：《法国行政法》，北京大学出版社2007年版，第238页。

的规定，野生动物人工繁育（wildlife husbandry，WH）是指经野生动物管理部门批准，依法从事批准范围内的野生动物饲养管理，以及出售、购买、利用野生动物及其制品的经营活动。[①] 根据目前已经公示的《人工繁育国家重点保护陆生野生动物名录》以及《人工繁育国家重点保护水生野生动物名录》，我国现在有包括梅花鹿、马鹿和美洲驼等在内的 9 种陆生野生动物以及包括岩原鲤、哲罗鲑和虎纹蛙等在内的 35 种水生野生动物被纳入人工繁育国家重点野生动物的范围。同时，国家保障依法从事野生动物保护活动的组织和个人的合法权益。对于相关组织和个人在开展科学研究、人工繁育等保护活动中所需要进行的一系列必要活动，国家依法予以保障其合法权益。

【关联规范】

《中华人民共和国宪法》第九条；《中华人民共和国民法典》第二百四十六条、第二百五十一条；《中华人民共和国陆生野生动物保护实施条例》；《中华人民共和国水生野生动物保护实施条例》；《中华人民共和国水生野生动物利用特许办法》；《国家林业和草原局行政许可工作管理办法》；《人工繁育国家重点保护陆生野生动物名录（第一批）》；《人工繁育国家重点保护水生野生动物名录》；《人工繁育国家重点保护水生野生动物名录（第二批）》；《人工繁育国家重点保护水生野生动物名录（第三批）》。

> **第四条　【基本原则】** 国家加强重要生态系统保护和修复，对野生动物实行保护优先、规范利用、严格监管的原则，鼓励和支持开展野生动物科学研究与应用，秉持生态文明理念，推动绿色发展。

【条文主旨】

本条是关于野生动物保护基本原则的规定。

[①] 载行业标准信息服务平台网站，https：//hbba.sacinfo.org.cn/stdDetail/964ab15886d7cacbdd7a62f57b10495e2a973b01728d1d4711d7944692248731，最后访问日期：2023 年 1 月 15 日。

【理解与适用】

此次修订中，本条有较大改动。第一，新增"国家加强重要生态系统保护和修复"表述；第二，将"鼓励开展野生动物科学研究"修改为"鼓励和支持开展野生动物科学研究与应用"；第三，将"培育公民保护野生动物的意识，促进人与自然和谐发展"修改为"秉持生态文明理念，推动绿色发展"。

一、国家加强重要生态系统保护和修复

生态系统（Ecosystem）通常是指在一定区域内所有生物成分（植物、动物和微生物）和非生物（土壤、气候）成分的集合体，其中每个成分都相互作用，形成一个功能单位。生态兴则文明兴，生态衰则文明衰，生态环境是人类生存和发展的根基，生态系统保护和修复是功在当代、利在千秋的事业。党和政府长期以来对生态系统的保护和修复问题予以高度重视。党的十八大作出了加强生态文明建设的重大战略部署。党的十九大作出了"实施全国重要生态系统保护和修复重大工程，优化生态安全屏障体系"的决策部署。随后，国家发展改革委和自然资源部于2020年6月印发了《全国重要生态系统保护和修复重大工程总体规划（2021—2035）》，作为对当前和今后一段时期推进全国重要生态系统保护和修复重大工程的指导性规划。党的二十大报告指出，要"以国家重点生态功能区、生态保护红线、自然保护地等为重点，加快实施重要生态系统保护和修复重大工程"。

通过近年来的保护工作，我国生态系统恶化趋势基本得到遏止，生态保护和修复取得积极成效，自然资源总量快速增长，水土流失及荒漠化防治效果显著，生物多样性保护步伐加快。然而，目前我国自然生态系统总体仍较为脆弱，工业化和经济发展所积累的矛盾仍然部分存在，重要生态系统保护和修复的工作形势依然严峻。因此，这次修法在本条中增加"国家加强重要生态系统保护和修复"的表述，将加强重要生态系统保护和修复通过立法予以明确。

二、保护优先、规范利用、严格监管的基本原则

保护优先、规范利用、严格监管是开展野生动物保护与利用工作的基本原则。保护优先，是指在野生动物保护和野生动物利用之间，尤其是当两者存在冲突的时候，应当将前者放在优先地位，以保护生态系统的原真性。保护优先原则最初是2014年环境保护法修订中确立的基本原则，2016年野生动物保护法修订时将其纳入野生动物保护法的基本原则，体现了生

态文明建设的价值诉求和维护国家生态安全的战略需要。动物利用与保护的关系困境，源于人与动物关系上形成的基于人类中心主义的动物利用观和基于非人类中心主义的动物权利观的对峙。[①] 野生动物保护法中保护优先原则的确立，体现了野生动物的生态价值本位，即野生动物作为生态环境和自然资源的构成部分，其存在本身就具有保持生物多样性、维护生态平衡的重要价值。值得注意的是，保护优先并不意味着绝对禁止对野生动物资源的利用，在实践中要警惕"一刀切"的工作误区。

规范利用，是指野生动物的利用行为应当符合法律规范。包括依法对各类野生动物及其制品所开展的研究、展示、药用、食用等活动。规范利用原则的明文规定体现了我国对野生动物利用行为的严格约束：第一，个人或组织对野生动物的利用应当是正当且必要的，任何人不得出于私利实施利用野生动物的行为；第二，当个人或组织出于必要理由而利用野生动物时，应当有明确的法律依据，依法利用；第三，个人或组织应当在相应法律规定的范围内并采取法律所规定的方式来合理利用野生动物。

严格监管，是指对于野生动物的保护和利用活动，有关机关应当依照法律的规定予以严格的监督和管理。在实践中，严格监管的要求主要体现为执法机关在实施相应的监督管理活动时必须经过法律的授权，依照法律的规定积极履行其行政职责，对各类野生动物保护和利用的行为加以监督，确保野生动物保护法及相关的法律法规能够得到遵守。根据本法第三十五条第一款和第二款的规定，县级以上人民政府野生动物保护主管部门应当对科学研究、人工繁育、公众展示展演等利用野生动物及其制品的活动进行规范和监督管理，市场监督管理、海关、铁路、道路、水运、民航、邮政等部门应当按照职责分工对野生动物及其制品交易、利用、运输、携带、寄递等活动进行监督检查。对于野生动物保护犯罪的案件，公安机关、人民检察院和人民法院依法对其进行司法监督。值得注意的是，本法对公众参与监督也有所规定，如第八条第三款规定，新闻媒体应当依法对违法行为进行舆论监督。严格监管原则的确立，体现了国家对于野生动物有效保护与规范利用的重视程度，不仅是应对野生动物被乱捕猎杀泛滥现象的现实需求，也是确保保护优先和规范利用原则能够得以贯彻实施的保障性原则。

三、鼓励和支持开展野生动物科学研究与应用

在此次修订中，本条在"鼓励开展野生动物科学研究"的基础上增加

[①] 张燕：《谁之权利？何以利用？——基于整体生态观的动物权利和动物利用》，载《哲学研究》2015 年第 7 期。

了"支持"和"应用"的表述。野生动物保护作为一项科学实践，需要科学和系统的基础理论作为支撑。"工欲善其事，必先利其器"，对野生动物展开科学研究不仅是人类进一步了解和认识自然的基础和前提，更是帮助人类科学高效地开展野生动物保护工作的重要环节。目前，我国野生动物保护与研究已经取得了巨大进步，如"大熊猫科""白鳍豚科"等观点的提出以及青藏高原野生动物区系与高原隆升关系的研究等，为我国野生动物保护事业提供了先进的理论支撑。同时必须承认的是，目前我国与野生动物相关的基础科学与世界先进水平仍然存在一定差距，诸如新技术推广困难、科研成果转化率不高以及关键技术和措施的系统性和长效性不足等问题，仍然困扰着我国野生动物保护实践，相关理论研究与工程实践之间仍然存在一定程度的脱节现象。因此，本次修法不仅强调国家鼓励和支持开展野生动物科学研究活动，更强调要将研究成果予以应用，从而更好地服务野生动物保护工作。

四、秉持生态文明理念，推动绿色发展

此次修订将原法第四条的"培育公民保护野生动物的意识"调整到第六条第二款，并修改为"社会公众应当增强保护野生动物和维护公共卫生安全的意识"，将"促进人与自然和谐发展"修改为"秉持生态文明理念，推动绿色发展"。生态文明理念强调正确处理人与自然、经济发展与环境保护之间的关系，是对传统工业文明的扬弃。如前所述，自党的十八大以来，党中央、国务院大力推进生态文明建设，先后作出一系列重大部署，形成了中国特色社会主义生态文明建设理论，在保护生物多样性和维护生态平衡上取得了举世瞩目的成果。同时，伴随着社会媒体的宣传和教育部门所采取的丰富的教育形式，公民保护野生动物的意识也不断增强。但是我国生态文明建设仍然任重道远，当前生态环境还无法满足人们对美好生活的期盼、对优美环境的需求，许多珍贵、濒危野生动物仍然面临着被猎捕、杀害的危险。野生动物作为生态环境的重要构成，必须秉持生态文明理念对其进行保护，实现人与自然和谐共生的最终目标。

推动绿色发展是建设美丽中国的基础，也是新时代下对传统发展模式的创新。绿色发展要求在发展经济的同时尊重自然、顺应自然和保护自然。纵览世界各国发展历程，人们对于自然资源和生态环境愈加珍惜和重视，发展绿色经济已然成为一个重要的趋势。因此，必须坚持不懈地进行能源技术革新，壮大节能环保产业，减少对自然环境的破坏；改变不合理的生产生活方式和消费模式，提倡节约、低碳和绿色的生活方式；提高各类资源的综合利用效率，鼓励和支持新能源的开发与推广，构建种类丰富、清洁低碳、安全高效的能源体系，促使社会公众树立起生态文明理念和绿色发展观念。

【关联规范】

《中华人民共和国刑法》第三百四十一条；《中华人民共和国陆生野生动物保护实施条例》；《中华人民共和国水生野生动物保护实施条例》；《中华人民共和国渔业法》；《中华人民共和国环境保护法》；《中华人民共和国森林法》；《中华人民共和国自然保护区条例》；《中华人民共和国环境影响评价法》。

> **第五条　【野生动物及其栖息地的保护】** 国家保护野生动物及其栖息地。县级以上人民政府应当制定野生动物及其栖息地相关保护规划和措施，并将野生动物保护经费纳入预算。
>
> 　　国家鼓励公民、法人和其他组织依法通过捐赠、资助、志愿服务等方式参与野生动物保护活动，支持野生动物保护公益事业。
>
> 　　本法规定的野生动物栖息地，是指野生动物野外种群生息繁衍的重要区域。

【条文主旨】

本条是关于野生动物及其栖息地保护的规划和措施、保护经费以及社会参与的法律规定。

【理解与适用】

本条沿袭原法条文，未予修改。

一、国家保护野生动物及其栖息地

本款规定的国家保护野生动物及其栖息地，体现了对野生动物的整体性保护原则。栖息地（habitat）是一个空间概念，是指适宜动物生存和繁衍的光线、湿度、气候以及筑巢地点等物理和生物的环境因素的总和。野生动物的生存状态与其栖息地的生态状况存在密切的联系，栖息地面积的巨幅缩小以及破碎化所导致的隔离是目前造成野生动物资源减少现象和部分物种濒临灭绝的主要因素。"皮之不存，毛将焉附"，保护野生动物栖息地是保护野生动物的前提和基础，也是保护野生动物直接且有效的方法和关键性措施。鉴于法律明确性和可实施性的要求，野生动物保护法对野生动物栖息地的范围予以了法律界定，根据本条第三款的规定，野生动物保护法中所指的野生动物栖息地，是指野生动物野外种群生息繁衍的重要区域。毋庸置疑，对于野生动物栖息地的保护，其范围的合理划定是首要任务。2023年1月，国家林业和草原局就《陆生野生动物重要栖息地评估认定暂行技术规定》《陆生野生动物重要栖息地名录（第一批）》公开征求意见，旨在加强陆生野生动物种群及其栖息地保护，对陆生野生动物重要栖息地进行科学调查、评估、认定、划界和命名等工作。[①]

近年来，我国在保护野生动物栖息地方面做了巨大工作，取得了显著成效。目前我国野生动物栖息地的保护主要是通过划建自然保护区的方式，在划分的九种自然保护区类型中，专门设立了野生动物类型自然保护区。野生动物类型自然保护区，是指以野生生物物种，尤其是珍贵、濒危物种种群及其自然栖息地为主要保护对象的一类自然保护区。例如，辽宁大连斑海豹国家级自然保护区，其主要保护对象为斑海豹及其生态环境；湖南张家界大鲵国家级自然保护区，其主要保护对象为大鲵及其生态环境；云南会泽黑颈鹤国家级自然保护区，其主要保护对象为黑颈鹤及其越冬栖息地的生态环境等。另外，我国还通过划定禁猎、禁渔区，建立国家公园、森林公园、海洋特别保护区以及水产种质资源保护区等方式对野生动物栖息地予以保护。尽管如此，现阶段我国野生动物栖息地保护还远远不能满足野生动物保护的需要，部分开发、工程建设活动仍然对野生动物重要栖息地产生着不利影响，相当数量的国家、地方重要保护野生动物的生存环境受到严重威胁。因此，必须科学评估和衡量工程建设活动与生态环境保护之间的关系，警惕以破坏生态环境为代价换取经济利益的现象。根据环境影响评价法的规定，项目建设单位在进行建设活动前应当向环境保护部门提交环境影响评价文件，对规划和建设项目实施后可能造成的环境影响进行分析、预测和评估，提出预防或者减轻不良环境影响的对策和

[①] 《〈陆生野生动物重要栖息地评估认定暂行技术规定〉〈陆生野生动物重要栖息地名录（第一批）〉公开征求意见》，载国家林业和草原局网站，http://www.forestry.gov.cn/main/4461/20230105/202511981735285.html，最后访问日期：2023年1月15日。

措施，建设项目开展的全过程应当受到环保部门严格的监督和管理。另外，对野生动物栖息地的保护还需要政府建立完善的野生动物栖息地土地征用补偿制度。政府、栖息地管理机构和土地权利主体、当地居民可以就野生动物及其栖息地保护进行协商，适当限制土地权利主体、当地居民权利，并保证协商以后不增加除法律法规规定外的新义务。①

二、国家鼓励捐赠、资助、志愿服务等社会参与形式

公众参与是现代公共行政发展的一个重要趋势。政府越来越多地与相关非政府组织（Non-Governmental Organizations，NGO）、非营利组织（Non-Profit Organizations，NPO）等社会组织进行合作，鼓励和支持他们对相关问题提供更加专业的行为活动。野生动物的保护同样也需要社会力量的参与。本条第二款对野生动物保护的公众参与予以明文规定，旨在鼓励公民、法人和其他组织依法通过捐赠、资助、志愿服务等多种方式，调动各类社会主体参与野生动物保护活动的积极性，推进野生动物保护公益事业的进一步发展。社会捐赠、资助、志愿服务等是野生动物保护的重要资金、物资和人力来源。为鼓励此类社会参与，国家会依法为其活动的顺利进行提供必要的便利，对符合条件的组织和活动按规定给予税费减免及资金支持，或者通过购买服务的方式支持有关组织从事相关的保护活动。同时，本法第九条还规定了表彰和奖励制度，旨在对野生动物保护和科学研究方面成绩显著的组织和个人予以肯定。

目前，在我国组织规模及社会影响较大的全国性野生动物保护社会团体是中国野生动物保护协会（China Wildlife Conservation Association，CWCA）。根据协会的组织章程，该协会是由野生动物保护管理、科研教育、驯养繁殖、自然保护、渔猎生产者和广大野生动物爱好者自愿组成的专业性、非营利性、具有独立法人资格的全国性社会团体，是发展我国野生动物保护事业的重要社会力量。

【关联规范】

《中华人民共和国陆生野生动物保护实施条例》；《中华人民共和国水生野生动物保护实施条例》；《中华人民共和国森林法》；《中华人民共和国草原法》；《中华人民共和国水土保持法》；《中华人民共和国自然保护区条例》；《中华人民共和国环境影响评价法》。

---

① 《鼓励公众参与野生动物栖息地保护》，载中国人大网，http://www.npc.gov.cn/zgrdw/npc/lfzt/rlyw/2016-04/25/content_1987590.htm，最后访问日期：2023年1月15日。

> 第六条 【公民义务和权利】任何组织和个人有保护野生动物及其栖息地的义务。禁止违法猎捕、运输、交易野生动物，禁止破坏野生动物栖息地。
>
> 社会公众应当增强保护野生动物和维护公共卫生安全的意识，防止野生动物源性传染病传播，抵制违法食用野生动物，养成文明健康的生活方式。
>
> 任何组织和个人有权举报违反本法的行为，接到举报的县级以上人民政府野生动物保护主管部门和其他有关部门应当及时依法处理。

【条文主旨】

本条是关于公民义务和权利、增强野生动物保护和维护公共卫生安全意识以及主管部门和其他有关部门依法处理举报的法律规定。

【理解与适用】

此次修订中，本条改动较大，对原法第六条进行了补充完善。首先，本条第一款的禁止性规定中新增"运输、交易"野生动物的行为；其次，修订后的本条第二款"社会公众应当增强保护野生动物和维护公共卫生安全的意识"可以追溯到原法第四条"培育公民保护野生动物的意识"，修改后的表述新增了维护公共安全意识，内容更为丰富，逻辑更加缜密；最后，修订后的本条第三款明确有权依法处理举报的行政主体为县级以上的人民政府野生动物保护主管部门和其他有关部门。

一、野生动物保护义务

本条第一款从义务主体范围的角度出发，明确任何组织和个人都有义务保护野生动物及其栖息地。法律义务，是指法律关系主体依照法律规定所要承担的作为或者不作为的要求，分为积极义务和消极义务。积极义务又称作为义务，是指义务主体必须或应当为一定行为的义务；消极义务又称不作为义务，是指义务主体不得为一定行为的义务。前者通常是由命令性规则所规定的，后者则是由禁止性规则所规定的。本款所规定的"禁止违法捕猎、运输、交易野生动物，禁止破坏野生动物栖息地"即为禁止性规定。

值得注意的是，在此次修法中，第一款将禁止性规定的内容范围从禁止"猎捕"野生动物扩大为禁止"猎捕、运输、交易"野生动物，明确将保护野生动物的范围从猎捕环节扩展至之后的运输和交易环节，体现了我国对于危害野生动物违法行为的打击力度和对猎捕、运输、交易野生动物乱象的整治决心。市场的特质决定了市场需求必然会产生市场供给，正如公益广告中所说的，"没有买卖，就没有杀害"。在实践中，一些投机者为了谋求利益，捕猎或收购捕猎所得的野生动物，直接交易或者经过加工交易给收购者，导致捕猎行为的泛滥。2020年2月，全国人大常委会通过的《关于全面禁止非法野生动物交易、革除滥食野生动物陋习、切实保障人民群众生命健康安全的决定》对非法野生动物交易的行为予以了规制。2020年12月，最高人民法院、最高人民检察院、公安部、司法部联合制定了《关于依法惩治非法野生动物交易犯罪的指导意见》，明确指出要依法严厉打击非法收购、运输、出售、进出口野生动物及其制品的犯罪行为，切断非法野生动物交易的利益链条。[①]

野生动物运输是野生动物流入市场的必经环节，同样应当受到严格监管。对非法运输野生动物的行为必须依法予以惩治。执法部门应当提高行政执法能力，对运输者的相关资质和条件作出更加严格的审查和规制。即使是具有相关资质的运输者，也需要认真检查其运输过程中的疫病防控情况，以保护社会公共卫生安全。

野生动物流通多为跨县、市、省境，少数甚至跨国境进行。然而目前我国以县级部门为主力的规制体系在执法力量和执法范围上存在一定局限，建议对于跨行政区域甚至跨越国境兜售、交易野生动物及其制品的行为，建立起多地区、多部门的联合执法机制，更加有力地打击野生动物违法运输、交易行为。

二、增强公民保护野生动物和维护公共卫生安全意识

本条第二款体现了强化野生动物保护和维护公共卫生安全的二元目标。野生动物与人类健康与公共卫生安全具有密切的关联，人类接触和利用野生动物面临着感染疾病的风险，进而引发公共卫生风险。必须重视由不科学、不合理的野生动物利用方式而导致的对环境健康、公共安全和生物安全等方面的问题。受到落后观念、历史传统和地理原因的影响，我国

[①] 《最高人民法院 最高人民检察院 公安部 司法部关于依法惩治非法野生动物交易犯罪的指导意见》，载中华人民共和国最高人民检察院网站，https://www.spp.gov.cn/spp/xwfbh/wsfbt/202012/t20201224_492744.shtml，最后访问日期：2023年1月15日。

一些地区存有食用野生动物的习惯,这种滥食、滥用陋习不仅会危及生物多样性、破坏生态平衡,更容易传播疾病。历史上,许多重大的人类疾病就是来自滥食野生动物。全国人大常委会于2020年2月通过了《关于全面禁止非法野生动物交易、革除滥食野生动物陋习、切实保障人民群众生命健康安全的决定》,聚焦滥食野生动物的突出问题,明确指出,凡野生动物保护法和其他有关法律禁止猎捕、交易、运输、食用野生动物的,必须严格禁止,并对其加重处罚。值得注意的是,在强化规制的同时,应当注意区别对待野生动物的滥食和正当食用,不能进行简单的"一刀切"式处理,要妥善处理好野生动物的绝对保护与野生动物的科学保护、公共卫生安全与经济发展等的关系。[1]

三、公民举报权以及依法处理举报

本条第三款明确规定了任何组织和个人都享有对违反野生动物保护法行为的举报权。举报权是公民行使监督权的一种具体形式,是宪法赋予公民的一项民主监督权利。宪法第四十一条规定:"中华人民共和国公民对于任何国家机关和国家工作人员,有提出批评和建议的权利;对于任何国家机关和国家工作人员的违法失职行为,有向有关国家机关提出申诉、控告或者检举的权利,但是不得捏造或者歪曲事实进行诬告陷害。对于公民的申诉、控告或者检举,有关国家机关必须查清事实,负责处理。任何人不得压制和打击报复……"社会监督对野生动物保护事业有着至关重要的作用。我国作为野生动物资源大国,野生动物分布广泛、种类丰富,因此在建立一系列严格的保护和监管制度的基础上,广泛吸纳社会力量参与,才能使野生动物保护机制高效运行。

值得注意的是,此次修法在原规定的基础上,明确了处理举报的行政主体是县级以上人民政府野生动物保护主管部门和其他有关部门,行政主体的细化确定有利于形成职能分工明确的工作模式,提高处理相关违法行为的行政效率,是本次修法的进步和亮点之一。

【关联规范】

《中华人民共和国宪法》第四十一条;《中华人民共和国刑法》第二百五十四条;《中华人民共和国动物防疫法》;《中华人民共和国传染病防治法》;《关于全面禁止非法野生动物交易、革除滥食野生动物陋习、切实保

---

[1] 李洪雷、戴杕:《我国野生动物立法的检视与完善》,载《浙江学刊》2020年第3期。

障人民群众生命健康安全的决定》;《濒危野生动植物种国际贸易公约》;《中华人民共和国海关法》;《中华人民共和国濒危野生动植物进出口管理条例》。

> **第七条 【管理体制】** 国务院林业草原、渔业主管部门分别主管全国陆生、水生野生动物保护工作。
>
> 县级以上地方人民政府对本行政区域内野生动物保护工作负责,其林业草原、渔业主管部门分别主管本行政区域内陆生、水生野生动物保护工作。
>
> 县级以上人民政府有关部门按照职责分工,负责野生动物保护相关工作。

【条文主旨】

本条是关于野生动物保护管理体制的法律规定。

【理解与适用】

此次修法对于野生动物保护的管理体制有了更加详细的规定。主要体现在:第一,同国家机构调整保持一致,将国务院林业主管部门对应修改为国务院林业草原主管部门;第二,在原法基础上明确行政区域内野生动物保护工作的责任主体是县级以上地方人民政府;第三,规定县级以上人民政府有关部门依职责对野生动物保护的具体工作进行分工配合。

一、中央层面

根据本条第一款的规定,在中央层面,由国务院林业草原主管部门主管全国陆生野生动物保护工作,由国务院渔业主管部门主管全国水生野生动物保护工作。2018年3月,第十三届全国人大一次会议表决通过了关于国务院机构改革方案的决定,组建国家林业和草原局,不再保留林业局。长期以来,我国都是由林业部门,即现在的林业草原部门负责陆生野生动物保护。现国家林业和草原局为部委管理的国家局,其下设的野生动植物保护司负责陆生野生动物保护的具体工作。野生动植物保护司的主要职责包括:监督管理全国陆生野生动植物保护工作,起草相关法律法规、部门规章草案,拟定相关规划、标准并组织实施;监督管理全国陆生野生动物的猎捕、繁殖、经营利用，指导陆生野生动物救护工作；组织开展全国陆生野生动物资源调查和资源状况评估，研究提出国家重点保护的陆生野生动物名录、人工繁育国家重点保护陆生野生动物名录，核准按照国家重点保护管理的境外陆生野生动物名录，等等。在陆生野生动物之外，农业农村部负责水生野生动物保护。农业农村部和林业草原局同步设立，其下设的渔业渔政管理局负责水生野生动植物保护的具体工作，职责包括起草渔业发展政策、规划，保护和合理开发利用渔业资源，组织渔业水域生态环境及水生野生动植物保护，等等。

然而，将陆生野生动物保护与水生野生动物保护的行政权分别归由国家林草局和农业农村部的相关部门行使，会导致一定程度上的权力分散，影响野生动物保护的信息互通和标准化建设，不能很好实现野生动物保护职能的统筹。未来有望设置野生动物保护管理的专门机构，统一负责陆生、水生野生动物的保护与管理工作，有机整合陆生野生动物保护与水生野生动物保护职能，建立健全相应的自然资源综合执法机制，提高整体野生动物保护能力、保护质量和保护效率。

二、地方层面

（一）县级以上地方政府是野生动物保护的责任主体

本条第二款在原法基础上明确行政区域内野生动物保护工作的责任主体是县级以上地方人民政府。实践表明，基层是野生动物保护工作开展的重要阵地，大量野生动物违法犯罪行为发生在基层，因此将责任主体设定为县级以上地方人民政府有利于因地制宜提高野生动物保护工作的效率和质量。同时，有权必有责，通过立法明确责任主体，也有利于促使地方政府重视本行政区域内的野生动物保护管理工作，一旦行政区域内发生影响重大、性质恶劣的野生动物违法行为，可以迅速落实责任，作出相应处理。

（二）有关部门分工负责

本条第三款为新增内容，明确县级以上人民政府有关部门应当按照职责分工，负责野生动物保护的相关工作。这要求在具体的野生动物保护工作中，有关部门应当按照野生动物保护的实际情况来进行科学的职责划分，并在分工基础上各自负责。以广西壮族自治区玉林市容县为例，根据容县人民政府办公室2021年4月印发的《容县野生动物及其栖息地保护管理工作方案》，容县野生动物保护工作的责任分工具体为：县委宣传部负责协调做好全县野生动物保护的宣传工作；县林业局负责野生动物及其栖息地保护监督管理工作，对科学研究、人工繁育、公众展示展演等利用野生动物及其制品的活动进行监督管理等；县农业农村局负责水生野生动物保护监督管理工作，依法对人工繁育、合法捕获的野生动物及其制品进行检疫等；县市场监督管理局依法对商品交易市场、电子商务平台、餐饮等交易、消费场所经营利用野生动物及其制品的行为进行监督管理并对违法行为依法予以取缔或者查封等处理；县公安局负责野生动物及其栖息地保护管理相关执法工作；县财政局负责对野生动物及其栖息地保护提供资金保障，将保护经费纳入同级财政预算；县教育局负责对学生进行野生动物及其栖息地保护知识教育；县司法局负责普法工作，提高辖区群众的野生动物保护意识和法治观念；县卫生健康局负责加强人畜共患疾病的防治治理，组织开展疫情处置与医疗救治等工作；等等。[①]

除了分工负责外，与野生动物保护相关的部门间协作也十分重要。面对跨行政区域、范围较广、性质恶劣和影响重大的涉野生动物违法犯罪活动，地方政府应当建立相应的联合协调机制，注重建立野生动物的长效保护机制。

【关联规范】

《国家重点保护野生动物名录》；《引进陆生野生动物外来物种种类及数量审批管理办法》；《陆生野生动物疫源疫病监测防控管理办法》；《国家重点保护野生动物驯养繁殖许可证管理办法》；《中华人民共和国水生野生动物利用特许办法》；《中华人民共和国水生野生动物植物自然保护区管理办法》。

> **第八条【宣传教育和舆论监督】**各级人民政府应当加强野生动物保护的宣传教育和科学知识普及工作，鼓励和支持基层群众性自治组织、社会组织、企业事业单位、志愿者开展野生动物保护法律法规、生态保护等知识的宣传活动；组织开展对相关从业人员法律法规和专业知识培训；依法公开野生动物保护和管理信息。

[①] 《容县野生动物及其栖息地保护管理工作方案》，载广西玉林容县人民政府网，http://www.rxzf.gov.cn/xxgk/zfxxgkzl/xxgkml_1/wjzl/zfwj/t8818806.shtml，最后访问日期：2023年1月15日。

> 教育行政部门、学校应当对学生进行野生动物保护知识教育。
>
> 新闻媒体应当开展野生动物保护法律法规和保护知识的宣传，并依法对违法行为进行舆论监督。

【条文主旨】

本条是关于宣传教育、人员培训、信息公开以及舆论监督的规定。

【理解与适用】

此次修订对原法第八条有所补充和完善，具体体现为：第一，在第一款宣传活动的内容中增加"生态保护"表述，契合本次修法重视生态保护的精神；第二，在第一款中增加"组织开展对相关从业人员法律法规和专业知识培训"的内容，体现对相关从业人员知法守法和保护工作专业性的要求；第三，在第一款中增加"依法公开野生动物保护和管理信息"的内容，明确了各级人民政府应当依法对野生动物相关信息予以公开的义务；第四，第三款"对违法行为进行舆论监督"修改为"依法对违法行为进行舆论监督"。

一、野生动物保护的宣传和普及

野生动物是重要的自然资源和生态资源，具有生态、遗产、社会、经济、科学、教育和文化等多种价值。对野生动物保护的宣传教育和知识普及是增强公民野生动物保护意识和生态保护意识的重要途径。本条对于野生动物保护宣传教育的责任主体共划分为三个层次，分别为各级人民政府，教育行政部门、学校以及新闻媒体。本条第一款明确规定各级人民政府应当加强野生动物保护的宣传教育和科学知识普及工作。第一款同时还设置了鼓励性规范，各级人民政府应当鼓励和支持基层群众性自治组织、社会组织、企业事业单位、志愿者开展与野生动物保护法律法规、生态保护等相关知识的宣传活动。第二款明确了教育行政部门和学校应当将野生动物保护的相关知识纳入教育工作内容，从小培养公民的野生动物保护意识。第三款明确了新闻媒体应当开展野生动物保护法律法规和保护知识的宣传，借助其广泛的社会影响力，提高公民野生动物保护意识和保护热情，推进形成良好的社会风尚。

实践表明，在开展野生动物保护的宣传教育过程中，社会力量起到了广泛而至关重要的作用。各地社会组织如动物保护协会以及环保爱好者们做出了巨大的贡献。如设置保护野生动物宣传月、爱鸟周等类型丰富、形式新颖的宣传活动，积极向公众普及野生动物相关法律法规以及野生动物保护知识，引导公众关注野生动物生存现状，提高公众保护野生动物、维护生物多样性的生态保护意识，营造人与自然和谐共生的良好氛围。同时在国际层面，国际社会对野生动物保护的宣传教育作用也十分重视，联合国将每年的3月3日设立为世界野生动植物日，2022年世界野生动植物日的主题是"恢复关键物种，恢复生态系统"，旨在吸引人们关注一些最严重濒危的野生动植物物种的保护状况，并推动讨论以构想和实施保护这些物种的解决方案。[①]

二、政府应当对从业人员进行培训

各级人民政府应当组织开展对相关从业人员法律法规和专业知识培训，是本次修法的新增内容。对政府中的相关从业人员进行法律法规知识培训，使野生动物保护从业人员在法律规定的权限范围内，依法行使相关权力，是依法行政的重要体现。这不仅可以提高执法者的业务能力和专业素养，防止在野生动物保护领域执法过程中滥用职权，更是树立野生动物保护法法律权威的重要途径。同时，各级人民政府也应当对社会组织和公众中的相关从业人员进行法律法规宣传教育，使野生动物保护观念深入人心，促使公众在保护野生动物的过程中尊法、学法、知法、守法、用法，在法律框架内、依照法律规定的形式开展野生动物保护活动，杜绝任何形式的猎捕、运输、交易等危害野生动物生存的违法行为，并积极配合和参与野生动物保护工作的展开，与政府力量协同并进，促进野生动物保护事业的长久发展。

除法律法规外，政府还应当组织开展对相关从业人员的专业知识培训。野生动物保护是一项系统性、综合性、复杂性和长期性的工作，尤其是我国地幅辽阔、气候多样，野生动物的保护实践具有相当程度的挑战和难度。因此，野生动物保护事业的科学展开和长期发展，需要配备一大批具有专业素养和专业能力的人才，这就要求必须重视野生动物保护相关从业人员的培养，积极组织开展相关专业知识的培训，以提高野生动物保护工作的专业性和科学性。同时，高素质的野生动物保护工作者在从事野生

---

① 《野生动植物不可估量的价值》，载联合国网站，https://www.un.org/zh/observances/world-wildlife-day，最后访问日期：2023年1月15日。

动物保护工作时，还可以起到向公众宣传野生动物保护知识的示范作用，营造保护野生动物、维护生态平衡的良好社会风气。

三、野生动物保护和管理信息公开

依法公开野生动物保护和管理信息是此次修法新增的内容，是行政公开原则在野生动物保护领域的具体体现。根据本条第一款规定，各级政府具有依法向社会公开野生动物保护和管理信息的责任义务，具体包括但不限于对于野生动物及其栖息地的调查、评估、监管、所采取的保护措施、经费使用及保护效果等信息。这不仅是政府的责任和义务，更关系着公众知情权的保障。政府及时准确公布野生动物保护信息，公众便可以及时获得信息，积极配合和参与政府管理保护野生动物事务。同时，这也是公民行使监督权的前提和基础，公民通过公开信息，可以进一步监督野生动物相关部门在野生动物保护和管理工作过程中是否存在权力滥用的现象，从而促进政府机关及其工作人员的勤政、廉政，鞭策政府不断为公众服务，增强政府责任感，提高野生动物保护工作的质量和效率。

野生动物保护和管理信息公开的要求主要包括以下几点：第一，野生动物相关立法应当公开。在制定相关的法律法规之前，应当广泛征求和充分听取社会公众意见，对于公民提出的询问和质疑，相关部门应当对其背景和理由予以说明和解释。第二，野生动物保护和管理执法行为公开。野生动物保护工作中涉及大量的行政执法行为，对于这些保护和管理的执法行为，执法机关应当予以公开。首先，执法机关应当公开执法行为的标准和条件；其次，执法行为的程序应当予以公开，从而保证执法的透明性，更好地保护行政相对人的合法权益；再次，相关的行政裁决结果及理由应当依法予以公开；最后，公民寻求行政救济的方式和条件应当依法予以公开。第三，政府野生动物保护主管部门应当建立起科学完备的野生动物保护信息公开制度，保障公众对于野生动物保护管理信息的知情权。

野生动物保护和管理信息公开的明文规定，是野生动物保护立法科学化、民主化的体现，是本次修法的进步和亮点之一。依法公开此类信息，可以提升野生动物保护主管部门相关工作的透明度，让公众更清楚地了解野生动物保护工作的开展情况，激发公众保护野生动物的热情；同时，社会公众反馈的相关信息也将促使野生动物主管部门立足实际，做出更加科学、民主、合理的决策。

四、新闻媒体依法对违法行为进行舆论监督

本条第三款明确了新闻媒体对于野生动物违法行为进行舆论监督应当在法律的框架内，依法行使监督权。新闻舆论和网络监督是保障有关政府

部门依法行政，制止社会野生动物违法犯罪行为发生的有效武器。宪法第二十七条第二款明确规定："一切国家机关和国家工作人员必须依靠人民的支持，经常保持同人民的密切联系，倾听人民的意见和建议，接受人民的监督，努力为人民服务"；第四十一条第一款规定"中华人民共和国公民对于任何国家机关和国家工作人员，有提出批评和建议的权利"，"对于任何国家机关和国家工作人员的违法失职行为，有向有关国家机关提出申诉、控告或者检举的权利，但是不得捏造或者歪曲事实进行诬告陷害"。新闻媒体作为舆论传播的源头，应当在符合法律规定的前提下，借助报纸、广播、电视、互联网等舆论工具对违法行为予以揭露曝光，为有权国家机关的监督提供信息、线索，并向社会公众积极宣传和普及野生动物法律法规以及野生动物保护知识。

【关联规范】

《中华人民共和国宪法》第二十七条、第四十一条；《中华人民共和国环境保护法》第九条；《中华人民共和国政府信息公开条例》。

> **第九条 【表彰和奖励】** 在野生动物保护和科学研究方面成绩显著的组织和个人，由县级以上人民政府按照国家有关规定给予表彰和奖励。

【条文主旨】

本条是关于对野生动物保护和科学研究人员予以表彰和奖励的法律规定。

【理解与适用】

本次修订中，本条将原法第九条的"由县级以上人民政府给予奖励"修改为"由县级以上人民政府按照国家有关规定给予表彰和奖励"，一是增加了表彰这种鼓励和肯定形式，二是要求表彰和奖励的作出应当按照有关规定依法进行。

本条对表彰和奖励的条件予以了明确规定：第一，表彰和奖励的授予对象可以是组织也可以是个人；第二，受到表彰和奖励的组织或个人应当是在野生动物保护和科学研究方面具有显著成就的;第三,表彰和奖励的授予主体是县级以上人民政府;第四,表彰和奖励的授予应当按照国家有关规定进行。目前我国确立了以"五章一簿"为主干的功勋荣誉表彰制度,出台了规范省级及省级以下评比达标表彰活动的管理办法,国家表彰奖励制度形成了新的制度体系。[①] 按照表彰奖励的层次,我国表彰奖励制度可以分为国家勋章和国家荣誉称号制度,中共中央、国务院、中央军委勋章和荣誉称号制度,国家级表彰奖励制度,省部级表彰奖励制度,市县级表彰奖励制度。

在建立严格的处罚机制的同时,有效的表彰奖励制度也起着至关重要的作用,奖惩结合能够使野生动物保护工作的开展更具成效。表彰奖励制度的建立为我国野生动物保护事业的发展起到了显而易见的助推作用。政府通过表彰和奖励的形式,对在野生动物保护和科学研究领域做出卓著贡献的组织和个人予以认可和肯定,是政府与公众进行有效良好互动的体现,对公众来说也是其自我价值和社会价值的实现。保护野生动物是全社会全人类共同的责任和义务,与每个人息息相关。实践经验表明,推动野生动物保护事业的不断前进单靠国家和政府的努力是不够的,需要广大人民群众和国家、政府紧密联系、积极参与。野生动物保护领域内表彰奖励制度的建立,有利于充分调动社会各界保护野生动物、开展野生动物科学研究的积极性,引导社会公众主动参与和开展野生动物保护的相关工作,形成全社会爱护野生动物的良好风尚,促使野生动物保护的队伍不断壮大,推动野生动物保护法的有效实施。

【关联规范】

《中华人民共和国宪法》第二十条;《中华人民共和国环境保护法》第十一条;《中华人民共和国森林法》第十二条;《中华人民共和国水污染防治法》第十条;《中华人民共和国陆生野生动物保护条例》第三十二条;《中华人民共和国水生野生动物保护条例》第二十五条;《中华人民共和国自然保护区条例》第九条。

[①] 张琼:《我国国家表彰奖励制度发展研究》,载《中国人事科学》2021年第5期。

> **案例评析**

张曙某、谢大某非法收购、运输、出售珍贵、濒危野生动物及其制品案[①]

一、案情简介

2017年，谢大某从王胜某（已判决）处购得4只熊掌，谢大某出售给田某一只，田某将其转售。后王胜某给谢大某出售野生动物时误发一熊头，谢大某将其出售给禹华某。2018年，秦智某从刘某增手中购买熊肉，刘某增误发8个熊胆，后将这些熊肉卖给谢大某，谢大某转售给魏芳某，魏芳某又转售给梁道某；谢大某先后出售给田某20斤左右熊肉。2019年，秦智某将熊胆卖给谢大某，谢大某转卖给李永某，后经鉴定，该熊胆为牛胆。随后，谢大某出售熊肉给李永某，李永某将其部分转卖他人。李永某得知谢大某被抓后将剩余野生动物转移。9月，张曙某从高某谷（另案处理）处购得一头黑熊（死体，完整一头熊，包括内熊胆、熊心、熊肚），并将该熊出售给谢大某，谢大某将熊肢解后藏匿。随后，谢大某将熊头卖给禹华某，禹华某转售给王治某。10月，谢大某将剩余熊肉出售给李永某，途中被查获，现场扣押熊肉、熊掌共计重84.05公斤。

公诉机关认为，被告人张曙某、谢大某、李永某、秦智某、田某、禹华某、魏芳某，非法收购、出售黑熊肉，数量较大，共计非法获利8万余元。被告人王治某非法收购黑熊肉，数量较大。被告人的行为触犯刑法第三百四十一条第一款，犯罪事实清楚，证据确实、充分，应当以非法收购、出售珍贵、濒危野生动物制品罪追究其刑事责任。

二、核心问题

珍贵、濒危野生动物及其制品的非法收购、交易行为与非法猎捕行为同样恶劣，同样应当予以严厉制裁。

三、法院裁判要旨

湖北省来凤县人民法院认为，被告人张曙某、谢大某、李永某、秦智某、田某、禹华某、王治某、魏芳某违反野生动物保护法规，未经有关部

[①] 湖北省恩施土家族苗族自治州中级人民法院（2021）鄂28刑终63号刑事裁定书，载中国裁判文书网，https://wenshu.court.gov.cn/website/wenshu/181107ANFZ0BXSK4/index.html?docId=g/c5+2sulEw3tY3J32W9ioOObPHSmeVO6x/VmwvrvxygaHouyc4M5pO3qNaLMqsJ25nQ3WZeDDAUF0ZEauFanJBHq9I0moCszvVPy0+MTg2yYeKyxwCz8SAaCPO+LsBC，最后访问日期：2023年1月15日。

门批准，非法收购、运输、出售国家重点保护的珍贵、濒危野生动物，其行为已经构成非法收购、运输、出售珍贵、濒危野生动物罪，应予依法惩处。法院判处被告人谢大某、秦智某犯非法收购、运输、出售珍贵、濒危野生动物罪，被告人李永某、张曙某、田某、禹华某、魏芳某犯非法收购、出售珍贵、濒危野生动物罪，被告人王治某犯非法收购珍贵、濒危野生动物罪。

本案二审法院湖北省恩施土家族苗族自治州中级人民法院认为，原审判决事实清楚，证据确实、充分，定罪准确，判处适当。最终二审法院裁定驳回上诉，维持原判。

四、专家评析

一些地区仍然存在违法滥食珍贵、濒危野生动物的现象，不仅造成一些野生动物濒临灭绝的严峻状况，更威胁着社会公共健康安全。近年来，这样的乱象在大力整治的背景下得到了明显好转。此次野生动物保护法修订，将野生动物的运输和交易环节纳入新增内容，通过立法明确规定禁止违法运输和交易野生动物，从而与刑法第三百四十一条第一款"非法收购、运输、出售国家重点保护的珍贵、濒危野生动物及其制品的，处五年以下有期徒刑或者拘役"的规定相衔接，体现了党和政府对保护野生动物、维护生态平衡的重视和决心。

第二章　野生动物及其栖息地保护

> 第十条　【分类分级保护】国家对野生动物实行分类分级保护。
>
> 国家对珍贵、濒危的野生动物实行重点保护。国家重点保护的野生动物分为一级保护野生动物和二级保护野生动物。国家重点保护野生动物名录，由国务院野生动物保护主管部门组织科学论证评估后，报国务院批准公布。
>
> 有重要生态、科学、社会价值的陆生野生动物名录，由国务院野生动物保护主管部门征求国务院农业农村、自然资源、科学技术、生态环境、卫生健康等部门意见，组织科学论证评估后制定并公布。
>
> 地方重点保护野生动物，是指国家重点保护野生动物以外，由省、自治区、直辖市重点保护的野生动物。地方重点保护野生动物名录，由省、自治区、直辖市人民政府组织科学论证评估，征求国务院野生动物保护主管部门意见后制定、公布。
>
> 对本条规定的名录，应当每五年组织科学论证评估，根据论证评估情况进行调整，也可以根据野生动物保护的实际需要及时进行调整。

【条文主旨】

本条是关于野生动物分类分级保护的规定。本次修法中有较大修改：一是将有重要生态、科学、社会价值的陆生野生动物名录提前至本条第三款,并丰富了有关名录制定过程的规定,增加了征求部门意见的程序;二是增加了地方重点保护野生动物名录制定中征求国务院野生动物保护主管部门意见的规定;三是对各类名录提出了动态评估调整的要求。

【理解与适用】

本条确立了野生动物分类分级保护制度,建立了国家重点保护野生动物名录,有重要生态、科学、社会价值的陆生野生动物(也称"三有野生动物")名录以及地方重点保护野生动物名录三种名录,在确保覆盖面的同时也体现了不同物种之间的差异,并赋予了地方一定的灵活空间,有助于形成一般保护与重点保护相结合的野生动物保护体系。同时,本条就三种名录的制定和调整程序作出了特别规定,以确保名录的制定和调整能够契合野生动物保护的实际需要,且经过充分的科学论证。

一、野生动物的分类分级保护

野生动物的分类分级保护是我国野生动物保护的一个主要原则。根据本法规定,野生动物包含"国家重点保护野生动物""有重要生态、科学、社会价值的陆生野生动物"(三有野生动物)和"地方重点保护野生动物"三类,其中国家重点保护野生动物又包含国家一级保护野生动物与国家二级保护野生动物。需要指出的是,各种野生动物在维护生态平衡和生物多样性方面都具有自身的价值,对野生动物进行分类分级保护,不代表其价值或地位存在高下之别。不少学者也将对野生动物乃至动物实施普遍保护看作我国未来野生动物立法的发展方向。[1] 不过在当前行政管理资源有限的情况下,仍有必要根据事情的轻重缓急,建立一定的优先保护体系。[2] 因此,我国一直采取分类分级保护的方法,对野生动物设置相应的类别及保护措施。

国家重点保护野生动物是依据物种的生存状况、受威胁程度、稀有珍贵程度等多个因素而确定的。1988年野生动物保护法颁布之后,原林业部和农业部制定了《国家重点保护野生动物名录》并报国务院批准后发布施行,确定了国家重点保护野生动物的具体范围,其中中国特产稀有或濒于灭绝的野生动物列为一级保护,数量较少或有濒于灭绝危险的野生动物列

---

[1] 冯子轩:《生态伦理视阈中的野生动物保护立法完善之道》,载《行政法学研究》2020年第4期;史玉成:《论动物的法律地位及其实定法保护进路》,载《中国政法大学学报》2020年第3期等。

[2] 常纪文等:《〈野生动物保护法〉存在的问题与修改建议》,载《中国环境监察》2015年第2期。

为二级保护。① 之后《国家重点保护野生动物名录》经历了 2003 年、2020 年和 2021 年三次调整，其中前两次分别将麝类和穿山甲属所有种由国家二级保护野生动物调整为国家一级保护野生动物，第三次调整范围较大：一是将豺、长江江豚等 65 种由国家二级保护野生动物升为国家一级保护野生动物，熊猴、北山羊、蟒蛇 3 种野生动物由国家一级保护野生动物调整为国家二级保护野生动物；二是新增 517 种（类）野生动物，其中大斑灵猫等 43 种列为国家一级保护野生动物，狼等 474 种（类）列为国家二级保护野生动物。目前《国家重点保护野生动物名录》共列入野生动物 980 种和 8 类，其中国家一级保护野生动物 234 种和 1 类、国家二级保护野生动物 746 种和 7 类。② 此外，根据原林业部 1993 年发布的《关于核准部分濒危野生动物为国家重点保护野生动物的通知》，以及农业农村部 2021 年发布的《关于发布〈濒危野生动植物种国际贸易公约附录水生物种核准为国家重点保护野生动物名录〉的公告》之规定，《濒危野生动植物种国际贸易公约》附录一和附录二所列非原产我国的所有野生动物，以及部分《濒危野生动植物种国际贸易公约》附录水生物种也按照一定的国家重点保护野生动物级别进行国内管理。

有重要生态、科学、社会价值的陆生野生动物，在 1988 年颁布的野生动物保护法中被称为"国家保护的有益的或者有重要经济、科学研究价值的陆生野生动物"。2016 年修法时出于淡化对经济价值的考量，更加突出生态价值和社会价值因素的考虑③，将其修改为现有名称，在认定标准上主要注重以下因素：一是物种在自然生态系统、食物链中所处的地位及其在维护生态平衡方面的作用；二是物种的科研需要，重点关注具有学术代表性、重要科研对象及试材、特有遗传资源等物种；三是是否有利于社会发展，是否有利于疫病防控、文化传承和符合公众意愿等。④ 在名录方面，国家林业和草原局于 2021 年发布了《有重要生态、科学、社会价值的陆生野生动物名录（征求意见稿）》，不过尚未正式颁布新的名录，根据原

---

① 蒋志刚：《物种濒危等级划分与物种保护》，载《生物学通报》2000 年第 9 期。
② 《新调整的〈国家重点保护野生动物名录〉公布》，载中国政府网，http://www.gov.cn/xinwen/2021-02/09/content_5586227.htm，最后访问日期：2023 年 1 月 30 日。
③ 王鸿举主编：《中华人民共和国野生动物保护法解读》，中国法制出版社 2016 年版，第 54 页。
④ 《关于调整〈有重要生态、科学、社会价值的陆生野生动物名录〉（征求意见稿）的说明》，载中国政府网，http://www.gov.cn/hudong/2021-12/15/content_5661077.htm，最后访问日期：2023 年 2 月 7 日。

国家林业局 2016 年发布的《关于贯彻实施〈野生动物保护法〉的通知》，目前暂按该局于 2000 年发布的《国家保护的有益的或者有重要经济、科学研究价值的陆生野生动物名录》执行。

除此之外，省、自治区、直辖市人民政府也可根据本地区的实际保护需要规定地方重点保护野生动物，其主要包括那些在国家重点保护野生动物名录以外的，仍需重点关注的珍稀易危动物，其在认定标准上一般会参照国家重点保护野生动物的标准，并将符合其中部分标准但尚不属于国家重点保护的物种纳入其中，特别会考虑该物种在本行政区域内的分布情况，是否存在种群数量少或分布地区狭窄等情形。①

不同类别的野生动物除载体不同之外，其保护措施及引发的相关法律后果也有所不同。如在猎捕许可方面，根据本法第二十一条、第二十二条规定，因特殊情况需要猎捕国家重点保护野生动物的，应当申请特许猎捕证，而猎捕三有野生动物和地方重点保护野生动物的应申请狩猎证；同时，国家一级保护野生动物、国家二级保护野生动物以及三有野生动物和地方重点保护野生动物猎捕许可的核发部门层级也不同。又如在刑罚方面，国家重点保护野生动物和经国务院野生动物保护主管部门核准按照国家重点保护的野生动物管理的野生动物属于刑法第三百四十一条第一款规定的"国家重点保护的珍贵、濒危野生动物"，对其进行非法猎捕、杀害等可能涉嫌"危害珍贵、濒危野生动物罪"，而对其他野生动物的犯罪行为则可能涉嫌"非法狩猎罪"，不同野生动物的入罪标准及价值评估方法等也存在区别。此外，某一类野生动物是否以及被确定为何种保护级别，也会对物种的研究投入、物种保护项目的设置和投入、自然保护地的规划建设等事项产生相应影响。②

二、野生动物名录的制定与动态调整

野生动物名录是由有权机关制定并发布，其中记载了各类野生动物的名称、所属"纲""目"以及保护级别等信息。野生动物名录的制定为野生动物保护管理工作和相关执法活动提供了具体依据，也有助于警醒公众提高野生动物保护意识。在制定主体上，国务院野生动物保护主管部门负责制定国家重点保护野生动物名录和三有野生动物名录，国务院负责批准公布国家重点保护野生动物名录，省、自治区、直辖市人民政府负责制定

---

① 巩会生、曾治高、高学斌：《陕西省重点保护野生动物名录增减变化商讨》，载《西北林学院学报》2009 年第 1 期。

② 平晓鸽、曾岩：《〈国家重点保护野生动物名录〉所列物种命名变化及其对野生生物保护的影响》，载《中国科学》2020 年第 1 期。

地方重点保护野生动物名录。实践中,现行《国家重点保护野生动物名录》系由国家林业和草原局、农业农村部共同组织制定。此外,本次修法特别强调,国务院野生动物保护主管部门在制定三有野生动物名录过程中须征求国务院农业农村、自然资源、科学技术、生态环境、卫生健康等部门意见,以实现对物种生态价值、科学价值、社会价值的全面认识和部门间的协调统一。

科学评估是野生动物名录制定中的一项关键步骤,其需要建立良好的评估标准体系,客观反映物种受威胁的现状并合理预测未来可能的变化趋势。在国际上,世界自然保护联盟(IUCN)红色名录采用的濒危物种等级标准是目前应用最为广泛,影响最深远的物种濒危标准,其依据物种种群大小、成熟个体数量、种群动态、分布范围及变化等客观指标进行评估,并考虑到了评估信息和评估过程的不确定性,将物种分为灭绝、野外灭绝、极危、濒危、易危、近危和无危7个等级。[①] 我国自20世纪80年代后期也开始了濒危物种评估工作,在参照国际上重要标准的基础上,结合我国国情,逐渐完善评估体系,例如1998年出版了《中国濒危动物红皮书》系列、21世纪初出版了《中国物种红色名录》系列等,为相关科研和保护工作提供了重要参照。2021年《国家重点保护野生动物名录》的调整,是以《中国脊椎动物红色名录》对我国脊椎动物的评估等级和世界自然保护联盟(IUCN)红色名录分类与标准为重要参考。

野生动物名录动态评估调整是本次修法的一个重要举措,本法采取了定期评估与不定期评估相结合的做法,规定各类名录应当每五年组织科学论证评估,也可以根据野生动物保护的实际需要及时进行调整。野生动物名录的动态评估调整有助于全面了解野生动物的分布和变动情况,并据此及时采取适当的保护举措,同时随着科技不断发展,生物技术、互联网大数据以及各类最新监测工具的运用为野生动物的观察与管理提供了更加丰富的技术手段,能够掌握更为科学准确的信息,为名录的调整提供了重要依据。2020年国家林业和草原局与农业农村部在《关于国家重点保护野生动物名录(征求意见稿)的说明》中总结了六项调整原则,包括濒危性原则、珍贵性原则、相似性原则、预防性原则、兼容性原则以及关注度原则,体现出以下调整思路:一是在关注生物学上科学性的同时,也要考虑执法监督的需要,将违法行为的频率、执法中对物种区分的可能性等因素

---

① 《IUCN物种红色名录濒危等级和标准(3.1版)》,载世界自然保护联盟网站,https://portals.iucn.org/library/node/9685,最后访问日期:2023年1月15日。

纳入考量范围。二是既要关注当前已经发生的变化，又要充分考虑未来的发展趋势，进行有前瞻性的安排。三是要关注国际合作的深化对野生动物保护带来的新需求，统筹考虑国内保护与履行国际公约管理需要。四是坚持主客观相统一，在尊重客观事实的基础上，充分考虑社会公众认知等主观因素对野生动物保护的影响。

【关联规范】

《中华人民共和国刑法》第三百四十一条。

第十一条 【野生动物及其栖息地状况调查、监测和评估】县级以上人民政府野生动物保护主管部门应当加强信息技术应用，定期组织或者委托有关科学研究机构对野生动物及其栖息地状况进行调查、监测和评估，建立健全野生动物及其栖息地档案。

对野生动物及其栖息地状况的调查、监测和评估应当包括下列内容：

（一）野生动物野外分布区域、种群数量及结构；

（二）野生动物栖息地的面积、生态状况；

（三）野生动物及其栖息地的主要威胁因素；

（四）野生动物人工繁育情况等其他需要调查、监测和评估的内容。

【条文主旨】

本条是关于野生动物及其栖息地状况调查、监测和评估的规定。本次修法中大体沿袭原法条文，仅增加了县级以上人民政府野生动物保护主管部门"应当加强信息技术应用"的要求。

【理解与适用】

野生动物栖息地是野生动物生息繁衍所必需的空间场所，栖息地面积减少、破碎化、隔离和质量下降是造成野生动物资源下降和物种濒危的最主要因素。我国野生动物及其栖息地的调查监测工作自 20 世纪 70 年代起步以来，已经取得了巨大的发展。本条规定为调查监测工作提供了具体指引，建立了调查监测内容的基本框架，在此基础上，有关部门制定了《陆生野生动物及其栖息地调查技术规程》等技术标准，促进了我国野生动物及其栖息地状况调查、监测和评估体系的完善。

一、野生动物及其栖息地状况调查、监测和评估的意义和基本内容

野生动物监测是环境监测的重要组成部分，其具有科学研究和保护管理的双重目的，有助于全面认识野生动物种群的数量、分布、生活习性和生存状况，掌握和预测其变化规律，并为保护工作和其他相关决策提供必要参考，以实现最佳的管理效果。野生动物监测一直以来受到国际国内的高度重视，如 1948 年成立的世界自然保护联盟（IUCN）的主要任务之一就是对野生动物进行监测，并于 1980 年建立了世界保护监测中心（WC-MC），同时，世界自然基金会等多个组织也长期开展野生动物监测活动。

我国的野生动物监测工作自 20 世纪 70 年代末起步，当时主要是科研院所的专业技术人员基于科学研究需求进行监测。[1] 后来随着自然保护区建设的不断完善，各类监测活动进一步扩展，如 1992 年至 1997 年卧龙自然保护区对大熊猫及其伴生动物种群进行了监测，太行山猕猴自然保护区从 1984 年起每年对猕猴种群数量进行统计，等等。[2] 在国家层面，原林业部和原国家林业局曾先后于 1995 年和 2011 年两次启动全国陆生野生动物资源调查工作，对野生动物分布、数量、栖息地状况及威胁因素等进行了全面掌握，为后续野生动物保护工作的开展提供了科学依据，并发布了一系列重要技术标准和规程。2000 年，我国成立原国家林业局（现国家林业和草原局）陆生野生动物与野生植物监测中心，2021 年成立国家林业和草原局野生动物保护监测中心，为各级政府部门的野生动物监测工作提供指导。

在立法方面，1988 年的野生动物保护法即规定了野生动物行政主管部门应当定期组织对野生动物资源的调查，建立野生动物资源档案。2016 年修法中确立了县级以上人民政府野生动物保护主管部门及其组织委托的科研机构作为调查、监测和评估工作主体，将调查对象从"野生动物"扩展到"野生动物及其栖息地状况"，并明确了相关工作的具体内容，包含野生动物野外分布区域、种群数量及结构，野生动物栖息地的面积、生态状况，野生动物及其栖息地的主要威胁因素，以及野生动物人工繁育情况等

---

[1] 温战强、郑光美：《全国大熊猫及其栖息地监测刍论》，载《四川动物》2009 年第 3 期。

[2] 邰二虎等：《国内外野生动物监测》，载《林业资源管理》2001 年第 3 期。

其他需要调查、监测和评估的内容。与此同时，野生动物保护主管部门在不断制定技术标准，就调查的内容和方法等进行细化，原国家林业局制定了《全国第二次陆生野生动物资源调查技术规程》《典型生态区域陆生野生动物调查技术细则》等。2019 年，国家林业和草原局开始起草新的《陆生野生动物及其栖息地调查技术规程》，该规程预计包含 9 个部分，目前导则部分已经公布，对相关术语、调查内容、调查方法、调查记录、质量控制、调查成果及报告等事项进行了规定，第 2 部分至第 4 部分即调查区划、鸟类和兽类的相关内容正在起草过程中。

二、信息技术在野生动物及其栖息地状况调查、监测和评估中的应用

加强信息技术在野生动物及其栖息地状况调查、监测和评估中的应用，是本次修法中的一个重要新增内容。传统的动物监测方法主要依赖人工观测，且受环境条件因素影响大，和动物的数量密度间很难建立稳定的关系。如对于野生脊椎动物而言，传统调查方法通常是通过样线、样方调查收集动物实体或出现的证据。由于多数动物善于奔走，活动隐秘性高，调查效率低，往往需要投入大量的人力才能保证结果的可靠，大规模的人力调查也会惊扰动物的正常生活。[①] 近年来，随着信息技术的发展，野生动物监测逐渐向智能化和非损伤性的方向发展，不仅信息采集与分析更加精确，而且减少了对动物及其栖息地的影响，是推进生态文明建设，促进人与自然和谐共生这一立法目的的具体体现。从当前国内外的情况看，野生动物监测中的信息技术应用主要包含以下几个方面。

一是红外相机等数据收集技术。红外相机技术是当前得到普遍运用的一种非损伤性监测技术，其主要指使用由热量变化所触发的自动相机来记录在其前方经过的动物的图像，并通过这些图像来识别物种在特定地点和时间出现的方法。[②] 近年来，我国红外相机应用得到迅速发展，据学者统计，截至 2019 年底，我国已建立十多个区域性或全国性红外相机监测网络或监测平台，红外相机监测网络已成为全球最大的监测网络之一，所积累的数据量与数据集规模也已位于全球前列。[③] 此外，无人机遥感技术、无线电追踪技术等也逐渐在我国推广应用。随着网络通信技术的发展，这些

[①] 肖文宏等：《野生动物监测技术和方法应用进展与展望》，载《植物生态学报》2020 年第 4 期。

[②] 肖治术等：《中国野生动物红外相机监测与研究：现状及未来》，载《生物多样性》2022 年第 10 期。

[③] 李晟：《中国野生动物红外相机监测网络建设进展与展望》，载《生物多样性》2020 年第 9 期。

技术在降低对野生动物及其栖息地直接影响的同时，也使数据采集从人工采集逐步向发展网络实时传输转变，配合信息共享平台的建立和物种自动识别技术的发展，可为数据收集和分析提供更加高效的手段。

二是人工智能等数据分析技术。21世纪以来人工智能识别技术的发展为野生动物数据整合与分析提供了重大助益，过去的图像识别主要依靠人工完成，对识别人员的专业性要求高，同时随着红外相机等技术的发展，获取的数据量急剧增长，给识别人员带来了巨大的工作压力，运用机器学习等人工智能对海量数据进行快速准确分析的必要性日益突出。通过机器学习算法，可对采集的野生动物视频影像进行智能分类，进而识别野生动物种群分布、数量、活动规律以及栖息地信息等情况。此外还能对这些视频信息进行大数据建模，从中提取野生动物分布、种群数量等方面信息，以便于进一步的数据分析和统计。

三是野生动物信息平台的建设。有学者指出，建立综合性监测数据信息服务共享平台将成为未来野生动物监测的发展趋势，这种信息平台整合了物联网、智能技术、云计算与大数据等新一代信息技术，以全面感知、实时传送和智能在线处理为运行方式，开展多源数据实时采集、网络化、智能化等天地一体化综合观测。[1]《国家公园等自然保护地建设及野生动植物保护重大工程建设规划（2021—2035年）》已经将加强综合监测作为国家公园建设的一项重点任务，提出构建天空地一体化监测网络，建设全方位智慧化管理信息系统。

我国野生动物信息技术虽然取得了重大发展，但仍面临着不少问题，集中体现为地区社会经济发展差异较大，部分保护区网络信息等基础设施建设较为滞后，专业人员数量不足，新技术应用和数据管理存在短板等。随着新法的实施，加强信息技术应用已经成为县级以上人民政府野生动物保护主管部门的法定职责，各级部门要做好区域内规划和统筹工作，特别是加强对经济欠发达地区野生动物信息技术的资金与政策支持，同时要加强与科研院所和社会组织在信息技术开发与利用上的合作，充分调动社会力量，共同推进野生动物保护的信息化与智能化建设。

【关联规范】

《中华人民共和国环境保护法》第十七条。

---

[1] 肖文宏等：《野生动物监测技术和方法应用进展与展望》，载《植物生态学报》2020年第4期。

> **第十二条 【野生动物重要栖息地与自然保护地管理】**
> 国务院野生动物保护主管部门应当会同国务院有关部门，根据野生动物及其栖息地状况的调查、监测和评估结果，确定并发布野生动物重要栖息地名录。
> 省级以上人民政府依法将野生动物重要栖息地划入国家公园、自然保护区等自然保护地，保护、恢复和改善野生动物生存环境。对不具备划定自然保护地条件的，县级以上人民政府可以采取划定禁猎（渔）区、规定禁猎（渔）期等措施予以保护。
> 禁止或者限制在自然保护地内引入外来物种、营造单一纯林、过量施洒农药等人为干扰、威胁野生动物生息繁衍的行为。
> 自然保护地依照有关法律法规的规定划定和管理，野生动物保护主管部门依法加强对野生动物及其栖息地的保护。

【条文主旨】

本条是关于野生动物重要栖息地与自然保护地管理的规定。本次修法引入"自然保护地"的概念，取代了原立法中的"相关自然保护区域"，同时第四款增加了"野生动物保护主管部门依法加强对野生动物及其栖息地的保护"的表述。

【理解与适用】

野生动物栖息地保护是我国野生动物保护的生态红线。党的十八大以来，党中央作出一系列重大战略部署，不断加大自然生态保护力度。本次修法将"自然保护地"正式写入立法，体现了党中央有关推进建立国家公园体制，加快建立以国家公园为主体的自然保护地体系的精神。同时，本次修法将野生动物保护主管部门确定为野生动物及其栖息地保护的主管部门，有助于解决过去存在的多头管理问题，明确部门职责，为自然保护地的管理与保护提供更好的组织保障。

一、野生动物重要栖息地的确定与发布

野生动物栖息地又称野生动物生境，是野生动物用于生存和繁衍的环境。随着野生动物保护工作的不断深入，人们已经意识到，野生动物与栖息地息息相关，保护野生动物不仅要保护动物本身，更要对其生存环境进行全面、系统的保护。识别界定野生动物栖息地是保护野生动物栖息地的前提条件，也是世界主要法治发达国家的普遍做法。如《美国濒危物种法案》第五条规定，如果一种濒危物种所占据的地理空间范围对于保护这一物种是必需的，或者需要采取特别的管理计划和保护行动时，这一空间范围即为其关键生境。[①]

我国 1988 年制定的野生动物保护法第十条采用了野生动物"主要生息繁衍的地区和水域"的表述，2016 年修法中正式确立了"野生动物重要栖息地"的概念，并明确其确定主体为国务院野生动物保护主管部门，同时对其确定和发布程序也进行了明确，野生动物重要栖息地的确定应建立在调查、监测和评估的基础上，并向全社会发布以供公众知晓。2017 年，原农业部公布了《国家重点保护水生野生动物重要栖息地名录（第一批）》，将四川省诺水河水獭重要栖息地等 33 处水生野生动物重要栖息地纳入名录。而在陆生野生动物方面，国家林业和草原局于 2023 年初研究起草了《陆生野生动物重要栖息地评估认定暂行技术规定》，并提出了《陆生野生动物重要栖息地名录（第一批）》，目前正在向社会公开征求意见。根据上述征求意见稿的规定，符合以下条件之一的自然区域应认定为陆生野生动物重要栖息地：（1）极度濒危陆生野生动物有规律活动的区域；（2）珍贵、濒危陆生野生动物种群完成生存繁衍活动所需的区域；（3）其他陆生野生动物种群集中分布或集群活动，经专业机构调查、评估，且个体达到一定数量的区域；（4）陆生野生动物季节性迁徙过程中的符合特定标准的，相对稳定的停歇地、迁徙通道；（5）连接极度濒危陆生野生动物隔离种群的生态廊道；（6）具有特殊宣传、科普教育、历史纪念等意义，经评估论证应当认定为陆生野生动物重要栖息地的陆生野生动物分布区；（7）经评估论证应当认定为陆生野生动物重要栖息地的其他区域。根据以上标准，国家林业和草原局初步提出陆生野生动物重要栖息地 870 处。同时国家林业和草原局也对《陆生野生动物重要栖息地名录》应包含的信息、收集公众意见和科学评估论证的程序、划定陆生野生动物重要栖息地

[①] 《美国濒危物种法案》，载 https：//www.congress.gov/bill/93rd-congress/senate-bill/1983/text/pl？overview=closed，最后访问日期：2023 年 1 月 15 日。

范围的要求，以及陆生野生动物重要栖息地名称构成等事项进行了规定。①

二、自然保护地体系建设

自然保护地是由各级政府依法划定或确认，对重要的自然生态系统、自然遗迹、自然景观及其所承载的自然资源、生态功能和文化价值实施长期保护的陆域或海域。自然保护地体系建设是我国生态文明制度建设的重要组成部分，我国已经建成自然保护区、风景名胜区、森林公园、湿地公园、地质公园等各类具有自然保护功能的保护地约1.18万个，面积约覆盖国土陆域面积的18%，管辖海域面积的4.1%，在保护生物多样性、保存自然遗产、改善生态环境质量和维护国家生态安全方面发挥了重要作用。但不同类型的保护地隶属于不同的管理部门，管理目标与设计不统一、管理碎片化分割化、机构重叠责任不清等问题较为突出。② 党的十九大正式提出了"要建立以国家公园为主体的自然保护地体系"的要求。2019年，中共中央办公厅、国务院办公厅印发《关于建立以国家公园为主体的自然保护地体系的指导意见》，提出了"建成中国特色的以国家公园为主体的自然保护地体系"的总体目标，并提出2020年、2025年和2035年三个时期的具体目标。本次修法将"自然保护地"正式写入立法，并在管理体制上进行了统一和明确，为未来的自然保护地体系建设提供了重要的法律依据，体现了在法治轨道上推进生态环境系统保护和整体保护的思想。

自然保护地按生态价值和保护强度高低依次分为三类：一是国家公园，指以保护具有国家代表性的自然生态系统为主要目的，实现自然资源科学保护和合理利用的特定陆域或海域。国家公园在自然生态系统最重要、自然景观最独特、自然遗产最精华、生物多样性最富集，生态过程完整，具有全球价值和国家代表性的区域优先设立，实行完整性、原真性保护。二是自然保护区，指保护典型的自然生态系统、珍稀濒危野生动植物种的天然集中分布区、有特殊意义的自然遗迹的区域。自然保护区在具有典型、特殊保护价值的自然生态系统，珍稀、濒危野生动植物物种的天然集中分布区，重大科学价值的自然遗迹等区域设立，对主要保护对象实行严格保护，可分为生态系统、野生生物、自然遗迹三个类型。三是自然公园，指保护重要的自然生态系统、自然遗迹和自然景观，具有生态、观

---

① 《〈陆生野生动物重要栖息地评估认定暂行技术规定〉〈陆生野生动物重要栖息地名录（第一批）〉公开征求意见》，载国家林业和草原局网站，http://www.forestry.gov.cn/main/4461/20230105/202511981735285.html，最后访问日期：2023年1月15日。

② 唐小平、栾晓峰：《构建以国家公园为主体的自然保护地体系》，载《林业资源管理》2017年第6期。

赏、文化和科学价值，实行可持续管理，依据自然生态系统或地质遗迹以及自然与人文融合的主体不同可分为生态自然公园和风景名胜区两个类型。以上自然保护地以国家公园为主体、自然保护区为基础、各类自然公园为补充，共同构成我国的自然保护地分类系统。

近年来，党和政府在国务院机构改革的基础上，不断以"顶层设计+试点示范"的方式系统推进、整体推进自然保护地体系建设工作，这一改革工作涉及多个方面，需要在自然资源所有权上形成国有自然资源资产所有权人和管理者相互独立、相互配合、相互监督的新型体制，在管理体制上由一个部门负责统一保护、统一修复，并以国家公园体制改革为试点示范，不断实施统一事权、分级管理实践，探索建立统一管理机构。[①] 2018年机构改革后，各类自然保护地的监管职责已经由林草部门统一负责。2020年，自然资源部、国家林草局启动了自然保护地整合优化工作，针对过去存在的自然保护地边界不清等问题，对全国自然保护地历史遗留问题和现实矛盾冲突开展全面调查摸底评估，并形成了《全国自然保护地整合优化方案》。2021年，国家林业和草原局、国家发展改革委、财政部、自然资源部、农业农村部联合印发《国家公园等自然保护地建设及野生动植物保护重大工程建设规划（2021—2035年）》，提出到2025年，完成自然保护地整合归并优化，开展自然资源统一确权登记。此外，《自然保护地分类分级》《自然保护地生态旅游规范》等重要技术标准也相继获得批准。

在自然保护地的管理举措方面，本条规定，禁止或者限制在自然保护地内引入外来物种、营造单一纯林、过量施洒农药等人为干扰、威胁野生动物生息繁衍的行为。上述行为可能对保护地的生态系统造成危害，外来物种由于缺乏天敌，繁衍速度快，易侵占本地物种的生存空间，从而导致生态系统的损害。单一纯林是指由单一树种构成的，或混有其他树种但材积都分别占不到一成的林分。野生动物的生存很大程度上依赖于栖息地植物的多样性，因此单一纯林很可能无法满足野生动物的生存条件，同时，单一纯林也容易引发和扩大病虫害的风险。过量施洒农药会破坏作物生长环境，威胁食物链的安全。除了上述行为之外，其他人为干扰、威胁野生动物生息繁衍的行为也受到法律的限制。在限制程度上，应遵循差异性原则，根据自然保护地的环境状况和管理目标等，采取区分强度的保护举措。

---

① 吕忠梅：《以国家公园为主体的自然保护地体系立法思考》，载《生物多样性》2019年第2期。

> **第十三条 【涉野生动物栖息地规划与项目建设】** 县级以上人民政府及其有关部门在编制有关开发利用规划时，应当充分考虑野生动物及其栖息地保护的需要，分析、预测和评估规划实施可能对野生动物及其栖息地保护产生的整体影响，避免或者减少规划实施可能造成的不利后果。
>
> 禁止在自然保护地建设法律法规规定不得建设的项目。机场、铁路、公路、航道、水利水电、风电、光伏发电、围堰、围填海等建设项目的选址选线，应当避让自然保护地以及其他野生动物重要栖息地、迁徙洄游通道；确实无法避让的，应当采取修建野生动物通道、过鱼设施等措施，消除或者减少对野生动物的不利影响。
>
> 建设项目可能对自然保护地以及其他野生动物重要栖息地、迁徙洄游通道产生影响的，环境影响评价文件的审批部门在审批环境影响评价文件时，涉及国家重点保护野生动物的，应当征求国务院野生动物保护主管部门意见；涉及地方重点保护野生动物的，应当征求省、自治区、直辖市人民政府野生动物保护主管部门意见。

【条文主旨】

本条是关于涉野生动物栖息地规划与项目建设的规定。本次修法中作出了部分修改，主要是由于第十二条"自然保护地"概念的引入，在相关概念使用上进行了相应调整，将原有的"相关自然保护区域"修改为"自然保护地"和"野生动物重要栖息地"。同时，本条第二款在建设项目选址选线上也增加了有关航道、风电、光伏发电的规定。

【理解与适用】

本条的规范目的在于对涉野生动物栖息地规划与项目建设进行规范。我国环境影响评价法将环境影响评价的对象划分为规划和建设项目两部分，本条的设置也与之相一致。本条提出在规划编制和建设项目选址选线过程中就应考虑野生动物及其栖息地保护的需要，对自然保护地等进行避让，并在环境影响评价文件审批中征求有关部门意见，有助于从源头上避免和减少城乡建设给自然环境带来的不利影响，也有助于更加合理高效地进行资源配置，减少因规划和建设错误而造成的资源浪费。

一、野生动物及其栖息地对规划编制的影响

规划是对一定时期内城乡社会和经济发展、土地利用、空间布局以及各项建设的综合部署、具体安排和实施管理。城乡规划法规定，改善生态环境是制定和实施城乡规划的一项重要目标，省、自治区人民政府组织编制的省域城镇体系规划内容应当包括为保护生态环境、资源等需要严格控制的区域，城市、县、镇人民政府所制定的近期建设规划，生态环境保护也是其中的重要内容，城市新区的开发和建设应当严格保护自然资源和生态环境。本条规定，县级以上人民政府及其有关部门在编制有关开发利用规划时，应当充分考虑野生动物及其栖息地保护的需要，这一规定具有两方面的主要影响：一是在总体规划的编制中即应当考虑城乡整体生态安全格局，合理安排野生动物栖息地与其他用地的空间布局，合理划定城市绿线，以期达到保护城乡生态环境、促进可持续发展的规划目的。二是在详细规划的编制中应考虑到特定用地及其所涉建设项目可能对野生动物及其栖息地保护带来的具体影响，对于法律法规规定不得建设的项目，不能纳入规划。

根据本条规定，充分考虑野生动物及其栖息地保护的需要已经成为规划编制的法定要求，这一要求应从两个方面加以满足：一是将分析、预测和评估规划实施可能对野生动物及其栖息地保护产生的整体影响作为规划编制的必经程序。城乡规划法第二十六条已经确立了规划编制中的征求意见程序，环境保护法第十九条规定，编制有关开发利用规划应当依法进行环境影响评价，同时，环境影响评价法等立法以及《城市规划编制办法》等部门文件也作出了相关规定。根据上述规定，与野生动物及其栖息地保护有关的城市规划在编制时，应当对规划实施后可能造成的环境影响作出分析、预测和评估，提出预防或者减轻不良环境影响的对策和措施，作为规划草案的组成部分一并报送规划审批机关；同时，人民政府应当听取野生动物保护主管部门、农业农村、自然资源等有关部门，以及社会公众的意见，在详细规划的编制中还应听取自然保护地管理单位的意见；对于有关意见采纳结果应当向社会公布，接受社会监督。二是在规划编制的目标上，应当以避免或者减少规划实施可能对野生动物及其栖息地造成的不利后果为目标。这要求规划编制部门在面对几个可能产生冲突的目标时，应当将野生动物及其栖息地保护摆在相对优先的序列上，权衡好其与社会经济发展等其他目标之间的关系,追求可持续的发展道路。在规划编制的结果上,应当优先采取能够避免野生动物不利影响的方案,在不能避免的情况下应当选择对野生动物影响最小的方案。

二、野生动物及其栖息地对建设项目的影响

野生动物及其栖息地对建设项目的影响包含两方面的要求,一方面是对建设项目选址的要求,另一方面是对环境影响评价程序的要求。在建设项目选址方面,本条规定,禁止在自然保护地建设法律法规规定不得建设的项目。这里的"法律法规",包括全国人大及其常委会制定的法律、国务院制定的行政法规,以及地方人大及其常委会制定的地方性法规。目前我国尚未就自然保护地制定专门立法或行政法规,现行《中华人民共和国自然保护区条例》可以作为参照。根据该条例第三十二条规定,在自然保护区的核心区和缓冲区内,不得建设任何生产设施。在自然保护区的实验区内,不得建设污染环境、破坏资源或者景观的生产设施;建设其他项目,其污染物排放不得超过国家和地方规定的污染物排放标准。在自然保护区的实验区内已经建成的设施,其污染物排放超过国家和地方规定的排放标准的,应当限期治理;造成损害的,必须采取补救措施。在自然保护区的外围保护地带建设的项目,不得损害自然保护区内的环境质量;已造成损害的,应当限期治理。在禁止建设的具体项目方面,参照原国家林业局于 2018 年发布的《在国家级自然保护区修筑设施审批管理暂行办法》,主要包括以下内容:(1)光伏发电、风力发电、火力发电等项目的设施。(2)高尔夫球场开发、房地产开发、会所建设等项目的设施。(3)社会资金进行商业性探矿勘查,以及不属于国家紧缺矿种资源的基础地质调查和矿产公益性远景调查的设施。(4)污染环境、破坏自然资源或者自然景观的设施。(5)国家禁止修筑的其他设施。此外,本办法还规定,机场、铁路等特定建设项目的选址选线应当遵循避让原则,优先采取避让自然保护地以及其他野生动物重要栖息地、迁徙洄游通道的方案。在无法避让的情况下,如果该选址选线确有充分的公共利益作为支撑,那么可以按照原地址或路线进行建设,但应采取修建野生动物通道、过鱼设施等补救措施以消除或者减少对野生动物的不利影响,这些补救措施应当与建设项目的选址选项作为一个整体来考量,以期达成最佳的总体效果。

在建设项目的环境影响评价方面,本条规定了审批部门征求相关野生动物保护主管部门意见的程序,并按照野生动物的保护级别进行了划分。环境影响评价制度是各国环保立法的主要内容,我国早在 1979 年颁布的《中华人民共和国环境保护法(试行)》中就规定了工程建设中的环境影响报告书制度。现行环境保护法规定，建设对环境有影响的项目，应当依法进行环境影响评价。2002年，我国颁布环境影响评价法，对环境影响评价作出了具体制度安排。根据该法规定，建设项目的环境影响报告书应当包含建设项目周围环境现状，就建设项目对环境可能造成的影响进行分析、预测和评估，提出相关环境保护措施及其技术、经济论证，就其对环境的影响进行经济损益分析，并提出对建设项目实施环境监测的建议，最终得出环境影响评价的结论。环境保护行政主管部门应重点审查建设项目的环境可行性、环境影响分析预测评估的可靠性、环境保护措施的有效性、环境影响评价结论的科学性等。国务院野生动物保护主管部门与省、自治区、直辖市人民政府野生动物保护主管部门本身不是环境影响评价文书的审批部门，但由于建设项目可能对自然保护地造成不利影响，野生动物保护主管部门作为自然保护地的主管部门，向其征求意见是确保审批结果科学性、保障政府部门间协同一致的必然要求。

【关联规范】

《中华人民共和国环境保护法》第十九条；《中华人民共和国环境影响评价法》第十七条；《中华人民共和国城乡规划法》第四条、第二十六条；《中华人民共和国自然保护区条例》第三十二条。

第十四条　【野生动物环境影响监测与调查处理】 各级野生动物保护主管部门应当监测环境对野生动物的影响，发现环境影响对野生动物造成危害时，应当会同有关部门及时进行调查处理。

【条文主旨】

本条是关于野生动物环境影响监测与调查处理的规定。本次修法中对本条的部分概念作出了调整，将原有的"监视、监测"环境对野生动物的影响修改为"监测"环境对野生动物的影响，这是由于"监测"一词已经包含了"监视"的含义，修改后文义更加通顺，且与常用的"环境监测"概念相一致。此外，将"由于环境影响对野生动物造成危害时"修改为"发现环境影响对野生动物造成危害时"，从而使该条规定的主体更加明确。

【理解与适用】

我国环境保护法已经确立了环境监测制度，本条规定是环境监测在野生动物保护领域的具体体现，明确了各级野生动物保护主管部门在环境监测与处理方面的职责，具体包含两个方面，一方面是监测环境对野生动物的影响，对环境影响是否对野生动物造成危害进行判断；另一方面是发现存在前述危害时，会同有关部门及时进行调查处理。

一、野生动物保护中的环境监测

我国环境监测工作于20世纪70年代起步，并在实践中不断完善，目前已经形成了较为完整的监测体系。2015年，国务院印发《生态环境监测网络建设方案》，进一步提出完善生态环境监测网络、实现生态环境监测信息集成共享、科学引导环境管理与风险防范、建立生态环境监测与监管联动机制，以及健全生态环境监测制度与保障体系等要求。据统计，截至2019年，我国各级生态环境部门所属监测管理与技术机构超3500个、监测人员6万余人，各级各类社会监测机构万余家，从业人员达24余万人。国家层面形成了由1436个城市环境空气质量自动监测站、2767个地表水环境监测断面和1881个水质自动监测站、1500余个海洋环境监测点位、近8万个土壤环境监测点位构成的生态环境监测网络，由国家级监测机构统一组织开展监测和运维。[①]

野生动物监测是环境监测工作的重要组成部分，本法第十一条规定，野生动物监测内容不仅包括野生动物本身的状况，还包括野生动物栖息地的生态状况、野生动物及其栖息地的主要威胁因素等。野生动物及其栖息地的主要威胁因素包含人为因素和自然因素，水灾、旱灾等各类气候灾害与地质灾害固然会对野生动物的生存环境造成危害，但人类活动仍是影响野生动物生存环境的最主要因素，包括房屋、道路、电站等设施的建设，工业生产，农林牧渔生产，矿产资源开采，旅游娱乐等，以上活动一方面可能会占用野生动物原有的活动区域，压缩其生存空间，另一方面可能给大气、陆地和水资源等造成附随的污染。因此，有必要监测环境对野生动物的影响，并根据环境变化采取适当的应对措施。各级野生动物保护主管部门作为野生动物监测工作的责任主体，应当加强监测站点的建设与同科研院所的合作，对野生动物栖息地植被、空气质量等级、水源状况、受干

---

① 柏仇勇、赵岑：《中国生态环境监测40年改革发展与成效》，载《中国环境管理》2019年第4期。

扰状况以及周边社会经济状况等进行监测。

二、发现环境危害时的处理

各级野生动物保护主管部门在监测中发现环境影响对野生动物造成危害时，应当会同有关部门及时进行调查处理。发现环境影响对野生动物造成危害，是启动调查处理程序的前提，包括发现业已发生的危害，这里以及发现存在重大的危害风险，各级野生动物保护主管部门及有关部门应调查环境影响产生的原因，并作出相应处理，存在违法行为的，依法进行行政处罚，存在犯罪行为的，依法追究刑事责任。在调查处理的主体上，本条规定应由各级野生动物保护主管部门会同有关部门进行。环境影响危害可能存在多种情形，根据具体事项的不同，所应会同的部门也有所不同。对于属于野生动物保护主管部门自身执法事项范围的，应自行处理。属于污染防治等生态环境保护领域的，或者因涉及农药使用、动物疫病等事项而属于农业领域的，根据党中央、国务院有关文件，以上两领域已经组建综合执法队伍，具体执法事项范围可依《生态环境保护综合行政执法事项指导目录（2020年版）》《农业综合行政执法事项指导目录（2020年版）》以及各省市的具体规定判断。对于同时涉及多个领域事项的，可依法采取联合执法的方式。

【关联规范】

《中华人民共和国环境保护法》第十七条。

> **第十五条　【野生动物应急救助与收容救护】** 国家重点保护野生动物和有重要生态、科学、社会价值的陆生野生动物或者地方重点保护野生动物受到自然灾害、重大环境污染事故等突发事件威胁时，当地人民政府应当及时采取应急救助措施。
>
> 国家加强野生动物收容救护能力建设。县级以上人民政府野生动物保护主管部门应当按照国家有关规定组织开展野生动物收容救护工作，加强对社会组织开展野生动物收容救护工作的规范和指导。

> 收容救护机构应当根据野生动物收容救护的实际需要，建立收容救护场所，配备相应的专业技术人员、救护工具、设备和药品等。
>
> 禁止以野生动物收容救护为名买卖野生动物及其制品。

【条文主旨】

本条是关于野生动物应急救助与收容救护的规定。本次修法中作出了比较大的修改：一是第一款将"三有"动物和地方重点保护野生动物纳入应急救助范围；二是第二款增加了"国家加强野生动物收容救护能力建设"，以及县级以上人民政府野生动物保护主管部门"加强对社会组织开展野生动物收容救护工作的规范和指导"，突出了社会组织在野生动物收容救护方面的作用，明确了政府与社会组织在相关工作中的职责分工；三是增加一款作为第三款，明确了收容救助机构在场所、人员、设备等方面的要求。

【理解与适用】

野生动物应急救助与收容救护是维护生物多样性、帮助野生动物重归自然的必要举措，加强野生动物救助救护能力，是生态文明建设的重要组成部分。本条明确了政府在野生动物应急救助与收容救护方面的职责及其与社会的分工。一是明确了政府在自然灾害、重大环境污染事故等突发事件中对于野生动物的应急管理职责。二是在野生动物收容救护方面突出政府与社会的协作，一方面要加强政府收容救护机构本身的建设，另一方面也要加强对社会组织开展野生动物收容救护工作的规范和指导，二者均是加强野生动物收容救护能力建设的重要组成部分。同时，本条还对收容救助机构在场所、人员、设备等方面的要求进行了规定，并强调禁止以野生动物收容救护为名买卖野生动物及其制品，有助于收容救助的法治化和规范化。

一、野生动物应急救助

野生动物及其栖息地可能受到各类自然灾害和事故灾难的影响，这些灾难灾害一方面会威胁到野生动物本身的生命安全，另一方面也可能对野生动物的栖息地造成破坏，影响野生动物的生存空间。我国领土广袤，气候环境和地质状况较为复杂，各类自然灾害多发，因此 1988 年野生动物保护法制定时即规定，国家和地方重点保护野生动物受到自然灾害威胁时，当地政府应当及时采取拯救措施。2016 年野生动物保护法修改时，考虑到重大环境污染事故多发的情况及其给野生动物造成的危害，对救助的情形进行了扩张，使其既包含自然灾害，又包含重大环境污染事故。同时，在措施概念的使用上用"应急救助"取代了"拯救"。随着生态环境建设与野生动物保护实践的深入，对野生动物进行更加全面充分的保护，已经成为学界和实务界的普遍吁求，同时我国经济能力的不断提升也为扩大野生动物应急救助范围提供了必要的物质基础。因此本次修法进一步对接受应急救助的野生动物范围进行了修改，从只有国家重点保护野生动物，扩展到包括"三有"动物和地方重点保护野生动物。

在应急救助方面，我国主要的法律依据是 2007 年制定并施行的突发事件应对法。根据该法规定，县级以上地方各级人民政府是突发事件应对工作的责任主体，具体主体应根据突发事件所涉及的范围和社会危害程度来确定。在应急管理内容上，主要包含突发事件的预防与应急准备、监测与预警、应急处置与救援、事后恢复与重建等多个方面。党和政府高度重视应急管理工作，党的十九届三中全会决定指出，要加强、优化、统筹国家应急能力建设，构建统一领导、权责一致、权威高效的国家应急能力体系。党的二十大报告再次强调，要建立大安全大应急框架，完善公共安全体系，推动公共安全治理模式向事前预防转型。提高防灾减灾救灾和急难险重突发公共事件处置保障能力，加强国家区域应急力量建设。具体到野生动物应急救助领域，要特别做好以下几方面的工作：一是要依托环境监测站点和野生动物监测站点的建设，加强对野生动物及其栖息地的环境监测与评估工作，不但要监测已经现实发生的事故灾害对野生动物及其栖息地的影响，而且要加强对事故灾害的事前评估和预警，发现存在自然灾害、重大环境污染事故风险时及时向有关部门通报，依法采取相应的处理举措。二是要建立健全野生动物应急救助预案，地方各级人民政府及有关部门在制定突发事件应急预案时，应当充分考虑本地区各类保护野生动物的分布状况和特点，预估自然灾害与重大环境污染事故可能对其造成的危害，明确野生动物应急救助主体职责和措施，并就事前预警、事中处置和事后恢复作出系统性部署。三是加强对野生动物应急救助的保障工作，包括加强野生动物收容救护能力建设，为相关工作提供财政、人员、组织等方面的保障。

二、野生动物收容救护

野生动物收容救护，是通过对脱离原有自然生存环境的野生动物个体实施收容、治疗、康复护理等措施，协助其脱离生存威胁和伤病困扰，以恢复其野外生存能力并协助其回归自然为最终目的的一种法定行为。[①] 这一概念可从以下方面理解：首先，收容救护的对象是脱离原有自然生存环境的野生动物个体，脱离的成因可能是自然灾害、人类活动、疾病，或是意外情况等多方面的原因。这些野生动物部分是因受伤、病弱、饥饿、受困等，暂时无法直接返回野外生存，部分是因周边缺乏可供其野外生存的环境，还有部分属于外来物种，贸然放归野外可能会对当地生态造成不利影响，因此具有收容的必要。其次，收容救护的内容包括为野生动物提供收容场所和食物，对存在伤病的野生动物进行救治和护理等。野生动物初次接近人类和陌生环境时，对于来自人类的刺激非常敏感，容易受到二次伤害，同时，不同动物的生活习性、食性等也各不相同，因此在收容救护过程中需要特别注意选择适合被收容救护对象的环境，减少对象的应激反应，同时在饲养过程中应充分符合对象的生活习性与营养需要。最后，野生动物收容救护的最终目的是使被收容救护的对象健康地回归其原有的自然生存环境。这种放归应尽快、尽早进行，否则野生动物经过一段时间的人工饲养后，部分野外生存能力会降低或消失。因此在收容救护的同时要对收容救护对象进行野化训练，并适时放归自然。

我国野生动物收容救护工作一般认为是从20世纪七八十年代起步，1978年成立的甘肃白水江国家级自然保护区野生动物救护站是全国最早开始从事野生动物救护工作的机构。2013年进行的全国野生动物救护机构基本情况调查结果显示，当时我国野生动物救护机构共有115家，特别是21世纪以来，我国野生动物收容救护机构迅速发展。不过整体而言，我国野生动物收容救护工作起步较晚，数量少、基础研究薄弱、专业人员与设备缺乏、救护标准不统一等问题仍然存在。[②] 对此，"十三五"生态环境保护规划中特别提出要优化全国野生动物救护网络，完善布局并建设一批野生动物救护繁育中心。在立法方面，当时的野生动物保护法并未明确规定野生动物收容救护方面的内容，2016年修法加入了组织开展野生动物收容救护工作方面的内容，本次修法进一步明确了政府在加强野生动物收容救护

[①] 梦梦等：《我国野生动物救护现状及发展分析》，载《林业资源管理》2016年第2期。

[②] 高飞等：《野生动物收容救助问题及对策》，载《林业科技情报》2022年第1期。

能力建设和规范引导社会组织开展野生动物收容救护工作方面的职责，并对收容救护机构应具备的条件作出了规定，为野生动物收容救护制度的进一步发展提供了有力的法律依据。同时，原国家林业局于2017年制定了《野生动物收容救护管理办法》，对部门主管职责、收容救护机构要求、收容救护对象、收容救护的处理程序与处理结果等进行了全面规定。

在野生动物收容救护事业的发展上，社会组织的参与是一股重要力量。全国野生动物救护机构基本情况调查显示，我国大部分野生动物救护机构系事业单位。随着城市范围的扩张，人类与野生动物的接触不断增多，需要救护的野生动物数量也日益增加，野生动物保护理念的发展和立法的革新也带来了更多野生动物收容救护的需求。上述需求如果全部由政府直接承担，将会带来过重的财政负担，同时也会造成过高的管理成本。近年来，我国不断推进政府职能转变，重新界定政府与市场、政府与社会之间的关系，野生动物收容救护工作中也越发重视社会力量的参与。2017年的《野生动物收容救护管理办法》已经规定，县级以上地方人民政府林业主管部门及其野生动物收容救护机构可以根据需要，组织从事野生动物科学研究、人工繁育等活动的组织和个人参与野生动物收容救护工作。本次修法进一步增加了政府对于相关社会组织的规范引导职责。根据这一规定，政府可充分向社会放权，将大部分直接的收容救护工作交由社会组织完成，自身主要负责两方面的工作：一是对收容救护社会组织的行为进行规范，积极制定相关技术标准和行为准则，加强对收容救护社会组织的审计监督，依法打击以收容救护为名买卖野生动物及其制品的行为；二是对收容救护社会组织加以引导和支持，通过税费优惠和行政奖励等手段鼓励各类社会力量的参与，提供专业技术培训和构建组织间交流合作的平台，做好野生动物保护的宣传工作，促进收容救护社会工作的健康发展。

【关联规范】

《中华人民共和国突发事件应对法》第七条；《野生动物收容救护管理办法》第五条。

> **第十六条 【野生动物防疫管理】**野生动物疫源疫病监测、检疫和与人畜共患传染病有关的动物传染病的防治管理，适用《中华人民共和国动物防疫法》等有关法律法规的规定。

【条文主旨】

本条是关于野生动物防疫管理的规定。由于 2021 年动物防疫法修订中已经对野生动物防疫工作进行了全面安排，因此本次修法中删去了原先在野生动物疫源疫病监测、野生动物疫情应急预案、动物传染病防治等方面的规定，改为直接规定相关动物传染病的防治管理工作适用动物防疫法等有关法律法规的规定。

【理解与适用】

本条的立法目的在于加强野生动物防疫管理。野生动物传染病不仅影响到野生动物本身的安全，大量人畜共患病的存在更是直接威胁到人类的生命健康。我国 1988 年制定野生动物保护法时，并未规定防疫方面的内容，21 世纪初我国对野生动物人畜共患病的防治予以高度重视，启动了野生动物疫源疫病监测防控工作，并相继颁布了《重大动物疫情应急条例》《陆生野生动物疫源疫病监测防控管理办法》等规定。2016 年野生动物保护法修订中增加了本条，为相关防疫工作提供了法律依据。为了增强动物防疫工作的体系性和内在一致性，2021 年动物防疫法修订中将野生动物防疫纳入动物防疫体系，并作出了全面系统的安排，野生动物保护法中不再作重复规定，相关工作应直接适用动物防疫法的规定。

动物传染病是一个重要的公共卫生安全议题。目前已经证实有 300 多种动物传染病和寄生虫病可以传染人类，其传染来源包括家畜、驯养动物、宠物和野生动物。[①] 随着世界人口的不断增长和气候的变化，人类与病原生物的接触越来越多，逐渐打破了病原体宿主的中间屏障，使新发病毒性人畜共患传染病的发展形势日益严峻，在全球化的背景下更是容易造

[①] 唐俊妮、王红宁：《人畜共患病的分类、流行及研究方向》，载《四川畜牧兽医》2010 年第 10 期。

成严重的公共卫生安全危机。随着世界人口的不断增长和气候的变化，人类与病原生物的接触越来越多，逐渐打破了病原体宿主的中间屏障，使新发病毒性人畜共患传染病的发展形势日益严峻，在全球化的背景下更是容易造成严重的公共卫生安全危机，给人类生命和财产造成巨大损失，因此加强预防控制尤为重要。

在动物传染病防治方面，我国1997年就颁布了动物防疫法，在2008年、2009年，原农业部等部门还相继颁布了《一、二、三类动物疫病病种名录》和《人畜共患传染病名录》。对于野生动物，动物防疫法也予以了关注，规定人工捕获的可能传播动物疫病的野生动物，须经捕获地或者接收地的动物防疫监督机构检疫合格，方可出售和运输。2016年野生动物保护法修订时也增加规定，就野生动物疫病的主管部门、疫源疫病监测、疫情应急预案、传染病防治等进行了规定。上述规定为野生动物防疫构建了基本框架，不过仍存在大量问题：首先，野生动物的概念范围存在不明确之处。当时的野生动物保护法主要针对各类重点保护动物和"三有野生动物"，而对上述范围之外的、可能存在疫病风险的野生动物缺乏明确规定；同时，野生动物通常被理解为仅包括野外生存的动物，而对于大量人工驯养繁殖的动物界定不明，执法实践中其主管部门和管理措施存在较大争议。其次，野生动物防疫工作主管职责存在不明确之处。根据当时法律规定，野生动物的防疫主体根据具体工作阶段和事项的不同，包括林草、农业农村、海关等多个部门，条款分割较为严重，缺乏对野生动物从捕获、运输、交易、进出境等全过程的管理体系建构，不同部门之间的职责划分和相互关系也协调一致。最后，野生动物防疫的工作内容也缺乏具体指引。包括驯养繁殖、检疫、溯源管理等多个方面缺乏明确规定，野生动物防疫检疫专业人员、设备以及基础研究等方面也都存在较大短板。

为了加强动物防疫工作，我国于2018年开始启动动物防疫法的修订工作，在修订过程中，野生动物的防疫工作受到高度重视。2020年，全国人大常委会作出《关于全面禁止非法野生动物交易、革除滥食野生动物陋习、切实保障人民群众生命健康安全的决定》，对非食用性利用野生动物的审批和检疫检验提出明确要求，相关的审批和检疫检验制度也成为动物防疫法修订的重点。为此，新修订的动物防疫法对野生动物防疫制度专门作出了以下规定：一是因科研、药用、展示等特殊情形需要非食用性利用的野生动物，应当按照国家有关规定报动物卫生监督机构检疫，检疫合格的，方可利用；二是国务院农业农村主管部门会同野生动物保护主管部门制定野生动物检疫办法；三是在重大动物疫情报告期间，必要时，所在地县级以上地方人民政府可以作出封锁决定并采取扑杀、销毁等措施；四是县级以上人民政府应当完善野生动物疫源疫病监测体系和工作机制，根据需要合理布局监测站点，野生动物保护、农业农村主管部门按照职责分工做好野生动物疫源疫病监测等工作，并定期互通情况，紧急情况及时通报；五是野生动物保护主管部门发现野生动物染疫或者疑似染疫的，应当及时处置并向农业农村主管部门通报；六是野外环境发现的死亡野生动物，由所在地野生动物保护主管部门收集、处理。[1]

新动物防疫法在野生动物防疫工作方面取得了重大进展。相比过去的立法，新动物防疫法明确了县级以上人民政府以及农业农村、野生动物保护、卫生健康、海关等部门的职责，强调了县级以上人民政府在完善野生动物疫源疫病监测体系和工作机制，以及重大动物疫情处理上的主体责任，并在人畜共患传染病防治、人畜共患传染病名录制定、野生动物疫源疫病监测、死亡动物无害化处理等事项上建立了协作机制，特别强调了不同部门之间在动物疫情上的相互通报制度，有助于构建权责清晰、合理高效的动物防疫管理体系。同时，新动物防疫法在野生动物检疫方面也作出了更加明确的规定，除原有对人工捕获野生动物饲养、经营和运输的检疫要求之外，还特别规定了对非食用性利用野生动物的检疫程序，以上规定与全国人大常委会决定中有关全面禁止食用陆生野生动物的要求，以及有关无害化处理的规定相结合，最大限度减少了野生动物疫病对人类传播的可能。

【关联规范】

《中华人民共和国动物防疫法》第十条、第二十条、第三十三条、第三十四条、第五十条、第五十七条、第五十八条、第六十条、第九十六条。

---

[1] 刘振伟：《构建科学合理健全的动物防疫法律制度——关于动物防疫法第二次修订》，载《农村工作通讯》2021 年第 3 期。

> **第十七条　【野生动物遗传资源保护】**国家加强对野生动物遗传资源的保护，对濒危野生动物实施抢救性保护。
> 　　国务院野生动物保护主管部门应当会同国务院有关部门制定有关野生动物遗传资源保护和利用规划，建立国家野生动物遗传资源基因库，对原产我国的珍贵、濒危野生动物遗传资源实行重点保护。

【条文主旨】

本条是关于野生动物遗传资源保护的规定，沿袭原法条文，本次未予修改。

【理解与适用】

野生动物遗传资源是生物遗传资源的一种，根据《生物多样性公约》给出的定义，生物遗传资源是指具有实际或潜在价值的来自植物、动物、微生物或其他来源的任何含有遗传功能单位的材料。野生动物遗传资源对于一个国家而言具有重要的战略意义，其不仅是对濒危野生动物进行抢救性保护、维护生态安全的需要，同时也为国家新型生物产业的发展提供了基础，关系到国家整体的生物安全。本条是野生动物保护法中有关野生动物遗传资源保护的专门性规定，一方面包含对濒危野生动物的抢救性保护，另一方面还特别规定了相关规划制定和国家野生动物遗传资源基因库建设等重要内容。

一、濒危野生动物的抢救性保护

濒危野生动物是指由于受到自然灾害或人类活动的影响或其自身原因而有灭绝危险的野生动物物种。[①] 野生动物濒危的成因是多方面的，对野生动物资源的过度开发利用，人类生存空间扩展导致野生动物栖息地被分割或侵占，环境污染带来的栖息地破坏，以及野生动物及其制品贸易等都是人为原因当中的主要因素。从世界范围来看，动物的灭绝速率正呈上升趋势，过去的100年中，平均每4年就有一种哺乳动物从地球上消失，这

---

① 李晨韵等：《我国濒危野生动物保护现状与前景展望》，载《世界林业研究》2014年第2期。

一速率较之正常化石记录高出 13 倍至 135 倍。① 而我国在作为世界上生物多样性最丰富国家之一的同时，也是濒危动物分布大国。对濒危野生动物加大保护力度，进行抢救性保护，是我国生物多样性保护工作的重要组成部分，对于维护生态系统的平衡与稳定，促进社会可持续健康发展具有重要作用。

我国自 1988 年野生动物保护法制定以来，濒危野生动物一直是法律保护的重点，构建了包括行政监管和刑事处罚在内的保护体系，并于 1992 年签署加入了《生物多样性公约》，积极进行国际合作。在我国政府的努力下，我国濒危野生动物生存状况总体上得到改善，上百种珍稀濒危野生动物种群数量明显上升。② 但由于我国濒危野生动物保护工作起步较晚，各项制度尚不健全，野生动物保护形势依然十分严峻。为了加强对濒危野生动物的保护，2016 年修法时确立了"抢救性保护"原则。抢救性保护是一项系统性工程，包括野生动物及其栖息地监测评价、濒危野生动物野外巡护和栖息地恢复、人工繁育和野外种群重建、野生动物遗传资源收集与开发研究等多个重要组成部分，目的在于恢复野生动物野外种群数量，使其摆脱行将灭绝的风险。抢救性保护的对象是濒危野生动物。我国野生动物保护法、刑法等立法中采取了"珍贵、濒危野生动物"的概念，其具体范围包括列入《国家重点保护野生动物名录》的野生动物，以及经国务院野生动物保护主管部门核准按照国家重点保护的野生动物管理的野生动物。野生动物的濒危性是上述名录制定的重要考量因素，不过上述名录在制定时还会考虑到珍贵性等因素，与濒危野生动物并不完全等同。在濒危野生动物的范围上，我国 2015 年编制了《中国生物多样性红色名录》。《国家重点保护野生动物名录》的制定即以《中国生物多样性红色名录》对我国脊椎动物的评估等级和世界自然保护联盟（IUCN）红色名录分类与标准为重要参考，包括种群结构、数量和栖息地面积、范围、质量及其变化速率等因子，重点关注野外种群有灭绝危险的"极危"物种、分布区狭窄、野外种群数量稀少的"濒危"物种和野外种群数量下降明显或持续下降、生存受到严重威胁的"易危"物种。需要注意的是，这里的"濒危"物种是野生动物种群的一种具体评级，我国的濒危野生动物实际上包含"极危""濒危"和"易危"三个评级的物种。2022 年出台的《"十四五"林业草

---

① 蒋志刚：《野生动物濒危现状与原因探析》，载《人与自然》2002 年第 3 期。
② 王鸿举主编：《中华人民共和国野生动物保护法解读》，中国法制出版社 2016 年版，第 82 页。

原保护发展规划纲要》中提出，要抢救保护珍稀濒危野生动物，对大熊猫、亚洲象等48种极度濒危野生动物及其栖息地实施抢救性保护，并发布了相应物种名单，这些物种将是"十四五"期间抢救性保护的重点对象。根据《国家公园等自然保护地建设及野生动植物保护重大工程建设规划（2021—2035年）》，我国计划到2035年重点针对70个珍稀濒危物种实施就地抢救性保护项目，不断改善濒危野生动物生存繁衍条件，着力提高生态系统自我修复能力和稳定性。

二、野生动物遗传资源规划与基因库的建设

野生动物遗传资源是生物遗传资源的重要组成部分，具有重大的科研价值和战略意义。随着人类对濒危野生动物基因资源所潜在的巨大经济价值认识的不断加深，各国特有物种的基因资源，已成为世界关注和争夺的焦点。为此，许多国家已经将基因资源库的建设列为未来社会与经济可持续发展和打赢未来经济竞争战役的战略建设工程。我国是世界上生物多样性最丰富的国家之一，野生动物种类达2100多种，其中包含了许多独有的野生动物资源，其功能基因潜藏着巨大经济价值和战略价值，对其加以系统性的保存和研究，是维护生物多样性和生物安全的必然要求，直接关系到我国社会和经济可持续发展重大战略的实现。

党和政府长期以来重视野生动物遗传资源保护和利用的规划工作，在2001年编制的《全国野生动植物保护及自然保护区建设工程总体规划》中，即将珍稀濒危物种的遗传多样性保护作为重要目标，并提出了种源繁育基地和遗传资源基因库建设等具体工作内容。2004年，国务院办公厅出台《关于加强生物物种资源保护和管理的通知》，提出要在开展生物物种资源调查的基础上制定全国生物物种资源保护利用规划。2007年，原国家环保总局制定《全国生物物种资源保护与利用规划纲要》，将陆生野生动物资源保护与利用作为重点领域之一。近年来，我国相继颁布《全国重要生态系统保护和修复重大工程总体规划（2021—2035年）》《国家公园等自然保护地建设及野生动植物保护重大工程建设规划（2021—2035年）》《"十四五"林业草原保护发展规划纲要》等重要规划。野生动物遗传资源保护和利用规划的制定，是上述规划在野生动物保护领域的具体落实。根据本条规定，国务院野生动物保护主管部门是野生动物遗传资源保护和利用规划的制定主体，应当会同国务院有关部门进行相关规划的制定工作。在规划的具体内容上，应当包含野生动物遗传资源保护和利用的总体目标和阶段性目标，并就野生动物及其栖息地的抢救性保护、野生动物遗传资源保护研究的发展、基因库以及其他重要遗传资源基础设施建设、国内野生动物遗传资源安全与国际合作等事项作出全面系统的安排，为相关工作的开展提供框架和指引。

国家野生动物遗传资源基因库的建设是野生动物遗传资源保护的重点工作之一。2001 年，原国家林业局与教育部联合，在浙江大学建立了国家濒危野生动植物种质基因保护中心，该中心是我国第一个国家级濒危野生动植物种质基因保护与研究基地，计划通过现代生物学技术，在抢救性地收集和保存相关基因资源材料的基础上，系统地建立基因资源库，为后续研究提供了重要的资源平台。[1] 之后，我国相继建立了猫科动物研究中心、亚洲象保护研究中心等，收集保存了我国珍稀濒危野生动物遗传材料和基因，共计超过 800 个物种 22 万份全基因组的 DNA 样本。[2] 根据《国家公园等自然保护地建设及野生动植物保护重大工程建设规划（2021—2035 年）》等规定，我国将建设 20—25 个珍稀濒危野生动物种源繁育基地，同时将选择基础较好的单位，支持建设国家野生动物遗传资源基因库，对原产我国的珍贵、濒危野生动物遗传资源实行重点保护。同时，这些基因库也将作为我国重要的国家战略资源储备库，以及遗传资源信息解码的科研平台和共享大数据平台，为我国基础生命科学研究提供助益。

【关联规范】

《中华人民共和国刑法》第三百四十一条。

第十八条　【野生动物危害防控】 有关地方人民政府应当根据实际情况和需要建设隔离防护设施、设置安全警示标志等，预防野生动物可能造成的危害。

县级以上人民政府野生动物保护主管部门根据野生动物及其栖息地调查、监测和评估情况，对种群数量明显超过环境容量的物种，可以采取迁地保护、猎捕等种群调控措施，

---

[1] 宦建新、单冷：《濒危野生动植物种质基因保护计划启动》，载《科技日报》2002 年 4 月 29 日。

[2] 《国新办举行〈中国的生物多样性保护〉白皮书新闻发布会》，载国务院新闻办公室网站，http：//www.scio.gov.cn/xwfbh/xwbfbh/wqfbh/44687/47131/wz47133/Document/1714249/1714249.htm，最后访问日期：2023 年 1 月 15 日。

> 保障人身财产安全、生态安全和农业生产。对种群调控猎捕的野生动物按照国家有关规定进行处理和综合利用。种群调控的具体办法由国务院野生动物保护主管部门会同国务院有关部门制定。

【条文主旨】

本条是关于野生动物危害防控的规定。本次修法作出了一定的调整：一是增加了野生动物危害防控的责任主体，特别强调了县级以上人民政府野生动物保护主管部门的相关职责；二是明确了野生动物危害防控的具体措施，包括建设隔离防护设施、设置安全警示标志，以及迁地保护、猎捕等种群调控措施，同时对上述措施的适用条件进行了规定；三是对野生动物危害防控的目的进行了调整，将原先的"保障人畜安全和农业、林业生产"修改为"保障人身财产安全、生态安全和农业生产"；四是新增了授权条款，授权国务院野生动物保护主管部门制定种群调控的具体办法。

【理解与适用】

人与野生动物的和谐共存是生态文明建设的重要目标，但随着双方生存空间的交叠，人与野生动物之间的冲突也迅速增多，野生动物危害也是其中的重要部分。这些危害不仅直接威胁到人民群众的生命财产安全，同时也可能影响到人们对于野生动物保护的态度，甚至导致人们对野生动物的报复性举动。因此有必要采取适当的防控措施，避免和减少野生动物的危害。本条对野生动物危害防控的责任主体，防控措施及其适用条件等进行了规定，有助于保护人民群众的合法权益，促进野生动物保护事业的健康发展。

一、野生动物危害及其成因

野生动物是自然生态系统的重要组成部分，对野生动物进行保护，是维护生态平衡，促进社会可持续发展的必然要求。但与此同时也要注意到，人与野生动物的冲突也是客观存在的现实。随着人类生活区域的扩张以及野生动物种群数量的恢复，双方的冲突也越发激烈，许多地区时常发生各类野生动物伤害人畜、危害农作物的事件。如云南近年来曾发生多起亚洲象肇事事件，其中 2021 年，原生活在西双版纳国家级自然保护区的 17 头亚洲象进行集体长途迁徙，象群在元江县、石屏县共"肇事"412

起，直接破坏农作物达 842 亩，初步估计直接经济损失近 680 万元。① 又如全国各地均多次发生野猪伤人毁田事件，野猪本身属于"三有"陆生野生动物②，受到法律保护，但同时也具有"春拱种、夏毁苗、秋啃果"等致害特点，如何在坚守法律底线的同时有效减少其给当地居民人身财产造成的损失，一直是各地所面临的难点问题。

野生动物危害的成因是多方面的。首先是人与野生动物生存空间的交叉重叠不断增多。人类活动范围的扩大和农业、畜牧业的发展占据了大量野生动物的活动区域，而自然保护区的建立和野生动物保护措施的实施，使自然保护区以及周边地区的野生动物的种群数量稳定或逐渐增加，大多数保护区本身范围有限，不能给野生动物提供充足的食物条件，导致其往往要到保护区外去寻找食物、矿物质和新的领地。同时部分当地居民进入野生动物生活区进行各种活动，也可能导致野生动物伤人事件的发生。③ 其次是野生动物本身性情导致。如前文提到的野猪，环境适应能力强，活动范围广泛，且本身性情敏感，容易出于恐慌而主动攻击人类；又如羚牛等动物在发情期脾气暴躁，行为反常，也极易窜到人口稠密地区对人、畜造成伤害。④ 再次是普通居民缺乏防范野生动物危害的可行手段。最后是部分野生动物数量恢复的同时，其天敌数量并未同时得到恢复，导致原有的生态平衡系统不能正常发挥作用，无法控制前者数量的激增。以上情况说明，野生动物危害的防控并不是单纯"一防了之"的工作，必须站在生态建设全局高度进行统筹谋划。

二、野生动物危害的防控

关于野生动物危害防控，野生动物保护法在 1988 年制定之初即作出了规定，该法第二十九条规定，有关地方政府应当采取措施，预防、控制野生动物所造成的危害，保障人畜安全和农业、林业生产。2016 年修法时对其做了部分文字调整，同时考虑到该条规定对于促进野生动物保护事业发展、促进人与野生动物和谐发展等方面的作用，将其从原法第三章野生

---

① 《亚洲象继续北迁带来极大安全隐患》，载《玉溪日报》2021 年 5 月 28 日。
② 在 2021 年发布的《有重要生态、科学、社会价值的陆生野生动物名录（征求意见稿）》中，野猪已被拟移出该名录，特此说明。
③ 李先敏：《从我国野生动物危害事件谈对其管理》，载《防护林科技》2013 年第 1 期。
④ 李先敏：《秦岭地区羚牛受伤的原因初探》，载《陕西师范大学学报（自然科学版）》2003 年第 1 期。

物管理转移到第二章野生动物保护。① 本次修法对本条规定做了较大幅度的修改，特别在责任主体、防控措施等方面进行了明确，为野生动物危害防控提供了更加坚实的法律基础。

在野生动物危害防控的措施方面，传统的防控措施包括建设围栏、猎杀、惊吓等，不过这些措施也存在各自的短板。如对于围栏建设而言，围栏数量和面积非常庞大，虽然能够阻止野生动物的觅食，但会破坏自然景观，并可能对野生动物造成伤害；又如鞭炮、火光、稻草人等惊吓措施，但这些措施的效果一般，野生动物在适应之后并不惧怕。② 还有部分地区采取套捕、投毒等措施，但这些措施极易影响到非目标动物乃至人类，副作用大。③ 在新法背景下，防控措施可作以下几方面的改进：一是改进围栏类型。运用带刺树种等生物围栏，或是种植野生动物和家畜都不可食用的树种作为缓冲带，这些生物围栏在防止野生动物进入的同时，也对当地气候具有调节作用，同时部分树种本身就具有一定的经济价值。二是在条件允许的情况下进行迁地保护。迁地保护与就地保护相对应，指的是通过人为努力，将受危野生动物的一部分种群迁移到适当的地方，加以人工管理和繁殖以扩大其种群。④ 近年来我国各类自然保护地的建立，为野生动物迁地保护提供了必要的基础条件，不过应注意的是，就地保护是野生动物保护的一项基本原则，迁地保护必须在调查评估的基础上，认为种群数量明显超过环境容量，在原地生存可能会对本种群和其他种群，以及人类生存造成重大影响的前提下进行。三是进行合理的猎捕。猎捕是控制野生动物数量和活动的最直接有效的手段，如原国家林业局就曾于 2017 年下发《关于切实强化调控野猪种群和防控其危害的通知》，指导各地调查评估野猪危害，依法有组织开展猎捕调控活动，2021 年国家林草局下发《关于进一步做好野猪危害防控工作的通知》，并印发《防控野猪危害技术要点》，采取了包括猎捕调控活动在内的一系列防控措施。⑤ 由于猎捕活动会直接影响野生动物的生命，因此必须在审慎调查评估的基础上，由地方各级政

---

① 王鸿举主编：《中华人民共和国野生动物保护法解读》，中国法制出版社 2016 年版，第 82 页。
② 达瓦次仁：《羌塘地区人与野生动物冲突的危害以及防范措施》，载《中国藏学》2010 年第 4 期。
③ 杨文赟等：《防治大型野生动物危害技术研究》，载《林业实用技术》2007 年第 5 期。
④ 白秀娟、邹红菲：《濒危野生动物的迁地保护》，载《野生动物》1997 年第 2 期。
⑤ 《"关于防止和减少野猪等野生动物致害的建议"复文（2021 年第 3119 号）》，载国家林草局网站，http：//www.forestry.gov.cn/main/4861/20211122/122246956648845.html，最后访问日期：2023 年 2 月 13 日。

府野生动物保护部门统一安排进行。地方各级政府野生动物保护部门应严格确定猎捕量限额并核发狩猎证,确保猎捕行动的依法开展。四是加强野生动物保护宣传工作,在野生动物容易出没的地区设置安全警示标志,提醒当地居民及时回避。此外,野生动物致害补偿制度的完善也是野生动物危害防控的重要一环,本法第十九条对其作出了具体规定。

> **第十九条 【野生动物致害法律后果】**因保护本法规定保护的野生动物,造成人员伤亡、农作物或者其他财产损失的,由当地人民政府给予补偿。具体办法由省、自治区、直辖市人民政府制定。有关地方人民政府可以推动保险机构开展野生动物致害赔偿保险业务。
>
> 有关地方人民政府采取预防、控制国家重点保护野生动物和其他致害严重的陆生野生动物造成危害的措施以及实行补偿所需经费,由中央财政予以补助。具体办法由国务院财政部门会同国务院野生动物保护主管部门制定。
>
> 在野生动物危及人身安全的紧急情况下,采取措施造成野生动物损害的,依法不承担法律责任。

【条文主旨】

本条是关于野生动物致害法律后果的规定。本次修法中有一定修改:一是第二款将国家重点保护野生动物以外的"其他致害严重的陆生野生动物"纳入防控范围并提供经费保障;二是第二款增加授权条款,授权国务院财政部门会同国务院野生动物保护主管部门制定有关中央财政补助的具体办法;三是增加一款作为第三款,明确公民有权在野生动物危及人身安全的紧急情况下,采取措施来保护个人人身安全,由此造成损害的不承担法律责任。

【理解与适用】

建立健全野生动物致害补偿机制,是国家对野生动物资源所有权的体现,也是保障地方群众合法权益的必要手段,有助于调动当地群众保护野生动物的积极性,促进人与野生动物和谐相处。本条规定对野生动物损害补偿机制作出了系统性构建，扩大了野生动物致害补偿的范围，明确了野生动物损害补偿的责任主体，即由当地人民政府给予补偿，并规定中央财政对相关控制措施和补偿予以经费补助。在加大财政投入的同时，本条还新增了有关野生动物致害赔偿保险业务的内容，有助于构建多渠道、市场化的野生动物损害补偿机制，提高补偿能力，最大限度弥补群众的损失。本条还对公民相关法律责任进行了规定，引导公民依法采取人身安全保护措施。

一、野生动物致害补偿机制

野生动物活动致害，是一项客观存在的事实，政府能否对其进行适当处理，也会影响到野生动物保护工作的实效性。20世纪80年代，一些地方因保护国家重点野生动物使当地群众的农作物、牲畜等受到不同程度的损失，但国家如何进行补偿，一直没有明确的规定，这在一定程度上影响了群众保护野生动物的积极性。因此，1988年制定的野生动物保护法专门规定了野生动物致害补偿制度，因保护国家和地方重点保护野生动物，造成农作物或者其他损失的，由当地政府给予补偿，并授权省、自治区、直辖市人民政府制定具体办法。不过在实施过程中，普遍反映该条文未能很好地解决野生动物的损害补偿问题：一是没有规定中央政府相应的财政支出责任，二是没有明确规定补偿主体，三是具体补偿办法不明或不统一，相关补偿资金也难以到位。[1] 对此，2016年修法中做了一定完善，但实践中仍存在缺乏地方立法支撑、补偿标准不充分、补偿程序低效等问题，没有完全实现提升受害者对于野生动物的容忍度，减少人兽对抗的目标。[2] 本次修法扩大了野生动物致害补偿的范围，明确了野生动物致害补偿的责任主体，加强了对野生动物致害补偿的财政保障，并提出推动保险机构开展野生动物致害赔偿保险业务，对于上述新规定，可作如下理解。

首先是野生动物致害补偿的范围，其包含两方面的内容，一是致害主体，二是损害范围。在致害主体方面，1988年立法规定为"国家和地方重点保护野生动物"，2016年修法时对其做了扩充，修改为"本法规定保护的野生动物"，即增加了"三有"野生动物。但上述主体显然不能满足实践需求，除各类保护野生动物之外，还存在大量鼠害、虫害亦需要当地政府采取相应的防控措施，而在防控措施的实施过程中也可能对当地居民造

---

[1] 王鸿举主编：《中华人民共和国野生动物保护法解读》，中国法制出版社2016年版，第87页。

[2] 阙占文：《人畜共存视阈下的野生动物致害补偿制度》，载《中国政法大学学报》2022年第6期。

成损失。根据行政补偿的一般定义，行政补偿是指国家对行政主体的合法行政行为给行政相对人的合法权益造成损害所进行的给付救济。[①] 由于我国目前尚无关于行政补偿的统一立法，行政补偿大多依据单行法律法规中的相关规定，而原野生动物保护法将补偿范围限于"本法规定保护的野生动物"，容易导致其他野生动物防控活动给公民造成损失难以获得补偿的问题。因此本次修法时特别规定，"有关地方人民政府采取预防、控制国家重点保护野生动物和其他致害严重的陆生野生动物造成危害的措施以及实行补偿所需经费，由中央财政予以补助"，该规定在明确相关财政支持的同时，也意味着将"其他致害严重的陆生野生动物"防控措施所造成的损失纳入补偿范围。在损害范围方面，应当认为包含两方面的损失：其一，因保护本法规定保护的野生动物而造成的人员伤亡、农作物或者其他财产损失。一般认为是在当事人主观上无过错（如非主动攻击野生动物等），客观上采取了必要的防范措施或者依法履行了保护野生动物的义务的情况下，由被保护的野生动物的侵害行为直接造成的损失。其二，地方人民政府采取预防、控制国家重点保护野生动物和其他致害严重的陆生野生动物造成危害的措施时给相对人造成的损失。地方政府在采取防控措施时可能涉及对相对人财产的征用，或是对其蓄养的家禽家畜的灭杀等行为，这些行为应当进行补偿。

其次是野生动物致害补偿的责任主体与财政保障。根据本条规定，"当地人民政府"是野生动物致害补偿的责任主体，这意味着相对人的补偿主张应当向地方人民政府，而非向野生动物保护部门或者其他相关部门提出。关于究竟应当由哪一级政府承担补偿，目前我国尚无统一规定，主要视各省、自治区、直辖市出台的规定而定，实践中通常是由基层人民政府进行补偿。不过这一做法也存在例外，如上级人民政府确定对相关危害采取防控措施时，应当由作出决定的上级人民政府作为补偿主体。野生动物致害补偿的财政保障与责任主体问题息息相关，过去相关补偿工作之所以时常存在障碍，一个重要原因就是经费保障不足，基层人民政府缺乏补偿能力。因此本次修法时特别强调了中央财政对补偿经费的补助，并授权国务院财政部门会同国务院野生动物保护主管部门制定具体补助办法。这一规定有助于缓解基层人民政府的财政压力，为补偿标准的提高和补偿工作的顺利开展提供了保障。

[①] 姜明安主编：《行政法与行政诉讼法（第七版）》，北京大学出版社、高等教育出版社 2019 年版，第 621 页。

最后是野生动物致害赔偿保险业务的开展。野生动物致害赔偿保险是拓展补偿资金渠道的重要手段，有助于减少政府的财政资金压力，推动保险公司等多元主体参与野生动物保护；同时基于我国的社会经济发展状况，行政补偿通常采取适当补偿原则，即只补偿相对人的部分损失，因此引入野生动物致害赔偿保险制度，也有助于相对人获得更加充分的补偿。在我国，2009年3月，云南省南滚河国家级自然保护区沧源管理局与中国人民财产保险公司沧源支公司签订了《自然保护区野生动物公众责任保险协议》，被称为中国野生动物肇事理赔第一张保单。[1] 此后，青海、云南、湖南、四川、河南、浙江等24省陆续引入商业保险机制，进行"野生动物公众责任保险"试点。[2] 从野生动物致害赔偿保险业务的开展效果来看，其带来了赔偿金额增多、赔付速度提高、赔付率上升等积极效果，但仍存在地方财政投保能力有限、投保经费额度不固定、下拨时间难以控制、民众了解不足和参保意愿低等不足之处。[3] 随着新法的实施，各地政府应当进一步探索开展野生动物致害综合保险业务，确立规范化的招投标程序和保险制度规定，促进相关行业的健康发展。

二、野生动物危及人身安全时的处理

在野生动物危及人身安全的紧急情况下，采取措施造成野生动物损害的，依法不承担法律责任，是本次修法新增的规定。这里的不承担法律责任，包括不承担民事、行政以及刑事责任。这一规定的基础源自于紧急避险制度，我国民法典第一百八十二条第二款、第三款规定，"危险由自然原因引起的，紧急避险人不承担民事责任，可以给予适当补偿。紧急避险采取措施不当或者超过必要的限度，造成不应有的损害的，紧急避险人应当承担适当的民事责任"。刑法第二十一条第一款、第二款规定，"为了使国家、公共利益、本人或者他人的人身、财产和其他权利免受正在发生的危险，不得已采取的紧急避险行为，造成损害的，不负刑事责任。紧急避险超过必要限度造成不应有的损害的，应当负刑事责任，但是应当减轻或者免除处罚"。紧急避险制度体现了不同法益之间的权衡，允许行为人在特定情形下损害某一法益，以保护更大法益免受正在发生的危险。本条规

---

[1] 王鸿举主编：《中华人民共和国野生动物保护法解读》，中国法制出版社2016年版，第89页。

[2] 李雨晗、高煜芳：《从补偿到保险赔偿：经济手段缓解人与野生动物冲突成效探讨》，载《科学》2019年第5期。

[3] 原艺、赵荣：《我国野生动物致害补偿机制与野生动物肇事公众责任保险制度比较》，载《世界林业研究》2022年第2期。

定意味着在野生动物法益与公民人身安全发生冲突时，应以公民人身安全作为最优先保护的对象，公民为此造成野生动物损害的，不承担法律责任，但当受到威胁的不是人身安全，而是财产安全或其他法益时，仍应以野生动物保护为优先。此外，本条第三款规定："在野生动物危及人身安全的紧急情况下，采取措施造成野生动物损害的，依法不承担法律责任"。这一安排应作如下理解：其一，在野生动物危及人身安全的紧急情况下，不应要求公民保持绝对的理智，对避险措施的适当性作出非常精准的判断，只要该措施按照社会一般人的认识，没有明显超出必要限度或造成过度损害，就不应承担法律责任。其二，本条规定本身即可作为公民依法不承担法律责任的依据，不需要援引其他法律中的规定。

【关联规范】

《中华人民共和国民法典》第一百八十二条；《中华人民共和国刑法》第二十条。

案例评析

某市人民检察院诉陈某云、罗某酃生态破坏民事公益诉讼案[①]

一、案情简介

2019年9月，陈某云在未办理相关狩猎手续的情况下，非法捕捉昭觉林蛙、黑斑蛙共3.5公斤约280只，全部出售给罗某酃经营的水产店。同年10月，某县森林公安局在该水产店查获并追回昭觉林蛙、黑斑蛙共220只，送检完毕后予以放生。某市人民检察院以陈某云、罗某酃的行为破坏自然资源和生态环境、损害社会公共利益为由，提起环境民事公益诉讼。经评估，陈某云、罗某酃造成国家野生动物资源损失6000元（100元/只×60只）。

二、核心问题

陈某云、罗某酃的行为是否构成民事侵权。

三、法院裁判要旨

陈某云未取得狩猎证，在某省禁猎区、禁猎期非法猎捕昭觉林蛙、黑

[①] 湖南省炎陵县人民法院（2021）湘0225民初85号民事判决书，载最高人民法院网站，https://www.court.gov.cn/hudong-xiangqing-381901.html，最后访问日期：2023年1月15日。

斑蛙并出售；罗某酃从陈某云处收购、出售、宰杀昭觉林蛙、黑斑蛙，前述行为破坏国家野生动物资源，危及猎捕地的生物多样性和生态平衡，损害了社会公共利益。判决陈某云、罗某酃共同赔偿国家野生动物资源损失6000元，在市级以上媒体向社会公众赔礼道歉，并以植树造林、设立野生动物保护牌的方式修复生态环境。

四、专家评析

本案系最高人民法院2022年发布的15个生物多样性司法保护专题典型案例之一。案件中有以下几点值得注意：其一是对"三有"野生动物的保护。昭觉林蛙、黑斑蛙系我国"三有"野生动物，同时也是某省地方重点保护野生动物。根据野生动物保护法第二十二条规定，猎捕有重要生态、科学、社会价值的陆生野生动物和地方重点保护野生动物的，应当依法取得县级以上地方人民政府野生动物保护主管部门核发的狩猎证，并服从猎捕量限额管理。现实中，许多人对于野生蛙类的价值和法律保护制度缺乏必要认识，食用野生蛙类的行为相对常见，由此也引发了大量非法猎捕、售卖活动。本案中，某省野生动物救护繁殖中心出具的专家评估意见对昭觉林蛙和黑斑蛙的生态价值作了明确阐述，在长期进化中，每只昭觉林蛙、黑斑蛙都携带着本种群的基础基因以及个体的特殊基因，由此构成该种群的生物遗传多样性，其复杂的基因结构是世上独一无二的，一旦消失，相应的生态价值、科研价值和经济价值损失无法挽回。最高人民法院于2022年将本案选为生物多样性司法保护专题典型案例之一，对于滥捕滥食野生动物的革除具有较强的宣传教育意义。其二是人民检察院的公益诉讼。根据我国民事诉讼法及《人民检察院公益诉讼办案规则》等司法解释的规定，公益诉讼包含民事公益诉讼和行政公益诉讼。在我国，野生动物资源属于国家所有，但过去由于诉讼主体不明，大量侵害野生动物资源的行为或是主管部门怠于履行野生动物保护职责的行为不能及时得到纠正。检察公益诉讼制度使人民检察院可以作为原告，就前述行为提出民事或行政诉讼，有助于及时挽回国家损失，依法督促行政机关纠正违法行政行为、履行法定职责。此外，根据民事诉讼法、环境保护法等法律规定，符合特定条件的社会组织也可对污染环境、破坏生态，损害社会公共利益的行为向法院提起诉讼。

林秀某诉某市人民政府、某市边境经济合作区管理委员会、某市林业局野猪伤人行政补偿案[①]

一、案情简介

2016年10月20日林秀某在某开发区晨练时被野猪撞伤，左趾骨、头部、胸12椎体、骨盆等多处受伤。后法院委托某市中心医院法医司法鉴定所对林秀某伤势进行鉴定，鉴定意见为：胸12椎体骨折，构成拾级伤残；骨盆骨折，不构成伤残。林秀某向法院提起行政诉讼，请求某市人民政府等三被告赔偿其医疗费、医药费等各项经济损失和伤残赔偿金，并承担本案诉讼费和伤残鉴定费。

二、核心问题

在当地尚未制定野生动物致害补偿具体办法的情况下，林秀某应当向哪一主体申请行政补偿，以及如何确定补偿数额。

三、法院裁判要旨

法院认为，在责任主体方面，应当由某市人民政府承担补偿责任。尽管某市边境经济合作区管理委员会是案发地的基层人民政府，但性质上系某市人民政府的派出机构，除经济管理职权外不具有其他社会事务管理职权。野生动物保护法第十九条规定，野生动物致害由当地人民政府给予补偿，并没有规定必须由当地基层人民政府予以补偿。本案野猪伤人发生在某市人民政府派出机构辖区内，某市人民政府作为当地人民政府承担补偿责任，符合该法规定。某市林业局不是一级人民政府，亦不是法律规定的补偿责任主体。在补偿数额方面，法院认为，某省和某某省地域相邻、生活习俗相近，而且经济发展水平相当，在某省没有制定野生动物造成人身财产损害补偿办法的情况下，法院将参照《某省重点保护陆生野生动物造成人身财产损害补偿办法》的相关规定，确定补偿数额。最终法院判决某市人民政府向林秀某支付医疗救治费、护理费、伙食补助、一次性伤残补助金及鉴定费等共计补偿款22773.18元。

[①] 辽宁省丹东市中级人民法院（2018）辽06行初43号行政判决书，载中国裁判文书网，https://wenshu.court.gov.cn/website/wenshu/181107ANFZ0BXSK4/index.html?docId=SLOmL5FWlp0HjyCZSjzurHCgyyFY5Obo+hcSJH48+xFPZ32cBPf9dJO3qNaLMqsJzWIAz3U9dmw8A8lfcm2NXSN05NRB6QgWvb77MR4zDn67FwIBHtEW6RF9TNfONaVr，最后访问日期：2023年2月7日。

四、专家评析

本案系野生动物致害方面一起较为典型的司法案件，涉及的法律问题较多，此处主要讨论其中两个问题。其一是野生动物致害补偿主体的确定。野生动物保护法第十九条规定，因保护本法规定保护的野生动物，造成人员伤亡、农作物或者其他财产损失的，由当地人民政府给予补偿，但并未规定具体由哪一级人民政府进行补偿。从实践情况来看，一般是由当地基层人民政府负责补偿，但也存在例外情况。以本案为例，案发地在行政区划上属于某区人民政府管辖，但某市人民政府在该区域内成立开发区，并设立某市边境经济合作区管理委员会作为市政府的派出机构对该区域进行管理。此时如果仍按照原先的行政区划，由某区人民政府承担补偿责任，显然会造成权责的不统一。那么该管委会是否可以作为补偿义务主体，这里涉及行政主体地位的判断，管委会作为某市人民政府的派出机构，本身不具有行政主体地位，只有在法律、法规或规章授权的情况下，才能作为行政主体独立承担责任。本案中经法院审查，管委会除经济管理职权外不具有其他社会事务管理职权，因此应由设立该管委会的行政机关，即某市人民政府作为补偿义务主体承担相应责任。其二是补偿数额的确定。根据野生动物保护法第十九条规定，野生动物致害补偿的具体办法由省、自治区、直辖市人民政府制定。实践中部分省级政府暂未制定相应办法，这一情况并不能免除当地政府的补偿义务，因为野生动物保护法已经以法律形式确认了当地政府的补偿义务，地方政府无权对此加以免除。本案中法院系参照社会经济发展状况较为相近的邻省办法确定补偿数额，这一做法在当地政府规定不明的情况下具有一定合理性。同时，由于行政补偿系补偿实际损失，法院可根据当事人在医疗方面的实际支出，或受损失物品的实际价值，涉及伤残的可参照人身损害赔偿民事案件中有关标准，来确定最终的补偿数额。

第三章　野生动物管理

> **第二十条　【禁止妨碍野生动物生息繁衍活动】**在自然保护地和禁猎（渔）区、禁猎（渔）期内，禁止猎捕以及其他妨碍野生动物生息繁衍的活动，但法律法规另有规定的除外。
>
> 野生动物迁徙洄游期间，在前款规定区域外的迁徙洄游通道内，禁止猎捕并严格限制其他妨碍野生动物生息繁衍的活动。县级以上人民政府或者其野生动物保护主管部门应当规定并公布迁徙洄游通道的范围以及妨碍野生动物生息繁衍活动的内容。

【条文主旨】

本条是关于捕猎以及其他妨碍野生动物生息繁衍活动的禁止性规定。具体的限制内容主要包括：一是禁止特定时间和空间范围的猎捕活动；二是禁止不特定时间和空间范围的猎捕活动；三是课以县级以上人民政府或者其野生动物保护主管部门划定不特定空间范围以及明确其他禁止性行为的规范制定和公布职责。

【理解与适用】

本条的主要内容沿袭原法条文，本次修订新增县级以上人民政府或者其野生动物保护主管部门对迁徙洄游通道的范围以及妨碍野生动物生息繁衍活动之规定和公布的职责。

禁止妨碍野生动物生息繁衍活动的内容包括以下几项。

一、禁止特定时间和空间范围的猎捕活动

自然栖息地的生态完整和环境优良对于野生动物生息繁衍具有重要意

义，栖息地的保护是野生动物保护工作不可或缺的内容之一。目前，栖息地受到破坏、退化和缩减已成为我国野生动物资源下降的主要原因。通过设立各类自然保护区域的方式对野生动物栖息地进行保护，要求任何单位和个人都对保护野生动物栖息地负有义务，除特殊规定外，禁止在受保护的野生动物栖息地中开展捕猎以及其他任何妨碍野生动物生息繁衍的活动。本条规定的"自然保护地"，主要是指本法第十二条中规定的"省级以上人民政府依法划定相关自然保护区域"。基于体系解释，依据《中华人民共和国自然保护区条例》第二条规定，自然保护区是指对有代表性的自然生态系统、珍稀濒危野生动植物物种的天然集中分布区、有特殊意义的自然遗迹等保护对象所在的陆地、陆地水体或者海域，依法划出一定面积予以特殊保护和管理的区域。另外，参考中共中央办公厅、国务院办公厅印发的《关于建立以国家公园为主体的自然保护地体系的指导意见》，按照自然生态系统原真性、整体性、系统性及其内在规律，依据管理目标与效能并借鉴国际经验，将自然保护地按生态价值和保护强度高低依次分为三类：一是国家公园，是指以保护具有国家代表性的自然生态系统为主要目的，实现自然资源科学保护和合理利用的特定陆域或海域，是我国自然生态系统中最重要、自然景观最独特、自然遗产最精华、生物多样性最富集的部分，保护范围大，生态过程完整，具有全球价值、国家象征，国民认同度高。二是自然保护区，是指保护典型的自然生态系统、珍稀濒危野生动植物种的天然集中分布区、有特殊意义的自然遗迹的区域。具有较大面积，确保主要保护对象安全，维持和恢复珍稀濒危野生动植物种群数量及赖以生存的栖息环境。三是自然公园，是指保护重要的自然生态系统、自然遗迹和自然景观，具有生态、观赏、文化和科学价值，可持续利用的区域。确保森林、海洋、湿地、水域、冰川、草原、生物等珍贵自然资源，以及所承载的景观、地质地貌和文化多样性得到有效保护。包括森林公园、地质公园、海洋公园、湿地公园等各类自然公园。因此，所谓"自然保护地"包括但不限于自然保护区、风景名胜区、地质公园、森林公园、海洋公园、湿地公园、冰川公园、草原公园、沙漠公园、草原风景区、水产种质资源保护区、野生植物原生境保护区（点）、自然保护小区、野生动物重要栖息地等。

另外，本法第十二条第二款规定，对不具备划定自然保护区域条件，但对野生动物生息繁衍确有重要意义的区域，可以通过设立禁猎（渔）区、禁猎（渔）期的形式进行保护。禁猎（渔）区、禁猎（渔）期是指县级以上人民政府为了保护野生动物及其重要栖息地，对于不具备划定自然保护区域条件的自然区域设立的永久性或有期限的禁止狩猎和捕捞区域。值得注意的是，虽然渔业法第三十条第二款规定，禁渔区和禁渔期由国务院渔业行政主管部门或者省、自治区、直辖市人民政府渔业行政主管部门规定，但是《中华人民共和国渔业法实施细则》第二十一条以及各地方均通过地方立法将规定禁渔区和禁渔期的权限，明确授予县级以上人民政府渔业行政主管部门实施，因此相关规定并无冲突。

已经划定的各类自然保护区域和禁猎（渔）区、禁猎（渔）期是野生动物保护红线，要严格限制在其规定的时空范围内开展各类妨碍野生动物生息繁衍的活动。主要是基于以下两方面原因，其一，是保护野生动物重要栖息地及其功能的完整性。其二，保护野生动物的重要栖息地是保障野生动物集中开展繁殖、觅食、育仔、迁徙、洄游等重要行为的必要措施。在这些区域内开展各类活动会对野生动物繁衍生息造成更严重的危害。

另外，法律法规另有规定的情况下，可以作为实施捕猎的例外。如《中华人民共和国渔业法实施细则》第十九条规定，因科学研究等特殊需要，经省级以上人民政府渔业行政主管部门批准，可以在禁渔区、禁渔期捕捞，或者使用禁用的渔具、捕捞方法，或者捕捞重点保护的渔业资源品种。

二、禁止不特定时间和空间范围的猎捕活动

迁徙洄游是指部分动物由于季节、繁殖、觅食等因素进行一定方向的周期性迁移行为，迁徙洄游期间和通道是指这些野生动物迁徙行为集中发生的时间和空间。迁徙和洄游是部分野生动物一种十分重要的生活习性，往往与野生动物的繁殖、觅食、越冬等行为相关联，对野生动物的繁衍生息具有重要意义。当前，一些地区的围栏围网以及机场建设等对部分陆生野生动物的迁徙造成很大影响，导致野生动物的异常死亡或行为紊乱。对一些具有洄游习性的水生野生动物来说，各种水利工程建设的影响尤为严重，甚至导致部分物种濒临灭绝。因此，对野生动物迁徙洄游加以保护是野生动物保护工作的主要内容之一。由于迁徙洄游通道往往时空跨度较大，且通常与人类集中活动区域存在较大重叠，难以完全通过划定自然保护区域或禁猎（渔）区、禁猎（渔）期等措施加以保护，因此需要在特定时期，对涉及的迁徙洄游通道进行特别保护，禁止在其中开展猎捕活动，并严格限制开展其他可能妨碍野生动物生息繁衍的活动，以保障野生动物迁徙洄游行为的顺利进行。

三、课以县级以上人民政府或者其野生动物保护主管部门划定不特定空间范围以及明确其他禁止性行为的规范制定和公布职责

虽然原法有规定，迁徙洄游通道的时空范围以及妨碍野生动物生息繁衍活动的内容，由县级以上人民政府或者其野生动物保护主管部门充分调研论证后规定并公布。但是长期以来，立法上并未明确这项权力的实施要求和裁量程度，导致各地政府的贯彻落实力度不一，可能出现懈怠履职的情形。因此本次修订明确将相关规范的制定和公布作为一项应当积极作为的行政职责。虽然本条无法生成一般意义上的公法请求权，但是仍可以据此明确立法上要求主管部门积极履职的规范目的，进而通过各种法定和内部监督机制保障实施。另外，妨碍野生动物生息繁衍的活动包括但不限于猎捕、机场建设、围栏围网、建闸筑坝、砍伐林木、围垦填海、放牧烧荒、排放有毒有害物质、开矿、采砂、引入外来物种、营造单一纯林、过量施洒农药等行为。结合本法第十三条第二款的规定，可知相关妨碍活动不仅指行为人实施的一般干预行为，而且包括可能对野生动物及其栖息地保护产生整体影响或不利后果的开发建设行为。对此，有关部门在编制有关开发利用规划、建设项目的选址选线、审批环境影响评价文件时，应当充分考虑和征求相关野生动物保护主管部门的意见，并采取避让措施。确实无法避让的，也应采取修建野生动物通道、过鱼设施等措施，消除或者减少对野生动物的不利影响。

【关联规范】

《中华人民共和国野生动物保护法》第十二条；《中华人民共和国渔业法》第十九条、第三十条、第三十八条；《中华人民共和国渔业法实施细则》第二十一条；《中华人民共和国自然保护区条例》第二条、第二十六条、第二十七条、第二十八条、第三十五条。

第二十一条 【猎捕国家重点保护野生动物的特许制度】
禁止猎捕、杀害国家重点保护野生动物。

因科学研究、种群调控、疫源疫病监测或者其他特殊情况，需要猎捕国家一级保护野生动物的，应当向国务院野生动物保护主管部门申请特许猎捕证；需要猎捕国家二级保护野生动物的，应当向省、自治区、直辖市人民政府野生动物保护主管部门申请特许猎捕证。

【条文主旨】

本条是关于猎捕、杀害国家重点保护野生动物行为的特许条款。包括三部分内容：一是明确禁止捕杀国家重点保护野生动物的基本原则；二是允许猎捕国家重点保护野生动物的例外情形；三是猎捕国家重点保护野生动物的特许制度。

【理解与适用】

本条的内容沿袭原法条文，未予修订。

猎捕国家重点保护野生动物的特许制度包括以下几方面内容。

一、禁止捕杀国家重点保护野生动物是基本原则

我国严格保护珍贵、濒危的野生动物的法政策态度一以贯之。早在1950年，中央人民政府政务院就发布《古迹、珍贵文物、图书及稀有生物保护办法》，要求各地人民政府对如松潘之熊猫等稀有生物应妥为保护，严禁任意采捕。[1] 国务院于1962年又发布《关于积极保护和合理利用野生动物资源的指示》，对于珍贵、稀有或特产的鸟兽，禁止猎取或严格控制猎取量。[2] 1979年，国务院《关于保护森林制止乱砍滥伐的布告》中明确，国家规定保护的珍贵动物禁止猎捕。[3] 1983年，国务院发布《关于严格保护珍贵稀有野生动物的通令》，坚决制止乱捕滥猎珍贵稀有野生动物。[4] 直至1988年全国人大常委会制定的野生动物保护法正式确立"禁止猎捕、杀害国家重点保护野生动物"。为贯彻禁止捕杀国家重点保护野生动物的基本原则，我国一直严厉打击非法猎捕、杀害国家重点保护野生动物的行为，早在1979年刑法就确立"非法狩猎野兽动物资源罪"，1998年"非法猎捕、杀害珍贵、濒危野生动物罪"正式写入刑法。

二、允许猎捕国家重点保护野生动物的例外情形

在禁止猎杀的原则基础之上，立法上允许基于开展相关科学研究、种群调控、疫源疫病监测等特殊事由猎捕国家重点保护野生动物。科学研究，是指为了加强野生动物保护，针对野生动物基因、生理、行为学、生态学等方面开展的研究。种群调控，是指从一野外种群捕获个体，补充到

---

[1] 载《文物参考资料》1950年Z1期。
[2] 载《新疆林业》1975年第3期。
[3] 载《新疆林业》1979年第4期。
[4] 载《中华人民共和国国务院公报》1983年第10期。

另一野外种群或人工养殖种群中，以优化该种群基因的行为；或者因一个野生动物种群数量较大，有计划有针对性地猎捕一定数量的该野生动物，从而有利于该物种的生存。疫源疫病监测，是指为防范野生动物疫病传播和扩散，对可能携带有危险性病原体，危及野生动物种群安全，或者可能向人类、饲养动物传播的野生动物个体进行捕获检疫的行为。另外，除了上述原因之外，对保护野生动物种群、保障公民生命财产安全，以及科普教育、文化传承等方面具有特殊重要意义的行为也可以予以特殊考虑。

三、猎捕国家重点保护野生动物的特许制度

实现立法上禁止猎杀与猎捕特例的充分衔接与有效实施，需要通过特许猎捕制度，即根据法定事由需要猎捕国家重点保护野生动物的，根据对应保护级别，应当分别向国务院或省级人民政府的野生动物保护主管部门申请特许猎捕证，获得特许后方可按照载明的方式、时间、地点开展猎捕活动。理论上，特许是指直接为相对人设定权利能力、行为能力、特定的权利或者总括性法律关系的行为，即基于行政、社会或者经济上的需要，将本来属于国家或者行政主体的某种权利（权力）赋予私人的行政行为[1]，行政许可法第十二条第二项将之表述为"有限自然资源开发利用、公共资源配置以及直接关系公共利益的特定行业的市场准入等，需要赋予特定权利的事项"。本条所指向的特定野生动物资源就是指国家重点保护的一级保护野生动物和二级保护野生动物，相关名录由国务院野生动物保护主管部门组织科学评估后制定报国务院批准公布，并每五年根据评估情况确定对名录进行调整。主管部门应当对猎捕申请内容进行严格把关，审核内容包括但不限于该猎捕行为的可行性、必要性、可能造成的生态危害等。

【关联规范】

《中华人民共和国刑法》第三百四十一条；《中华人民共和国行政许可法》第十二条；《中华人民共和国陆生野生动物保护实施条例》第十一条、第十二条、第十三条、第十四条、第十五条；《中华人民共和国水生野生动物保护实施条例》第十二条、第十三条、第十五条；《中华人民共和国水生野生动物利用特许办法》第六条、第八条、第九条、第十条、第十一条、第十二条、第十三条、第三十三条、第三十五条；《国家林业局委托实施林业行政许可事项管理办法》。

---

[1] 姜明安主编：《行政法与行政诉讼法（第六版）》，北京大学出版社、高等教育出版社2015年版，第223页。

> 第二十二条 【狩猎许可管理】猎捕有重要生态、科学、社会价值的陆生野生动物和地方重点保护野生动物的，应当依法取得县级以上地方人民政府野生动物保护主管部门核发的狩猎证，并服从猎捕量限额管理。

【条文主旨】

本条是关于对猎捕有重要生态、科学、社会价值的陆生野生动物和地方重点保护野生动物的狩猎管理规定。内容为许可狩猎的范围及其具体狩猎许可制度的实施。

【理解与适用】

本条款的主要内容沿袭原法条文，修改部分仅将许可狩猎的范围由非国家重点保护野生动物准确描述为有重要生态、科学、社会价值的野生动物和地方重点保护野生动物。

狩猎许可管理包括以下几方面内容：

一、许可狩猎的范围

不同于猎捕国家重点保护野生动物的特许制度，我国对猎捕有重要生态、科学、社会价值的陆生野生动物和地方重点保护野生动物实施一般许可制度。即公众依法向县级以上地方人民政府野生动物保护主管部门提出申请，只要符合法定条件，均可获得从事狩猎的权利和资格。

野生动物的环境容纳量（即生活环境所能够维持的特定质量的种群饱和数量）是有限的，因此适当的狩猎活动在维护生态平衡和社会经济可持续发展等方面可以发挥积极作用。相对于珍贵、濒危的国家重点保护野生动物而言，有重要生态、科学、社会价值的陆生野生动物和地方重点保护野生动物的分布范围较广、种群数量较大，在很多地区不属于濒危品种。

此外，科学调控狩猎数量也是减轻野生动物致害的重要手段，如在部分地区，野猪在特定季节会有泛滥风险，严重破坏庄稼田地，甚至危害群众人身安全。因此，在因地制宜开展种群资源状况调查，科学编制狩猎量控制计划，依法实施猎捕的前提下，对野生动物开展猎捕活动不仅不会影响其种群安全，不会对自然生态造成破坏，而且可以作为调节种群结构、维护生态平衡的手段，兼顾科学研究、文化传承、社会经济、公共卫生、驯养繁育等各方面的需求。当然，对有重要生态、科学、社会价值的陆生野生动物和地方重点保护野生动物的狩猎活动，仍要注重狩猎行为的规范和管理，防止滥捕行为，避免发生新的生态危机。

二、狩猎许可制度的实施

我国对猎捕有重要生态、科学、社会价值的陆生野生动物和地方重点保护野生动物实施许可制度，具体的手段是狩猎证核发与猎捕量限额管理，本法将许可实施权授予县级以上地方人民政府野生动物保护主管部门。有关单位和个人要对有重要生态、科学、社会价值的陆生野生动物和地方重点保护野生动物开展猎捕活动的，应当按照公布的程序、条件和要求向实施机关申请狩猎证。

各地县级以上地方人民政府野生动物保护主管部门在开展相关工作时，要根据当地的野生动物资源状况，遵循生态平衡、野生动物资源可持续发展等原则，兼顾社会经济发展的合理需求等因素。根据《中华人民共和国陆生野生动物保护实施条例》第十六条，省、自治区、直辖市人民政府林业行政主管部门，应当根据本行政区域内非国家重点保护野生动物的资源现状，确定狩猎动物种类，并实行年度猎捕量限额管理。如此与下级执法部门相呼应，通过宏观指导和微观执法的互动来制定符合当地实际情况的猎捕量限额，如特定区域内野生动物数量减少时可以适当降低猎捕量或缩短狩猎期；当出现野生动物疫源疫病时则要进行防控式猎捕；当野生动物危害人畜和财产安全时要考虑提高猎捕限量；在突发野生动物伤人事件时要及时开展猎捕防范等。在综合考虑的基础上，可以在猎捕量限额内对符合条件及要求的单位和个人核发狩猎证等。

本法对狩猎证核发与猎捕量限额管理的程序、条件、要求等未作具体规定，实际上是授权县级以上地方人民政府野生动物保护主管部门来细化执行，主要是从便利申请人和严格属地管理两方面考虑，以确保本条款的可操作性。

【关联规范】

《中华人民共和国陆生野生动物保护实施条例》第十六条。

> 第二十三条 【狩猎行为管理】猎捕者应当严格按照特许猎捕证、狩猎证规定的种类、数量或者限额、地点、工具、方法和期限进行猎捕。猎捕作业完成后，应当将猎捕情况向核发特许猎捕证、狩猎证的野生动物保护主管部门备案。具体办法由国务院野生动物保护主管部门制定。猎捕国家重点保护野生动物应当由专业机构和人员承担；猎捕有重要生态、科学、社会价值的陆生野生动物，有条件的地方可以由专业机构有组织开展。
>
> 持枪猎捕的，应当依法取得公安机关核发的持枪证。

【条文主旨】

本条是关于猎捕行为管理的具体规定。主要内容包括：一是狩猎行为的内容管制；二是狩猎作业完成后的备案义务；三是狩猎行为的实施主体要求。

【理解与适用】

本条在原法第二十三条的基础上作了较大修改，主要是增加了猎捕作业完成后的备案要求，同时提高了猎捕操作的专业机构和人员要求。

狩猎行为管理包括以下几方面内容：

一、狩猎行为的内容管制

在我国，猎捕野生动物是专业性较强的行为，违法或不当的猎捕行为会直接危害野生动物的生命乃至种群和自然生态环境。对猎捕行为的管理内容主要包括限定种类、数量、地点、工具、方法、期限等，颁发给个人的狩猎许可证对上述要求予以明确，并要求在具体猎捕活动中保持一致。

以往的违法猎捕行为主要有以下类型：第一，猎捕未经许可的种类。栖息地的野生动物资源丰富，行为人很可能在猎捕活动中遭遇其他野生动物种类，临时起意或恶意规避许可监管，实际上直接危害相关濒危种群。第二，超量猎捕。量变引发质变，即使在许可的种类范围内，过量滥捕野生动物同样会导致种群下降甚至濒危、灭绝，难以实现总量控制的规范目的。第三，擅自变更猎捕地点。猎捕地点的选择要充分考虑野生动物的活动规律，防止对种群生息繁衍区域的过度干扰。擅自变更猎捕地点，则完全脱离了管理目标，不利于野生动物及其栖息地保护，也一定程度上增加了野生动物保护主管部门的监督检查难度。此外，在人类活动较多的地区进行猎捕活动还会严重威胁他人人身安全。第四，使用不当的工具或方法进行猎捕。不当的猎捕工具和方法往往不符合比例原则，会造成对野生动物个体或种群的过度伤害，也会危及他人人身安全。第五，猎捕超过许可期限。野生动物的生息繁衍具有特定的自然规律，在野生动物求偶、繁殖、育幼、迁徙、洄游等特定时期进行猎捕活动，会对其重要的繁殖、生长和发育行为造成干扰，是对野生动物种群及其栖息地生态环境的严重危害。

另外，使用猎枪猎捕野生动物是国内外通行的猎捕方法，我国的枪支使用受到严格管制，因此持枪猎捕必须遵守枪支管理法中的持枪许可规定。

二、狩猎作业完成后的备案义务

作为行政许可的替代性方案，行政备案凭借其放松准入控制、强化事后监管与合作治理等优势成为重要的政府规制工具，可以在减少干预程度的基础上发挥信息收集、信息流动、监管执法、信用规制等机能。[①] 本次修法新增猎捕作业完成后的猎捕情况备案规定，旨在对猎捕活动的实际情况进行核实，属于事后监管措施，弥补了以往对狩猎行为缺少事后监管抓手的缺憾。猎捕活动结束后将猎捕的具体情况向核发特许猎捕证、狩猎证的野生动物保护主管部门备案，也是追查警示相对人依法猎捕情况的必要措施，但是具体的可操作方案还有待国务院野生动物保护主管部门予以细化规定，同时本法第四十八条亦设定了相应罚则。

三、狩猎行为的实施主体要求

针对国家重点保护野生动物的猎捕行为，不仅要实施事前许可和事后备案，而且立法上对操作主体也设定了专业要求，以尽可能避免对国家重点保护野生动物造成意外伤害，在利用野生动物资源的同时，也充分贯彻野生动物保护法的伦理目的。对此，本法新增规定猎捕国家重点保护野生动物应当由专业机构和人员承担，充分体现了对国家重点野生动物的保护力度。与狩猎一般野生动物不同，猎捕国家重点保护野生动物只能出于科学研究、种群调控、疫源疫病监测或者其他特殊目的，在捕获的同时不得

[①] 参见王青斌、王由海：《作为规制工具的行政备案：规制机理与效果优化》，载《浙江学刊》2022年第5期。

杀害猎捕对象，也要尽可能避免伤害，而要实现上述目的依赖于专业机构和人员的操作。目前，本法对相应专业要求的责任后果或罚则还未有规定，因此对本条款的贯彻实施还需要下位法进一步细化，如将具备专业机构和人员支持作为狩猎特许的审核条件，明确相应狩猎人员的专业资质要求，厘清特许狩猎主体和狩猎操作主体的责任归属，等等。同理，本法也鼓励其他猎捕有重要生态、科学、社会价值的陆生野生动物的活动尽可能由专业机构组织开展。

【关联规范】

《中华人民共和国枪支管理法》第六条、第九条、第十条、第十二条；《中华人民共和国水生野生动物保护实施条例》第十四条、第十五条。

> 第二十四条 【猎捕工具和方法限制】禁止使用毒药、爆炸物、电击或者电子诱捕装置以及猎套、猎夹、捕鸟网、地枪、排铳等工具进行猎捕，禁止使用夜间照明行猎、歼灭性围猎、捣毁巢穴、火攻、烟熏、网捕等方法进行猎捕，但因物种保护、科学研究确需网捕、电子诱捕以及植保作业等除外。
>
> 前款规定以外的禁止使用的猎捕工具和方法，由县级以上地方人民政府规定并公布。

【条文主旨】

本条是关于野生动物猎捕工具和方法的限制规定，包括禁止使用的猎捕工具和方法及其例外、上述禁止性内容的规定和公布主体。

【理解与适用】

本条款主要沿袭原法第二十四条的内容，仅根据现实猎捕情况，对个别具体工具以及例外情形进行补充。

猎捕工具和方法限制包括以下几方面内容：

一、禁止使用的猎捕工具和方法

本条款禁止的工具和方法均可能对野生动物造成过度伤害，难以为人力所控制，还有可能危及公众人身安全。猎捕野生动物的工具和方法丰富多样，难以穷尽，日后还将出现更多新式手段。根据实践经验，立法中特别强调了最常出现的部分猎捕方法会对野生动物甚至人类产生重大危害，也会严重威胁野生动物种群、破坏野生动物栖息地的工具和方法，包括毒药、爆炸物、电击或者电子诱捕装置以及猎套、猎夹、捕鸟网、地枪、排铳等工具，以及夜间照明行猎、歼灭性围猎、捣毁巢穴、火攻、烟熏、网捕等方法，对此必须一律禁止。

二、禁止使用的猎捕工具和方法的例外

因物种保护、科学研究等目的确需网捕、电子诱捕、植保作业等猎捕野生动物的，可以作为禁止性工具和方法的特例。其中，只要目的正当，控制得当，网捕和电子诱捕的伤害在相对可控范围内。植保作业主要是基于机械化或自动化技术而对植物进行无害化保护，操作对象并不直接指向野生动物，在此过程中可能会间接侵扰野生动物生息，或者造成不当伤害。但即使是例外情形，在具体实施上述工具和方法时也应制定有科学、严谨的工作方案和操作规程。现阶段，这类例外活动主要包括鸟类环志、卫星追踪野生动物迁徙路线、野生动物资源调查、疫源疫病监测等。同时也要注意，若因网捕、电子诱捕、植保作业误捕到非目标野生动物，应当及时放归自然，避免二次伤害，否则同样可能构成违法。

三、禁止性猎捕工具和方法的规定和公布主体

除了上述明确列举的禁止性猎捕工具和方法之外，考虑到各地情况不同，在部分地区还可能存在一些危害性较大同时又较为罕见的猎捕工具和方法，因此本法授权县级以上地方人民政府规定并公布禁止使用的猎捕工具和方法，符合基层的执法实践和客观需求。县级以上地方人民政府制定政策规范时，应当充分贯彻野生动物保护的立法目的，对上述危险工具和方法列举中的"等"字作"等外等"适用，即解释为包括但不限于具有上述同等及以上危害性的工具和方法。目前在地方的实践中，比较常见的禁止性工具和方法还有军用武器、体育运动枪支、气枪、火药枪、弹弓、铁铗、地弓、粘网、设笼诱捕、陷阱、犬猎、挖洞、捡蛋、捣巢、机动车追赶等。

【关联规范】

《中华人民共和国渔业法》第三十条；《中华人民共和国陆生野生动物保护实施条例》第十八条、第三十三条。

> **第二十五条 【人工繁育野生动物分类分级管理】**人工繁育野生动物实行分类分级管理,严格保护和科学利用野生动物资源。国家支持有关科学研究机构因物种保护目的人工繁育国家重点保护野生动物。
>
> 人工繁育国家重点保护野生动物实行许可制度。人工繁育国家重点保护野生动物的,应当经省、自治区、直辖市人民政府野生动物保护主管部门批准,取得人工繁育许可证,但国务院对批准机关另有规定的除外。
>
> 人工繁育有重要生态、科学、社会价值的陆生野生动物的,应当向县级人民政府野生动物保护主管部门备案。
>
> 人工繁育野生动物应当使用人工繁育子代种源,建立物种系谱、繁育档案和个体数据。因物种保护目的确需采用野外种源的,应当遵守本法有关猎捕野生动物的规定。
>
> 本法所称人工繁育子代,是指人工控制条件下繁殖出生的子代个体且其亲本也在人工控制条件下出生。
>
> 人工繁育野生动物的具体管理办法由国务院野生动物保护主管部门制定。

【条文主旨】

本条是关于人工繁育野生动物分类分级管理的具体规定,内容包括管理目的、分类分级管理制度和种源管理制度。

【理解与适用】

本条款在原法第二十五条的基础上,新增了人工繁育野生动物的分类分级管理制度,人工繁育有重要生态、科学、社会价值的陆生野生动物的备案制度。

人工繁育野生动物分类分级管理制度包括以下几方面内容:

一、人工繁育野生动物管理的目的

严格保护和科学利用野生动物资源是对人工繁育野生动物管理的根本目的。人工繁育是开展野生动物保护工作的一种重要手段,在野生动物的自然栖息环境相对有限或者部分种群濒临灭绝的情况下，积极通过人工介入扩大野生动物种群规模，可以在短期内有效实现物种保护和生态多样化的目标，并且有助于科学利用野生动物资源。正是基于上述目的，立法新增对人工繁育野生动物的分类分级管理以及根据用途的差别化管理，具体管理办法将由国务院野生动物保护主管部门予以细化。虽然本次修法仍保留对有关科学研究机构因物种保护目的人工繁育国家重点保护野生动物的支持性条款，但取消了原法中科研物种保护目的人工繁育行为的许可豁免。明确规定人工繁育野生动物实行分类分级管理，对人工繁育国家重点保护野生动物实行许可管理，对人工繁育有重要生态、科学、社会价值的陆生野生动物实行备案管理，突出了保护优先原则，将严格保护和科学利用有机统一。

二、人工繁育野生动物分类分级管理制度

人工繁育野生动物实行分类分级管理，对人工繁育国家重点保护野生动物实行许可管理，对人工繁育有重要生态、科学、社会价值的陆生野生动物实行备案管理。人工繁育国家重点保护野生动物的许可证应当报经省、自治区、直辖市人民政府野生动物保护主管部门批准。根据《中华人民共和国陆生野生动物保护实施条例》第二十一条，国务院林业行政主管部门和省、自治区、直辖市人民政府林业行政主管部门根据实际情况和工作需要，可以委托同级有关部门审批或者核发国家重点保护野生动物驯养繁殖许可证。动物园驯养繁殖国家重点保护野生动物的，林业行政主管部门可以委托同级建设行政主管部门核发驯养繁殖许可证。另外，考虑到部分野生动物物种特别重要等特殊原因，国务院可指定国家野生动物保护主管部门或其他机构进行审批。例如，《国家重点保护野生动物驯养繁殖许可证管理办法》第五条第二款规定，凡驯养繁殖国家一级保护野生动物的，由省、自治区、直辖市政府林业行政主管部门报林业部（现为自然资源部下属国家林业和草原局）审批。批准机关在作出批准与否决定前，应依照本法第二十六条第一款的规定对人工繁育主体的相关条件严格审查。最后，本次修法明确人工繁育有重要生态、科学、社会价值的陆生野生动物，应当向县级人民政府野生动物保护主管部门备案。该规定直接取消了《国家重点保护野生动物驯养繁殖许可证管理办法》第五条中人工繁育非国家重点保护野生动物的许可规定。

三、人工繁育野生动物的种源管理制度

人工繁育野生动物的种源管理要求使用人工繁育子代种源，建立物种系谱、繁育档案和个体数据等可追溯的种源管理记录。

人工繁育野生动物活动中使用的人工繁育子代种源，应当为"人工控

制条件下繁殖出生的子代个体且其亲本也在人工控制条件下出生"的个体。物种系谱，是指记录物种某一家族各世代成员数目、亲属关系以及有关遗传性状在该家系中分布情况的图示。繁育档案，是指记录物种个体繁育时间、繁育数量、繁育年龄等繁育有关信息的档案。个体数据，是指记录物种个体年龄、性别、体长、体重、鉴别特征等个体信息的档案。建立以上档案，应当以保障物种谱系清晰、个体来源可追溯为根本目的。

在建立人工养殖种群，或需获得种群外个体来进行种群调控时，如果选择从野外种群获取个体，则必然会或多或少对野外种群造成影响，因此在有条件的前提下，应当优先从人工繁育种群获得所需个体，同时要求建立种源管理记录，以保障个体来源合法可追溯，并防止出现种群退化。如因无法获得适当的人工养殖种群个体、需要研究野外种群个体特征或其他物种保护原因，必须采用野外种源的，应当充分论证行为的必要性与合理性，同时要严格遵守本法对猎捕野生动物行为的规定。

【关联规范】

《中华人民共和国陆生野生动物保护实施条例》第二十一条；《中华人民共和国水生野生动物保护实施条例》第十七条；《中华人民共和国水生野生动物利用特许办法》第三条、第四条、第六条、第十四条、第十五条、第十六条、第十七条；《国家重点保护野生动物驯养繁殖许可证管理办法》第五条。

第二十六条　【人工繁育野生动物的具体要求】 人工繁育野生动物应当有利于物种保护及其科学研究，不得违法猎捕野生动物，破坏野外种群资源，并根据野生动物习性确保其具有必要的活动空间和生息繁衍、卫生健康条件，具备与其繁育目的、种类、发展规模相适应的场所、设施、技术，符合有关技术标准和防疫要求，不得虐待野生动物。

省级以上人民政府野生动物保护主管部门可以根据保护国家重点保护野生动物的需要，组织开展国家重点保护野生动物放归野外环境工作。

前款规定以外的人工繁育的野生动物放归野外环境的，适用本法有关放生野生动物管理的规定。

【条文主旨】

本条是关于人工繁育野生动物的具体规定,包括人工繁育野生动物的目的、人工繁育野生动物的条件及其限制、人工繁育国家重点保护野生动物放归野外环境的要求。

【理解与适用】

本条款的主要内容沿袭原法条文。

人工繁育野生动物的具体要求包括以下几方面内容:

一、人工繁育野生动物的目的

有利于物种保护及其科学研究是人工繁育野生动物的根本目的,各项管理措施均要服务于该目的。通过人工繁育扩大种群数量对野生动物保护具有重要意义,特别是在条件成熟的情况下,人工繁育后适时将野生动物放归自然可以加快其种群恢复速度。近年来,随着野生动物人工繁育技术的不断发展,成功实现人工繁育的野生动物种类不断增加,《人工繁育国家重点保护陆生野生动物名录》《人工繁育国家重点保护水生野生动物名录》持续扩充。这充分表明,很多野生动物物种的人工繁育技术已经成熟、繁育规模较大,不需要从野外获取种源或不依赖野外种群即可满足相关合法用途对该物种及制品的合理需求,且相关繁育活动有利于缓解对野外种群的保护压力。但是,从事人工繁育相关产业的单位和个人数量也在不断上升,部分人工繁育单位和个人的繁育条件严重不适合野生动物正常栖息繁衍的需要,甚至还出现了伤害野生动物的现象。不科学、不合理的人工繁育,也可能对野生动物造成伤害,对野生动物保护产生负面影响。针对这类情况,本法对人工繁育野生动物的行为动机、合理性、饲养条件等作出了具体要求,并特别提出"不得虐待野生动物"的伦理要求。对于部分人工繁育技术有所突破,且经过科学论证各项条件允许放归野外的物种,省级以上人民政府野生动物保护主管部门可以根据实际工作需要,组织开展国家重点保护野生动物放归野外环境工作,使人工繁育种群能够适时反哺野外,恢复和壮大野外种群。

二、人工繁育野生动物的条件及其限制

人工繁育野生动物的同时,也不得违法猎捕野生动物,破坏野外种群资源。开展人工繁育工作的主体应当根据野生动物习性确保必要的活动空间和生息繁衍、卫生健康条件,具备与其繁育目的、种类、发展规模相适

应的场所、设施、技术，符合有关技术标准和防疫要求。上述条件具体包括但不限于：提供适宜的人工繁育场所以及繁殖、饮食和医疗的必要条件；人工繁育场建设符合有关技术标准，具备气温、光照、湿度等调控设施；有条件根据野生动物习性选择圈养或放养措施；配备掌握野生动物饲养和救治技术的专门人员以及接种疫苗、防疫、防污染的配套设施和条件；保证充足的人工繁育野生动物的饲料来源；等等。另外，本法新增禁止虐待条款，即不得在人工繁育时采取不人道的方式对待野生动物，此举系在立法上与国际公约的理念相接轨，认可野生动物享有的基本福利。上述抽象要件还需进一步通过行政立法或地方性立法予以细化，便于野生动物主管部门在对上述人工繁育资质进行审批时，依照本条款的规范目的对申请主体的条件进行严格把关，并在事后监管中对照检查。

三、人工繁育国家重点保护野生动物放归野外环境的要求

对人工繁育国家重点保护野生动物的放生管理，要采取相应的安全措施，一是为了防范外来入侵物种或物种失衡而对自然生态造成危害，如生物安全法第六十条第三款规定的"任何单位和个人未经批准，不得擅自引进、释放或者丢弃外来物种"。二是对人工繁育野生动物顺利回归自然环境的一种保护措施，这就有别于一般的野生动物放生。针对人工繁育国家重点保护野生动物，省级以上人民政府野生动物保护主管部门在决定开展野生动物放归野外工作前，应当由指定的科研机构进行科学调查论证，根据野生动物原产物种、自身状态、放生地环境状况、野生动物个体健康状况、野外生存能力、疫病风险、对当地居民正常生产生活的干扰和生态风险等因素，科学合理地确定放生的区域、物种、规模、时间和方式；用于放生的亲体或苗种应当是本地种，杜绝使用杂交种、选育种、外来种及其他不符合生态要求的生物物种进行放生，防止对生物多样性和水域生态系统造成危害。确保放归行为有利于野生动物物种保护，同时不会对生态系统和人类社会造成威胁。

【关联规范】

《中华人民共和国生物安全法》第六十条、第八十一条；《中华人民共和国野生动物保护法》第四十条、第四十一条、第五十条；《中华人民共和国湿地保护法》第三十条；《中华人民共和国陆生野生动物保护实施条例》第二十二条；《中华人民共和国水生野生动物保护实施条例》第九条。

> **第二十七条　【人工繁育野生动物的致害责任】**人工繁育野生动物应当采取安全措施，防止野生动物伤人和逃逸。人工繁育的野生动物造成他人损害、危害公共安全或者破坏生态的，饲养人、管理人等应当依法承担法律责任。

【条文主旨】

本条是关于人工繁育野生动物致害责任的规定，前半段是关于对人工繁育野生动物危险性的控制管理和预防注意义务，后半段是关于人工繁育野生动物致害的无过错责任的一般性法律适用规则。

【理解与适用】

本条款为此次修订新增内容。人工繁育野生动物的致害责任与传统民法上的饲养动物致害责任有密切关联，可以适用民法典上的相关规定，但是人工繁育野生动物致害的后果更加复杂，涵盖特定的他人损害和不特定的危害公共安全、破坏生态。

人工繁育野生动物的致害责任包括以下几方面内容：

一、人工繁育野生动物的控制管理和预防注意义务

饲养人和管理人要对人工繁育野生动物采取安全措施，防止野生动物伤人和逃逸。所谓"采取安全措施"是指对人工繁育野生动物危险性的控制管理和预防注意义务，法律适用中可以联结民法典第一千二百四十六条的规定，即违反管理规定，未对动物采取安全措施造成他人损害的，动物饲养人或者管理人应当承担侵权责任。法理上，需要依据管理规定采取安全措施的动物可以分为两类，一是针对具备高度危险性的动物，一般情形下被禁止饲养，但在一些特殊情境和特殊需要之下为法律所允许。二是就饲养有专门规定许可的动物。上述类型，人工繁育野生动物均可能涉及。因此，依照我国民法通说，对于驯养野生动物、明知或应知具有不同寻常危险的动物致害，应当实行无过错责任。[①]

没有采取安全措施或者措施有瑕疵，导致人工繁育野生动物在饲养期间直接伤害他人，抑或逃逸（遗弃）期间对他人致害，因第三人的过错致

---

① 杨立新：《类型侵权行为法研究》，人民法院出版社 2006 年版，第 832~833 页。

使动物致害责任等情形的，均由（原）饲养人和管理人承担法律责任。

二、人工繁育野生动物致害的责任主体

只要人工繁育野生动物造成他人损害的，饲养人或者管理人就应当承担法律责任，该种法律责任与民法上的饲养动物致害责任有密切关联，本质上同属于危险责任。[①] 换言之，即使动物的饲养人或管理人依据管理规定对动物采取了安全措施，在该动物致人损害时，动物的饲养人或管理人仍应承担无过错责任。其中，只有能够证明损害是因被侵权人故意造成的，饲养人或者管理人才可以减轻责任。

另外，通过民法典相关条款的援用，可以对本条中未予明确的人工繁育野生动物致害的责任分担、过错推定例外、免责事由等内容作一定补充：

首先，一般情况下，在动物的饲养人或管理人已遵守管理规定并对动物采取安全措施的情形下，对受害人所遭受的损害，饲养人或管理人不因此免责。[②] 饲养人和管理人承担责任的理论基础在于特定主体对人工繁育野生动物的风险可预知性、危险源可控性以及受益性。法理上，饲养人可以解释为所有人，管理人则是负有管理职责的其他动物保有人。针对饲养人与管理人的责任承担问题，要做进一步区分，如果动物的饲养人和管理人为不同的人，可以将动物的饲养人和管理人界定为实际占有、控制该动物的人且为责任人。饲养的动物造成他人损害，只有饲养人的，当然由动物饲养人承担赔偿责任。饲养的动物造成他人损害，既有动物饲养人又有管理人的，应当承担的责任形态是不真正连带责任。被侵权人可以选择起诉饲养人，也可以选择起诉管理人承担中间责任；如果承担责任的人不是最终责任人，可以行使追偿权实现最终责任。[③]

其次，识别饲养人或管理人是否已按照管理规定采取安全措施，可以划分两者的责任分担。换言之，如果动物的饲养人或管理人违反管理要求未采取安全措施，其所承担的侵权责任类似于民法典第一千二百四十七条所规定的严格无过错责任，其所负担的注意义务和责任不因被侵权人的主观状态而减免。反之，则表明动物的饲养人或管理人已经尽到相应的注意

[①] 参见季若望：《论动物致害责任中的动态危险性——〈民法典〉第 1245 条与第 1247 条的联动解释》，载《北方法学》2021 年第 4 期。

[②] 张尧：《论饲养动物损害责任——以〈侵权责任法〉第 79 条为分析对象》，载《政治与法律》2013 年第 6 期。

[③] 参见杨立新：《饲养动物损害责任一般条款的理解与适用》，载《法学》2013 年第 7 期。

义务，其所承担的侵权责任类似于民法典第一千二百四十六条所规定的较低程度的无过错责任，但其可以因被侵权人的故意而减免自身所承担的责任。① 这种免责事由的理解符合民法典第一千二百四十六条的但书规则，即"但是，能够证明损害是因被侵权人故意造成的，可以减轻责任"。据此，可以排除被侵权人的过失作为免责或者减轻责任的事由。只有当被侵权人的故意是损害发生的全部原因，具有全部原因力的，才免除饲养人或者管理人的责任。如果被侵权人的故意是损害发生的部分原因，依照其原因力进行过失相抵，相应减轻饲养人或者管理人的赔偿责任。

再次，值得注意的是，动物园动物致害适用过错推定责任，这也是关于人工繁育野生动物的致害责任中，责任人可以通过证明其尽到管理职责而免责的唯一情形。② 这种例外的原因在于，动物园是在人工饲养条件下，异地保护野生动物，供观赏、普及科学知识、进行科学研究和动物繁育的公共场所，应当具有公益性、开放性、实质性。③ 如果动物园能够证明兽舍设施、设备没有瑕疵、有明显的警示牌，管理人员对游客挑逗、投打动物或者擅自翻越栏杆靠近动物等行为进行了劝阻，可以说该尽的管理职责已经做到位了，那么动物园就可以不承担侵权责任。④ 可见这种理解也与立法原意相符。另外，根据动物园应尽管理职责的不同程度还可以进一步评价过错程度，如按照时间维度应该分为事前的隔离与警示措施、事中的监控与救助措施和事后的抢救与送医措施。⑤ 相对于动物园，其他人工繁育野生动物的饲养场所一般都不负担公益性的公开要求，因此饲养人或管理人都应当采取更具安全性的封闭式措施。

最后，虽然人工繁育野生动物致害的条款没有规定其他免责事由的适用，但是援引民法典的相关规定，适用其他免责事由的规定并无冲突。因此，关于不可抗力、正当防卫、紧急避险的规定都可以适用。⑥

---

① 张尧：《论饲养动物损害责任——以〈侵权责任法〉第79条为分析对象》，载《政治与法律》2013年第6期。

② 参见王崇华：《再议饲养动物损害责任的归责原则》，载《法学论坛》2013年第4期。

③ 王竹：《动物园饲养动物损害责任的类型化与规则设计——以违反防止进入高度危险区域义务侵权责任为视角》，载《求是学刊》2017年第6期。

④ 王胜明主编：《中华人民共和国侵权责任法解读》，中国法制出版社2010年版，第200页。

⑤ 王竹：《动物园饲养动物损害责任的类型化与规则设计——以违反防止进入高度危险区域义务侵权责任为视角》，载《求是学刊》2017年第6期。

⑥ 杨立新：《饲养动物损害责任一般条款的理解与适用》，载《法学》2013年第7期。

【关联规范】

《中华人民共和国民法典》第一千二百四十五条、第一千二百四十六条、第一千二百四十八条、第一千二百四十九条、第一千二百五十一条、第一千二百五十条。

> 第二十八条 【野生动物及其制品的经营限制】禁止出售、购买、利用国家重点保护野生动物及其制品。
>
> 因科学研究、人工繁育、公众展示展演、文物保护或者其他特殊情况,需要出售、购买、利用国家重点保护野生动物及其制品的,应当经省、自治区、直辖市人民政府野生动物保护主管部门批准,并按照规定取得和使用专用标识,保证可追溯,但国务院对批准机关另有规定的除外。
>
> 出售、利用有重要生态、科学、社会价值的陆生野生动物和地方重点保护野生动物及其制品的,应当提供狩猎、人工繁育、进出口等合法来源证明。
>
> 实行国家重点保护野生动物和有重要生态、科学、社会价值的陆生野生动物及其制品专用标识的范围和管理办法,由国务院野生动物保护主管部门规定。
>
> 出售本条第二款、第三款规定的野生动物的,还应当依法附有检疫证明。
>
> 利用野生动物进行公众展示展演应当采取安全管理措施,并保障野生动物健康状态,具体管理办法由国务院野生动物保护主管部门会同国务院有关部门制定。

【条文主旨】

本条是关于野生动物及其制品出售、购买、利用等经营行为的限制规定,具体内容包括:国家重点保护野生动物及其制品禁止经营的基本原则及其例外、非国家重点保护野生动物经营需要合法来源证明、相关野生动物及其制品经营要求检疫合格、利用野生动物进行公众展示展演的规范和管理。

【理解与适用】

本条款主要内容沿袭原法第二十七条的规定，内容有所修订，填补了原法中关于人工繁育有重要生态、科学、社会价值的陆生野生动物和地方重点保护野生动物及其制品在经营中的合法来源证明要求。

野生动物及其制品的经营限制主要包括以下几方面内容：

一、国家重点保护野生动物及其制品禁止经营的基本原则及其例外

禁止出售、购买、利用等国家重点保护野生动物资源的经营活动是我国野生动物保护的基本原则，包括野生动物的活体、死体、任一身体部分（包括器官、组织、血液、毛皮、鳞、骨骼、卵）、排泄物、遗留物、分泌物及上述任一部分经加工后的制成品。在此基础之上，国家重点保护野生动物及其制品许可经营的例外，是指科学研究、人工繁育、公众展示展演、文物保护或者其他特殊情况，其中的其他特殊情况是指，对保护野生动物种群、开展公益宣传、医学研究等具有特殊重要意义的行为。因科学研究、人工繁育、公众展示展演、文物保护等特殊情况，需要出售、收购、利用国家重点保护野生动物及其制品的，批准单位限定为省级人民政府野生动物保护主管部门，国务院仅对物种特别重要等事由作出特殊规定。野生动物保护主管部门在接到有关申请后，应当对相关出售、购买、利用行为进行严格审核，审核内容包括但不限于该物种或制品来源是否合法、是否会对野生动物保护造成不利影响等，待审核无疑后方可许可。

根据国务院野生动物保护主管部门的规定，应予采取标识管理的，还应配发专用标识，确保野生动物及其制品可追溯来源。标识管理制度要求经营者取得专用标识，来辨别利用的国家重点保护野生动物及其制品确系经过特别许可，保证可追溯，从而有效实现对野生动物资源利用的监管和野外资源的保护。这项管理制度是《濒危野生动植物种国际贸易公约》（CITES）极力推荐的措施，也是国际通行做法。

最后，利用国家重点保护野生动物进行科研、药用、展示等特殊用途的，具体的品类、利用规范和资质条件还要衔接中医药法、《实验动物管理条例》、《野生药材资源保护管理条例》、《城市动物园管理规定》等专门规定。

二、非国家重点保护野生动物经营需要合法来源证明

出售、利用有重要生态、科学、社会价值的陆生野生动物和地方重点保护野生动物及其制品应当提供的狩猎、人工繁育、进出口等合法来源证明，包括但不限于海关提供的报关单、本法第二十二条规定的县级以上地

方人民政府野生动物保护主管部门核发的狩猎证、本法第二十五条规定的县级人民政府野生动物保护主管部门开具的人工繁育备案证明等。另外，标识管理于2016年野生动物保护法修订时被明确为基本原则，近年来已在绝大多数野生动物产业领域推广应用，对于野生动物及其制品的合法性确认、溯源管理起到良好的监管作用。本次修法对原有的专用标识制度作出相应调整，从重点保护野生动物及其制品转为全面覆盖至所有野生动物的利用范围。

三、相关野生动物及其制品经营要求检疫合格

野生动物生长繁育过程中的各项环境因素相对复杂，容易携带或感染各种疫源疫病，可能对人畜造成潜在危害。因此，在利用野生动物资源前对其进行疫病检测，是保证安全利用野生动物资源的必要先决条件。

充分考虑到野生动物导致的疫源性疾病风险，包括人工繁育种群在内的所有野生动物的经营活动均要取得野生动物保护主管部门或畜牧兽医主管部门开具的检疫证明。检疫证明是指动物卫生监督机构根据动物防疫法和《动物检疫管理办法》对野生动物及其制品实施检疫并出具的检疫合格证明。因科研、药用、展示等特殊情形需要非食用性利用的野生动物，应当按照国家有关规定报动物卫生监督机构检疫，检疫合格的，方可利用。人工捕获的野生动物，应当按照国家有关规定报捕获地动物卫生监督机构检疫，检疫合格的，方可饲养、经营和运输。

国务院农业农村主管部门会同国务院野生动物保护主管部门制定野生动物检疫办法。目前，农业农村部已颁布了生猪、犬、猫、兔等陆生动物以及鱼类、贝类、甲壳类等水生物种的产地检疫规程。按照规定，对人工饲养或合法捕获的野生动物，可对应参照上述规程进行产地检疫、出具《动物检疫合格证明》。

四、利用野生动物进行公众展示展演的规范和管理

利用野生动物进行公众展示展演的经营活动是我国近年来发展较快的产业，形式上包括各种综合性动物园（水族馆）、专类性动物园、野生动物园、城市公园的动物展区、珍稀濒危动物饲养繁殖研究场所。在野生动物展示展演推动人工繁育行业快速推进的同时，部分主体经营不规范、安全事故频发、动物卫生状况堪忧等问题也日益严峻。对此，本次修法予以高度重视，新增野生动物展示展演活动的限制措施，并授权国务院野生动物保护主管部门会同国务院有关部门制定具体管理办法。根据立法原意，本法所明确的"应当采取安全管理措施"和"保障野生动物健康状态"只是最低限度的法定要求，为贯彻野生动物保护和安全利用的立法目的，在

具体管理办法的细化中不得低于上述要求，相关部门还可以依法类推补充其他合理的监管要求，如野生动物展示展演单位的设施条件、技术能力、经费保障等。

【关联规范】

《中华人民共和国渔业法》第三十七条；《中华人民共和国动物防疫法》第五十条；《中华人民共和国陆生野生动物保护实施条例》第二十四条、第二十六条、第三十六条；《中华人民共和国水生野生动物保护实施条例》第十八条、第二十八条；《中华人民共和国水生野生动物利用特许办法》第二条、第三条、第二十一条、第二十二条、第二十三条、第二十四条、第二十五条；《动物检疫管理办法》第二条。

> **第二十九条　【对人工繁育技术成熟稳定的野生动物资源的特殊管理】** 对人工繁育技术成熟稳定的国家重点保护野生动物或者有重要生态、科学、社会价值的陆生野生动物，经科学论证评估，纳入国务院野生动物保护主管部门制定的人工繁育国家重点保护野生动物名录或者有重要生态、科学、社会价值的陆生野生动物名录，并适时调整。对列入名录的野生动物及其制品，可以凭人工繁育许可证或者备案，按照省、自治区、直辖市人民政府野生动物保护主管部门或者其授权的部门核验的年度生产数量直接取得专用标识，凭专用标识出售和利用，保证可追溯。
>
> 　　对本法第十条规定的国家重点保护野生动物名录和有重要生态、科学、社会价值的陆生野生动物名录进行调整时，根据有关野外种群保护情况，可以对前款规定的有关人工繁育技术成熟稳定野生动物的人工种群，不再列入国家重点保护野生动物名录和有重要生态、科学、社会价值的陆生野生动物名录，实行与野外种群不同的管理措施，但应当依照本法第二十五条第二款、第三款和本条第一款的规定取得人工繁育许可证或者备案和专用标识。

> 对符合《中华人民共和国畜牧法》第十二条第二款规定的陆生野生动物人工繁育种群，经科学论证评估，可以列入畜禽遗传资源目录。

【条文主旨】

本条是关于对人工繁育技术成熟稳定的野生动物资源进行特殊管理的规定。内容包括三方面：一是对人工繁育技术成熟稳定的野生动物资源的合理利用；二是人工繁育野生动物种群与野外种群的差异化管理；三是人工繁育技术成熟稳定的陆生野生动物种群可以适时列入畜禽遗传资源目录。

【理解与适用】

本条第一款、第二款沿袭原法规定，第三款系本次修订新增内容。

对人工繁育技术成熟稳定的野生动物资源的特殊管理主要包括以下几方面内容：

一、对人工繁育技术成熟稳定的野生动物资源的合理利用

随着科技进步，野生动物的人工繁育技术水平不断提高，部分珍贵、濒危物种经过长期保护和培育，已经形成较大规模且稳定的人工繁育种群。与此同时，由于受到人类活动的影响，上述野生动物种群的野外资源状况和栖息地环境不容乐观。在此情况下，如果仍然坚持将这些人工繁育的野生动物种群和野外种群按照同一标准进行管理，严格限制相关商业行为，既会造成资源的严重浪费，又会伤害部分从事野生动物人工繁育产业的单位和个人的利益，影响其进一步从事相关研究和经营的动力。对此，目前国际通行的做法是允许有限度地利用野生动物资源，制定家养（农场）动物保护方面的法律，解决一些养殖技术成熟的野生动物的商业利用障碍。因此，本法对人工繁育技术成熟稳定的野生动物人工繁育种群和野外种群实行差别化管理，在继续加强对野外种群资源保护和严格监管的同时，适当放宽其人工繁育种群及其制品的市场行为，激励相关产业主体获得收益，如此既有利于野生动物野外种群的保护，也符合相关惯例。

人工繁育技术成熟稳定的国家重点保护野生动物，经科学论证，纳入国务院野生动物保护主管部门制定的人工繁育国家重点保护野生动物名

录。对于被纳入人工繁育国家重点保护野生动物名录的，繁育企业或个人凭借人工繁育许可证，到省级人民政府野生动物保护主管部门进行申请，经核验年度生产数量后核发对应数量的专用标识。该专用标识为市场经营的合法证明，无需再申请其他许可。但值得注意的是，若某一野生动物人工繁育技术虽然成熟，但由于某些原因不适宜采取标识管理的，同样视为不能证明其个体和制品的来源合法，也就不适用本条。

二、人工繁育野生动物种群与野外种群的差异化管理

1988年实施的野生动物保护法及其相关规范，对列入《国家重点保护野生动物名录》和《濒危野生动植物种国际贸易公约》附录Ⅰ、附录Ⅱ的珍贵、濒危物种，其野外和人工繁育种群在法律性质和管理措施方面是完全按照同一标准进行管理的。《最高人民法院关于审理破坏野生动物资源刑事案件具体应用法律若干问题的解释》（法释〔2000〕37号，现已废止）第一条也明确规定，珍贵、濒危野生动物包括驯养、繁殖的相关物种。这种法律政策在很长一段时期都对保护野生动物资源起到了积极作用。但是随着我国经济社会的发展，有关野生动物人工繁育的科研水平不断提高，不少珍贵、濒危野生动物的人工繁育技术得到突破，形成了较大的、稳定的、完全不依赖野外资源的人工繁育种群。在此情况下，如果仍然严格限制对人工繁育种群的利用，既会造成资源浪费，也不符合市场需求和产业发展。因此，2016年修订的野生动物保护法，对人工繁育技术成熟稳定且纳入人工繁育国家重点保护野生动物名录的国家重点保护野生动物，实行人工繁育种群与野外种群的差异化管理。

对人工繁育技术成熟稳定的国家重点保护野生动物，在进行野生动物保护名录的修订过程中，可以根据其野外资源保护情况，不再将人工养殖种群列为国家重点保护物种，与其野外种群采取不同的管理要求。适用该情形的前提是，开展严格的科学论证，包括但不限于该物种的人工繁育技术是否成熟稳定，是否已形成具有一定规模、完全不依赖野外资源的人工繁育种群，是否有简单可靠的区分人工繁育个体与野外个体的手段等，以保证将该物种人工繁育种群从国家重点保护野生动物名录中剔除后不会对其野外种群的保护和恢复造成影响。另外，还要充分考虑该物种野外种群的资源状况，如果该物种野外生存环境仍不断衰退，则不宜采用本条款对人工繁育种群进行特殊管理。最后，即使人工繁育种群不再被列入国家重点保护野生动物名录的物种，仍应当依照本法第二十五条第二款和本条第一款的规定取得人工繁育许可证和专用标识，以确保其人工繁育、出售、购买、利用等行为的规范性。

三、人工繁育技术成熟稳定的陆生野生动物种群可以适时列入畜禽遗传资源目录

根据畜牧法第十二条第二款的规定，经过驯化和选育而成，遗传性状稳定，有成熟的品种和一定的种群规模，能够不依赖于野生种群而独立繁衍的驯养动物，则更有产业化可能，经科学论证评估，可以依法列入畜禽遗传资源目录，完全纳入畜牧业的管理范围。

凡是列入《国家畜禽遗传资源目录》且实际处于人工繁育状态的野生动物，可以依照畜牧法、动物防疫法、食品安全法等进行充分利用。畜禽是指经过人类长期驯化和选育而成的家养动物，具有一定群体规模和用于农业生产的品种，种群可在人工饲养条件下繁衍，与野生种群有本质区别，为人类提供肉、蛋、奶、毛皮、纤维、药材等产品，或满足役用、运动等需要。其中，以往准予人工繁育，但是仍无法满足食用性利用标准的野生动物物种，则可能列入畜禽遗传资源目录中的特种畜禽。如原国家林业局发布的《人工繁育国家重点保护陆生野生动物名录》中的梅花鹿、马鹿、鸵鸟等物种，已确定其繁育和饲养技术均成熟，可作商业性经营利用。这类特种畜禽与传统畜禽是不同的，即使进入家禽家畜名录，也未必与食用性利用直接挂钩。

【关联规范】

《中华人民共和国畜牧法》第二条、第十二条；《中华人民共和国陆生野生动物保护实施条例》第二十二条；《中华人民共和国水生野生动物利用特许办法》第二十一条。

第三十条 【利用野生动物及其制品的原则性要求】 利用野生动物及其制品的，应当以人工繁育种群为主，有利于野外种群养护，符合生态文明建设的要求，尊重社会公德，遵守法律法规和国家有关规定。

野生动物及其制品作为药品等经营和利用的，还应当遵守《中华人民共和国药品管理法》等有关法律法规的规定。

【条文主旨】

本条是关于利用野生动物及其制品的原则性要求的规定。本次修订沿袭原法条文,未予修改。野生动物具有较高的生态、经济、文化和科研价值,不仅是自然生态系统的重要组成部分,也是人类社会必需的自然资源。开展野生动物保护工作,首先需要对野生动物及其制品的利用予以一定限制。

【理解与适用】

野生动物与人类生活有着密切的联系。保护野生动物对于保护生物多样性和维护生态平衡起着举足轻重的作用,对工农业和医药、卫生、科技、教育以及文化旅游等行业的发展具有重要意义,而最终目的是人类自身的长远、可持续发展。利用野生动物是人类智慧和发展水平的象征,野生动物的"保护"和"利用"是野生动物保护工作的两个方面。科学合理地利用野生动物及其制品,可以为人类带来经济和社会效益,推动社会发展进步;而不合理或者过度利用野生动物,则会造成大量野生动物处于濒临灭亡的境地,最终波及人类自身。为更好地保护野生动物,需要对野生动物及其制品的利用行为予以限制和规范。

一、以人工繁育种群为主,有利于野外种群养护

利用野生动物及其制品,应坚持保护优先的原则,将有利于野外种群养护放置于突出地位,并且以人工繁育种群为主。我国野生动物资源丰富,野生动物及其制品长期以来是人们重要的食物来源、药物和工业原料以及装饰材料。近现代社会之前,受到人们猎捕水平和利用强度及手段的限制,以及一些游牧区域较为合理的保护与利用野生动物的传统的影响,野生动物利用与保护之间的矛盾并不突出。但是随着经济社会的发展,人们对野生动物资源的需求日益增多,如动物皮毛、肉制品及医用原料等,而自然条件下的野生动物资源总是有限的,且增长一般较为缓慢,因而野生动物保护与人们需求之间的矛盾日益尖锐,加强对野生动物的驯养繁殖和合理利用成为保护野生动物、造福人类的重要指导方针。我国目前已形成较为成熟的野生动物育种、繁殖、加工等一系列产业链体系,通过驯养繁殖野生动物可以为人们提供更多的野生动物产品,有助于增加野生动物种群数量,推动野生动物保护工作,维护国家生态安全和经济社会稳定发展;同时,利用繁育野生动物及其制品,可以减少野生动物给人类社会带

来的潜在的疾病和健康隐患,从而保护人类健康,维护公共卫生安全。

野生动物最主要的生态价值在于该物种在生态链中存在的价值,包括维护生态多样性的价值、保护食物链完整性的价值、保持生态平衡的价值。人工驯养野生动物可以分为基于追求经济目的的饲养、基于保护和教育目的的饲养以及基于救助目的的饲养。基于商业目的的人工饲养、繁育野生动物已经是农业经济的一大组成部分,人工繁育野生动物不同于野动物,只有具备一定的经济价值、社会价值或能够对保护珍贵、濒危野生动物及科研、展览等公益性活动提供价值的野生动物,或者对疫病监管具有特殊意义的人工繁育野生动物才会被界定为法律意义上的人工繁育野生动物。自1988年野生动物保护法出台后,国家又相继颁布了若干与人工繁育野生动物有关的行政法规、规章和规范性文件,如《国家重点保护野生动物驯养繁殖许可证管理办法》《人工繁育国家重点保护水生野生动物名录》《人工繁育国家重点保护陆生野生动物名录(第一批)》《国家畜禽遗传资源目录》等。当前允许人工繁育野生动物则主要是由于已经形成庞大的市场需求,一时难以消除,而通过人工繁育野生动物作为野生动物野外种群的替代品可以很好地满足人类需求。

二、符合生态文明建设的要求,尊重社会公德

利用野生动物及其制品,还要符合生态文明建设的要求,尊重社会公德,不违背社会公序良俗。保护野生动物和生态环境是社会文明进步的重要标志。作为农业重要发源地以及世界上拥有野生动物种类较多的国家之一,我国野生动物保护和利用的历史发展丰富多彩,驯养繁殖野生动物也是早期华夏文明的重要组成部分。在从古代文明到现代生态文明的演化过程中,对野生动物的保护也经历了从最初的动物神化、资源性利用到维护生物多样性和保护动物福利的变迁。生态文明是继农业文明和工业文明之后的一种全新文明形态,是建立在人与自然和谐发展、人类与野生动物和谐相处基础上更高一级的文明形态。"从生态文明的高度来看,保护野生动物就是保护人类自身。"[1] 野生动物的首要价值在于其所具有的维持生态平衡的生态价值,这也是其所具有的经济、科学等价值的前提和基础。

保护野生动物是生态环境保护的应有之义,也是生态文明建设的内在要求。利用野生动物需要符合生态文明建设的要求。建设社会主义生态文

---

[1] 周珂、陈微:《修改〈野生动物保护法〉的理念与路径》,载《环境保护》2020年第6期。

明，要求人们积极养成绿色、节能及低碳的生产和消费模式，革除滥食野生动物的陋习，在利用野生动物及其制品时要尊重野生动物生长规律，善待生命，保护动物福利，杜绝"活熊取胆""动物活剥皮"等背离社会公德、挑战人类精神底线的行为，逐渐树立人与自然生命共同体理念，形成人与动物和谐相处的良好社会风尚。

三、遵守法律法规和国家有关规定

利用野生动物及其制品要遵守法律法规和国家有关规定。我国历史上对野生动物的利用和保护主要依据传统习俗、道德规范以及零散性的法律规定。比如，农村广为流传的"不吃四月鱼，不打三春鸟"的习俗；夏禹时期实行"夏三月，川泽不入网罟，以成鱼鳖之长"的禁令，等等。[①] 现代社会保护野生动物需依法依规进行。除本法外，动物防疫法、渔业法等与野生动物保护相关的法律，以及《中华人民共和国陆生野生动物保护实施条例》《中华人民共和国水生野生动物保护实施条例》《中华人民共和国濒危野生动植物进出口管理条例》《国家重点保护野生动物驯养繁殖许可证管理办法》《国家保护的有益的或者有重要经济、科学研究价值的陆生野生动物名录》等配套性法规规章，共同组成了保护野生动物的法律法规体系。

野生动物及其制品作为药品是一种特殊的利用方式，尤其在中医药中利用比较广泛。中医药博大精深，中医药是中华传统文化的重要组成部分，野生动物及其制品用作药品和保健品的种类也甚多。例如，虎骨、熊胆、鹿茸、穿山甲鳞片等野生动物及其制品是中医药的重要药材来源，且在我国具有悠久的历史，并以独特的理论体系和诊疗方法为人们治疗疑难杂症和强健身体发挥了不可替代的作用。《本草纲目》《黄帝内经》《伤寒杂病论》等古代经典中医药书籍中都有关于将野生动物的全部或部分脏器入药的记载。比如，很多中医药处方中明确将蜈蚣、蝎子等作为整体入药；还有一些动物的部分器官比如鹿角、虎骨、熊胆等也可入药。因此，野生动物及其制品作为药品进行经营利用的，除遵守上述条款外，还需要遵守药品管理相关法律法规，从而在保护野生动物的基础上，使中医药健康、可持续发展。

[①] 出自《逸周书·大聚篇》，转引自牛占龙：《中国古代环保那些事儿》，载《中国政协》2019年第22期。

【适用特别提示】

本条对野生动物限制性利用的规定与动物防疫法等相关法律法规之间存在密切联系。

本法与动物防疫法在立法目的、所调整社会关系以及规范内容方面存在很多差异，但是两部法律中"野生动物"的概念范围是基本一致的。动物防疫法的规范对象为"家畜家禽和人工饲养、捕获的其他动物"，所涉及的"野生动物"仅指合法饲养、捕获的"野生动物"，非法人工饲养、非法捕获的"野生动物"则不在该法的规制范围。界定"合法"与"非法"的依据主要为本法以及渔业法等相关法律对"野生动物"的规定。动物防疫法中对野生动物利用的防疫要求与本条规定相互配合，如规定"因科研、药用、展示等特殊情形需要非食用性利用的野生动物，应当按照国家有关规定报动物卫生监督机构检疫，检疫合格的，方可利用"，从而推动以更科学、合理及健康的方式利用野生动物。

渔业法中有关国家重点保护水生野生动物保护的规定与本条规定相互衔接。比如，渔业法规定，因科学研究、驯养繁殖、展览或者其他特殊情况，需要捕捞国家重点保护的水生野生动物的，依照野生动物保护法的规定执行。

此外，本条关于野生动物入药的规定与中医药法、药品管理法等相关法律法规之间也存在密切联系。例如，中医药法规定，国家保护药用野生动植物资源，鼓励以人工种植养殖的方式发展药材，并支持依法开展珍贵、濒危药用野生动植物的保护、繁育及其相关研究。药品管理法也规定，国家保护野生药材资源和中药品种。早在1987年就已颁布实施的《野生药材资源保护管理条例》第三条规定，国家对野生药材资源实行保护、采猎相结合的原则，并创造条件开展人工种养。

【关联规范】

《中华人民共和国野生动物保护法》第二十五条、第二十六条；《中华人民共和国动物防疫法》第五十条；《中华人民共和国渔业法》第三十七条；《中华人民共和国中医药法》第三十五条；《中华人民共和国药品管理法》第四条；《中华人民共和国水生野生动物利用特许办法》；《中华人民共和国陆生野生动物保护实施条例》；《野生药材资源保护管理条例》。

> **第三十一条　【禁止食用、生产经营国家重点保护野生动物和有重要价值陆生野生动物及其制品】** 禁止食用国家重点保护野生动物和国家保护的有重要生态、科学、社会价值的陆生野生动物以及其他陆生野生动物。
>
> 　　禁止以食用为目的猎捕、交易、运输在野外环境自然生长繁殖的前款规定的野生动物。
>
> 　　禁止生产、经营使用本条第一款规定的野生动物及其制品制作的食品。
>
> 　　禁止为食用非法购买本条第一款规定的野生动物及其制品。

【条文主旨】

本条是关于禁止食用、生产经营国家重点保护野生动物和有重要价值陆生野生动物及其制品的规定。此次修法作了一些修改补充。

【理解与适用】

本条是在食用和生产经营环节对国家重点保护野生动物和有重要价值陆生野生动物及其制品所作的禁止性规定，明确了禁止食用的野生动物范围和禁止以食用野生动物为目的的相关行为种类，围绕禁止食用野生动物以及相关的猎捕、交易、运输、生产、经营行为从消费端和供给端进行全面规制，从而杜绝以食用为目的的野生动物非法交易行为。

一、明确禁止食用的野生动物范围

尽管我国以往一直严厉打击非法交易野生动物的行为，但在一定程度上忽视了对消费端即食用野生动物行为的规制。野生动物有史以来一直是人类生存与发展的重要食物来源。受历史上较长时期的农耕文化和狩猎文化影响，我国传统饮食文化中食用野生动物的习惯至今仍在一些地区存在。交易的最终目的是消费，食用野生动物的需求是不法分子大量猎捕、交易及运输野生动物的根本原因。受不健康、不合理的消费心理影响，在人工繁殖野生动物不断发展的今天，部分公众仍然迷信在野外环境自然生长繁殖的野生动物的食用及药用价值，盲目推崇"山珍海味"，导致野外环境中野生动物被非法猎捕和杀害。滥食野生动物不仅有损生态平衡和生物多样性，也可能对人民群众的生命健康和公共卫生造成威胁。

全国人大常委会于 2020 年 2 月 24 日表决通过《关于全面禁止非法野生动物交易、革除滥食野生动物陋习、切实保障人民群众生命健康安全的决定》，在尊重野生动物保护法及相关法律基础上，重点对食用陆生野生动物进行严格规制，规定要全面禁止食用国家保护的陆生野生动物，包括人工繁育、人工饲养在内的陆生野生动物。该决定并不是一般的政策性文件，其属于有关法律问题和重大问题的决定，对相应的社会活动和行为产生规范效果。① 本次修改整合了该决定和原法中的相关条款，即全面禁止食用国家重点保护野生动物和国家保护的有重要生态、科学、社会价值的陆生野生动物以及其他陆生野生动物。

本条第一款中对"禁止食用"野生动物予以突出强调，通过打击非法食用野生动物的行为从而从源头上减少野生动物的猎捕和交易；同时，禁止食用的对象由原法中的"国家重点保护的野生动物及其制品"扩展为"国家重点保护野生动物和国家保护的有重要生态、科学、社会价值的陆生野生动物以及其他陆生野生动物"。在此基础上，全面禁止以食用为目的的猎捕、交易、运输行为，生产经营行为以及购买行为。本条与本法第二十八条的价值取向一致，即遵循对野生动物"有限利用"的规制理念，将禁止食用的野生动物限定为国家重点保护的野生动物和出售、利用有重要生态、科学、社会价值的陆生野生动物和地方重点保护野生动物，同时并未禁食除此之外的其他野生动物。

二、禁止以食用为目的猎捕、交易、运输相关野生动物

我国野生动物非法猎捕、交易、运输及生产、经营行为的重要源头，是部分公众食用野生动物的需求。野生动物保护涉及消费环节以及繁育、猎捕、运输、交易、购买等众多环节，每个环节都有可能引发野生动物伤亡及公共卫生风险。因此，对食用野生动物和以食用为目的的猎捕、交易及运输行为进行严格规范，不仅是保护野生动物的需要，最终目的是保障人民群众的健康和公共卫生安全，实现人类与自然和谐发展。在野外环境自然生长繁殖的野生动物对于科技、教育、文化及卫生等公益性行业具有重要价值，我国当前并不禁止所有的野生动物猎捕、交易、运输行为。本条第二款为新增内容，即禁止以食用为目的猎捕、交易、运输在野外环境自然生长繁殖的国家重点保护野生动物和国家保护的有重要生态、科学、

---

① 曹炜：《野生动物禁食立法的法理省思和立法建议》，载《武汉大学学报（哲学社会科学版）》2021 年第 6 期。

社会价值的陆生野生动物以及其他陆生野生动物。

三、禁止生产、经营使用相关野生动物及其制品制作的食品

人类经营、利用野生动物也具有很长的历史。野生动物及其制品的消费及交易需求是经营、利用野生动物的主要动力。严格禁止相关野生动物及其制品的生产、经营活动，有助于杜绝或减少禁止食用的野生动物及其制品流入市场。因科研、药用、展示等特殊情况，需要对野生动物进行非食用性利用的，应当按照国家有关规定实行严格审批和检疫检验。

本条第三款，相应地扩展了禁止生产、经营使用的野生动物的对象范围，即将原法第三十条中的"国家重点保护野生动物及其制品制作的食品"扩展为"国家重点保护野生动物和国家保护的有重要生态、科学、社会价值的陆生野生动物以及其他陆生野生动物"及其制品制作的食品。

四、禁止为食用非法购买相关野生动物及其制品

本条第四款主要禁止为食用目的非法购买第一款规定的野生动物及其制品，是从购买主体角度对第一款禁止食用野生动物的进一步强调。与第三款类似，第四款也相应地扩展了为食用而非法购买的野生动物及其制品的范围，即由"国家重点保护的野生动物及其制品"扩展为"国家重点保护野生动物和国家保护的有重要生态、科学、社会价值的陆生野生动物以及其他陆生野生动物"及其制品。

【适用特别提示】

《全国人民代表大会常务委员会关于全面禁止非法野生动物交易、革除滥食野生动物陋习、切实保障人民群众生命健康安全的决定》为本条的修订提供了指引作用。该决定全面禁止食用野生动物的行为，全面打击以食用为目的的猎捕、交易、运输在野外环境自然生长繁殖的陆生野生动物的行为，并将禁食范围扩展至国家保护的"有重要生态、科学、社会价值的陆生野生动物"以及其他陆生野生动物，包括人工繁育、人工饲养的陆生野生动物，从而将之前未列入禁食目录的有重要生态、科学、社会价值的野生动物和其他非保护类陆生野生动物也纳入其中。但鱼类等水生野生动物不列入禁食范围，禁食的是《国家保护的有益的或者有重要经济、科学研究价值的陆生野生动物名录》中的水生野生动物。

此外，2020年12月26日表决通过的《中华人民共和国刑法修正案（十一）》增设了非法猎捕、收购、运输、出售陆生野生动物罪，即在刑法第三百四十一条第三款中规定，违反野生动物保护管理法规，以食用为目的非法猎捕、收购、运输、出售第一款规定以外的在野外环境自然生长繁殖的陆生野生动物，情节严重的，依照前款的规定处罚。因此，我国刑法明确对以食用为目的猎捕、收购、运输、出售野外环境自然生长繁殖的陆生野生动物行为进行定罪处罚。

【关联规范】

《全国人民代表大会常务委员会关于全面禁止非法野生动物交易、革除滥食野生动物陋习、切实保障人民群众生命健康安全的决定》；《中华人民共和国野生动物保护法》第五十条、第五十三条；《中华人民共和国刑法》第三百四十一条第三款。

> **第三十二条　【禁止发布广告的情形】** 禁止为出售、购买、利用野生动物或者禁止使用的猎捕工具发布广告。禁止为违法出售、购买、利用野生动物制品发布广告。

【条文主旨】

本条是关于禁止发布与野生动物相关广告的规定。本次修订沿袭原法条文，未作修改。

【理解与适用】

作为现代社会的重要信息传播和销售手段，广告已广泛渗透到国内外经济、政治及文化等各个领域，成为现代社会生产和生活的重要组成部分。随着科技不断进步，广告的形式和内容也不断发展变化，目前已涵括电视、广播、报纸、杂志及电子网络等多种形式。广告具有较强的导向性、针对性、艺术性以及传播性等特点，连接着生产、消费和服务等诸多链条，起着引导、调节生产和消费的重要作用。根据发布目的的不同，广告主要分为公益性广告和商业性广告，其中，商业性广告主要是对商品或服务进行宣传，为商品生产者、经营者或者服务提供者提升商品或服务的市场竞争力。尤其是在市场经济条件下，商业性广告在经济发展中发挥着越来越重要的引导推动作用。

无论是公益性广告还是商业性广告，都必须遵守广告法的规定，保持广告的真实性、合法性，并且要以健康的形式表达广告内容。规制野生动物保护广告的法律主要是广告法和野生动物保护法。广告法规定了广告的基本原则，全面列举了禁止广告的情形以及违法发布广告所要承担的法律责任；野生动物保护法则规定了禁止发布与野生动物相关广告的范围，在法律责任上主要援引广告法的规定。禁止发布与野生动物相关的广告主要包括以下情形：

一、禁止为出售、购买、利用野生动物发布广告

野生动物是人类的朋友，是自然生态系统中重要的组成部分，具有重要的经济、生态、文化等诸多价值，其并不是普通的商品，因而对野生动物广告的规范与一般商品或服务的广告有所不同。与动物保护相关的公益性宣传教育类广告，可以使社会公众了解更多与动物保护相关的信息，有助于保护和合理利用野生动物。因此，本法并不禁止出于保护野生动物相关的公益性目的发布广告，而是禁止为出售、购买、利用野生动物发布广告。本法第六条规定了禁止违法猎捕、运输、交易野生动物，本条是从广告领域进行规制。

我国部分民众对野生动物仍然有很大的需求，且交易频繁，本法第二十八条规定了禁止出售、购买、利用野生动物及其制品的具体情形。本条关于野生动物范围的规定较第二十八条更为全面，体现了不提倡大范围出售、购买、利用野生动物，从而从严规制野生动物相关广告的立法倾向。本法第二十八条将禁止出售、购买、利用的野生动物范围限制在国家重点保护野生动物。此外，国家重点保护野生动物因科学研究、人工繁育等特殊情形需要出售、购买、利用的，需要申请行政许可并遵守相关使用程序，即仅由特定工作人员在法律和政策规定的渠道范围内获得批准和执行，不需要通过发布广告的方式在社会层面普及；有重要生态、科学、社会价值的陆生野生动物和地方重点保护野生动物，需要出示狩猎、人工繁育、进出口等合法来源证明才能出售、利用。本条规定中的"野生动物"不仅包括国家重点保护野生动物，具有重要生态、科学、社会价值的陆生野生动物和地方重点保护野生动物，还包括其他所有类型的野生动物。这体现了对野生动物相关广告的从严规制，有利于更好地维护公众的野生动物保护意识和消费理念，为社会公众营造良好的保护野生动物的氛围。

二、禁止为禁止使用的猎捕工具发布广告

本法第二十四条对禁止使用的野生动物猎捕工具进行了规定，但因物种保护、科学研究确需网捕、电子诱捕以及植保作业等除外。由于广告具有导向性和广泛传播性，为减少广告所带来的示范引导效果，减少对野生动物的伤害，更好地开展野生动物保护工作，本法全面禁止为禁止使用的

猎捕工具发布广告。本条所禁止使用的猎捕工具，是指本法第二十四条规定的猎捕工具。

三、禁止为违法出售、购买、利用野生动物制品发布广告

在保护野生动物种群的基础上，合理使用野生动物制品（如肉制品、动物皮毛、鸟类羽毛等）既可以有效保护和利用野生动物，还可以使人类的生活更加丰富多彩，因此本法并不禁止所有的出售、购买、利用野生动物制品行为。本法第二十八条规定了禁止出售、购买、利用国家重点保护野生动物制品，因科学研究、人工繁育、公众展示展演、文物保护或者其他特殊情况，需要出售、购买、利用国家重点保护野生动物制品的，需要申请行政许可并遵守相关使用程序；出售、利用有重要生态、科学、社会价值的陆生野生动物制品和地方重点保护野生动物制品的，应当提供合法来源证明。因此，与本法前述规定相一致，禁止为违反上述规定出售、购买、利用野生动物制品发布广告。

【关联规范】

《中华人民共和国广告法》第三条、第五条、第九条、第三十七条、第五十七条；《中华人民共和国野生动物保护法》第六条、第二十四条、第二十八条、第四十八条、第五十四条。

第三十三条　【禁止交易与服务场所违法提供服务】 禁止网络平台、商品交易市场、餐饮场所等，为违法出售、购买、食用及利用野生动物及其制品或者禁止使用的猎捕工具提供展示、交易、消费服务。

【条文主旨】

本条是关于禁止交易场所、餐饮服务场所为违法出售、购买、食用及利用野生动物及其制品或禁止使用的猎捕工具提供服务的规定。

【理解与适用】

我国部分民众对野生动物资源仍然存有大量需求，食用和非法交易野生动物的现象时有发生，在边境或偏远地区更为普遍。全面规制食用和利用野生动物的非法行为，不仅需要对消费端、生产端进行规制，还需要不断净化交易市场和服务场所，全面净化违法野生动物及其制品和违法猎捕工具的交易土壤。本法第六条第一款规定了禁止违法猎捕、运输、交易野生动物，第三十一条第一款规定了禁止食用国家重点保护野生动物和国家保护的有重要生态、科学、社会价值的陆生野生动物以及其他陆生野生动物，本条是从交易及服务场所的角度进行配合和回应。本条所禁止使用的猎捕工具，是指本法第二十四条规定的猎捕工具。

一、禁止网络平台、商品交易市场为违法出售、购买、食用及利用野生动物及其制品或者禁止使用的猎捕工具提供展示、交易、消费服务

我国对野生动物的食用及利用历史悠久，相应的交易市场也较为发达。当前，除餐饮场所等消费服务场所外，国内野生动物交易主要在传统的线下商品交易市场和新兴的线上网络交易平台进行。

传统的商品交易市场是出售、购买、食用和利用野生动物及其制品非法交易的重要场所，如农贸市场、宠物市场、花鸟鱼市场、药材市场、民间临时集市及边贸市场等，野生动物活体或其制品集中在这些场所进行出售。受制于买卖双方供求关系以及交通运输的局限，传统交易市场中的野生动物非法交易一般局限在一定地域范围内，具有交易的野生动物种类及数量较少、中间环节多、交易效率低以及参与人员群体较为固定等特点。

随着网络技术的发展，通过互联网交易平台进行市场交易逐渐兴起。网络交易平台也逐渐成为出售、购买、食用和利用野生动物及其制品的重要场所。高度发达的信息技术和交通运输网络，以及对线下交易的严格监管，进一步促成了国内外野生动物交易从线下发展到线上、从实体转移到网络。网络平台较传统的线下商品市场交易更具经济效益和效率。首先，违法交易野生动物的流程更加便捷高效，买方可以直接从非法猎捕者手中购买，省去了很多中间环节。其次，违法交易野生动物的隐蔽性更强，除传统的购物网站外，野生动物非法卖家通过各类社交软件分享野生动物相关的视频信息吸引潜在买家，再通过网络支付、快递邮寄等方式完成交易，买卖双方不需要面对面即可完成交易，使违法交易行为更为隐蔽。最后，地域跨度大、影响范围更广。线上网络不再受地理区域的限制，买卖双方可以在全国各地完成买卖行为，交易成本更低。非法交易野生动物的种类更加多样，可以满足药用、食用、宠物饲养或标本观赏、装饰品等多种用途，进一步加速了国内野生动物的交易频率。因此，网络平台交易逐渐成为非法野生动物交易的主流方式，加强对非法交易野生动物交易场所的规制首先应加大对网络平台交易的规范，禁止其为违法出售、购买、食用及利用野生动物及其制品或者禁止使用的猎捕工具提供展示和交易服务。

人类捕捉野生动物历史悠久，"没有买卖，就没有伤害"，非法交易野生动物的需求是非法猎捕行为的主要原因。现实中，违法使用猎捕工具，违背野生动物生长繁殖规律和有损动物福利的过度捕捉及滥捕行为频繁发生，不仅会导致野生动物种群数量急剧下降，加速生物多样性丧失，也会带来潜在的卫生和健康隐患。

二、禁止餐饮场所等，为违法出售、购买、食用及利用野生动物及其制品或者禁止使用的猎捕工具提供展示、交易、消费服务

本条新增了对餐饮场所的禁止性规定，也是对第三十一条禁食野生动物规定的呼应。由于传统饮食文化的影响，食用野生动物在我国仍然有一定的市场。运用法律的力量逐渐打破滥食和消费野生动物的陋习，需要对禁食野生动物开展全面规制。餐饮场所是食用野生动物的重要消费和服务场所，近年来在餐饮场所非法食用"野味"的现象也时有发生，所涉种类较多。餐饮场所非法食用野生动物不仅减损了野生动物种群数量，而且在对活禽或鸟类等展示、宰杀过程中，也容易带来食源性风险，有损公共卫生和公众健康安全。因此，革除滥食野生动物的陋习，既要从消费端对公众开展宣传教育，还要禁止餐饮服务和交易场所从事相关交易服务。

【适用特别提示】

对网上野生动物交易进行规制的法律主要是野生动物保护法和电子商务法。野生动物保护法对包括网络平台在内的野生动物交易场所进行全面规制；电子商务法是规范电子商务行为以维护市场秩序的法律，对通过互联网等信息网络销售商品或者提供服务的经营活动进行全面规范。遵守法律和商业道德，履行环境保护义务是电子商务经营者的基本义务。网络平台开展交易过程中需遵守这两部法律的相关要求。

【关联规范】

《中华人民共和国野生动物保护法》第六条、第二十八条、第三十一条、第五十五条；《中华人民共和国电子商务法》第五条。

> **第三十四条 【运输、携带、寄递野生动物及其制品的要求】** 运输、携带、寄递国家重点保护野生动物及其制品，或者依照本法第二十九条第二款规定调出国家重点保护野生动物名录的野生动物及其制品出县境的，应当持有或者附有本法第二十一条、第二十五条、第二十八条或者第二十九条规定的许可证、批准文件的副本或者专用标识。
>
> 运输、携带、寄递有重要生态、科学、社会价值的陆生野生动物和地方重点保护野生动物，或者依照本法第二十九条第二款规定调出有重要生态、科学、社会价值的陆生野生动物名录的野生动物出县境的，应当持有狩猎、人工繁育、进出口等合法来源证明或者专用标识。
>
> 运输、携带、寄递前两款规定的野生动物出县境的，还应当依照《中华人民共和国动物防疫法》的规定附有检疫证明。
>
> 铁路、道路、水运、民航、邮政、快递等企业对托运、携带、交寄野生动物及其制品的，应当查验其相关证件、文件副本或者专用标识，对不符合规定的，不得承运、寄递。

【条文主旨】

本条是关于运输、携带、寄递野生动物及其制品的要求的规定。

【理解与适用】

我国围绕野生动物的保护利用已经形成了完整的第一、第二、第三产业链条。在野生动物繁育基础上，形成了较为完整的野生动物的仓储、运输、携带及寄递产业。运输、携带、寄递是交易及利用野生动物及制品的重要环节。尤其是在网络平台交易的情形下，野生动物的出售、购买需要借助运输、携带及寄递等传输环节才能实现。因此，加强对非法交易和利用野生动物的监管，需要对中间的传输环节进行规制，以实现全过程监管，有利于从源头上保护野生动物，从而在严格规制野生动物的猎捕与利用行为基础上形成野生动物保护的完整链条，也避免不当输送野生动物及其制品给人们带来潜在卫生和健康隐患。

一、运输、携带、寄递相关野生动物及其制品应持有或附有规定的许可证、批准文件的副本或者专用标识

本条扩充了原法第三十三条中规定的运输、携带、寄递的野生动物的范围，由原法第三十三条中的"国家重点保护野生动物"拓展为"国家重点保护野生动物""国家重点保护野生动物名录的野生动物""有重要生态、科学、社会价值的陆生野生动物和地方重点保护野生动物"和"有重要生态、科学、社会价值的陆生野生动物名录的野生动物"四类，并对不同保护种类和级别的野生动物进行分别处理。针对第一类野生动物，即运输、携带、寄递国家重点保护野生动物及其制品的，应当持有或者附有本法第二十一条、第二十五条、第二十八条或者第二十九条规定的许可证、批准文件的副本或者专用标识。针对第二类野生动物，即依照本法第二十九条第二款规定国家重点保护野生动物名录的野生动物及其制品，只有在调出县境的情况下，才需持有或者附有本法第二十一条、第二十五条、第二十八条或者第二十九条规定的许可证、批准文件的副本或者专用标识。

二、运输、携带、寄递相关野生动物或调出相关野生动物出县境的，应当持有狩猎、人工繁育、进出口等合法来源证明或者专用标识

与第一款类似，针对第三类野生动物，即运输、携带、寄递有重要生态、科学、社会价值的陆生野生动物和地方重点保护野生动物，应当持有狩猎、人工繁育、进出口等合法来源证明或者专用标识。针对第四类野生动物，即依照本法第二十九条第二款规定有重要生态、科学、社会价值的陆生野生动物名录的野生动物及其制品，只有在调出县境的情况下，才要求持有狩猎、人工繁育、进出口等合法来源证明或者专用标识。

三、运输、携带、寄递相关野生动物出县境的，还应当依照《中华人民共和国动物防疫法》的规定附有检疫证明

本次修法在原法第三十三条的基础上优化了关于检疫证明的条文表述。原法第三十三条前两款规定均要求检疫证明。本次修法对此单列一款，运输、携带、寄递前两款规定的四类野生动物出县境的，应当依照《中华人民共和国动物防疫法》的规定附有检疫证明。针对野生动物的保护类别，我国对野生动物的交易及使用等环节设置了猎捕证、人工繁育许可证等行政许可以及检验检疫要求。检验检疫机构按照有关法律、行政法规，制定具体的行政规章和措施，对出入境的野生动物及其制品进行检疫监督管理，以保证野生动物及其制品的质量、保障人民群众的健康，维护正常经济秩序。

本条关于野生动物检疫的内容与相关立法规范存在一定的交叉重合。动物防疫法第二十条第三款规定，县级以上人民政府应当完善野生动物疫源疫病监测体系和工作机制，野生动物保护、农业农村主管部门按照职责分工做好野生动物疫源疫病监测等工作；第五十条第一款规定，因科研、药用、展示等特殊情形需要非食用性利用的野生动物，应当按照国家有关规定报动物卫生监督机构检疫，检疫合格的，方可利用。人工捕获的野生动物，应当按照国家有关规定报捕获地动物卫生监督机构检疫，检疫合格的，方可饲养、经营和运输。由此可见，"检疫合格"是人工繁育的野生动物进入市场流通的前提条件。农业农村部于2022年颁布的《动物检疫管理办法》全面规定了动物检疫的主管部门、检疫内容及流程、法律责任等。同时，根据原国家林业局于2013年颁布的《陆生野生动物疫源疫病监测防控管理办法》（国家林业局令2013年第31号）[①]的规定，县级以上人民政府林业部门，根据需要在人工繁育陆地野生动物集约区，建立流行性疾病监测站，执行检测监控职责，发现问题，按照规定报告和通报卫生部门处置。我国人工繁育野生动物相关的卫生防疫制度比较健全，从人工繁育野生动物到人工繁育野生动物流入市场均作了相应卫生防疫要求。传染病防治法第二十五条第二款规定，与人畜共患传染病有关的野生动物，经检疫合格后，方可出售、运输；传染病防治法第七十五条规定，未经检疫出售、运输与人畜共患传染病有关的野生动物、家畜家禽的，由县级以上地方人民政府畜牧兽医行政部门责令停止违法行为，并依法给予行政处罚。

四、铁路、道路、水运、民航、邮政、快递等企业对托运、携带、交寄野生动物及其制品的，应当查验其相关证件、文件副本或者专用标识，对不符合规定的，不得承运、寄递

本条第四款为本次修法新增内容，增加了对铁路、道路、水运、民航、邮政、快递等企业的义务性规定，即对托运、携带、交寄野生动物及其制品的，应当查验其相关证件、文件副本或者专用标识，对不符合规定的，不得承运、寄递。随着野生动物网络交易不断增多，铁路、道路、水运、民航、邮政、快递等物流运输企业发挥着日益重要的作用，成为助推非法野生动物交易的重要因素。加大对违法野生动物交易的规制，需加强对野生动物的运输、携带及寄递进行规制，除对当事人自身携带进行规制

---

① 载中国政府网，http://www.gov.cn/gongbao/content/2013/content_2404712.htm，最后访问日期：2023年1月15日。

外，还需对托运人和承运人双方进行全面规制，方能从根本上规范野生动物的运输、寄递等传输行为。其中，根据邮政法第八十四条的规定，寄递指的是将信件、包裹、印刷品等物品按照封装上的名址递送给特定个人或者单位的活动，包括收寄、分拣、运输、投递等环节。

【关联规范】

《中华人民共和国野生动物保护法》第二十一条、第二十五条、第二十八条、第二十九条；《中华人民共和国动物防疫法》第二十条、第二十九条、第四十九条、第五十条、第五十一条、第五十二条、第九十七条、第一百条；《中华人民共和国邮政法》第八十四条；《中华人民共和国传染病防治法》第二十五条；《动物检疫管理办法》。

> **第三十五条　【相关部门的职责分工及执法协调机制】**
> 县级以上人民政府野生动物保护主管部门应当对科学研究、人工繁育、公众展示展演等利用野生动物及其制品的活动进行规范和监督管理。
> 　　市场监督管理、海关、铁路、道路、水运、民航、邮政等部门应当按照职责分工对野生动物及其制品交易、利用、运输、携带、寄递等活动进行监督检查。
> 　　国家建立由国务院林业草原、渔业主管部门牵头，各相关部门配合的野生动物联合执法工作协调机制。地方人民政府建立相应联合执法工作协调机制。
> 　　县级以上人民政府野生动物保护主管部门和其他负有野生动物保护职责的部门发现违法事实涉嫌犯罪的，应当将犯罪线索移送具有侦查、调查职权的机关。
> 　　公安机关、人民检察院、人民法院在办理野生动物保护犯罪案件过程中认为没有犯罪事实，或者犯罪事实显著轻微，不需要追究刑事责任，但应当予以行政处罚的，应当及时将案件移送县级以上人民政府野生动物保护主管部门和其他负有野生动物保护职责的部门，有关部门应当依法处理。

【条文主旨】

本条是野生动物保护法关于野生动物保护相关部门的职责分工及执法协调机制的规定。本次修法对原法第三十四条作了修改补充。

【理解与适用】

一、野生动物保护主管部门与相关部门的职责分工

本条第一款规定，县级以上人民政府野生动物保护主管部门应当对科学研究、人工繁育、公众展示展演等利用野生动物及其制品的活动进行规范和监督管理。该规定在原法第三十四条第一款基础上作了扩充，增加规定县级以上人民政府野生动物保护主管部门负有对科学研究、人工繁育、公众展示展演等利用野生动物及其制品的活动进行规范的职责。本款意在强调县级以上人民政府野生动物保护主管部门需对利用野生动物及其制品的活动加强规范管理，即承担起更多的管理职责，使其更加合乎约定俗成或法律政策规定的标准。该款也是对本法第七条第二款中规定的县级以上地方人民政府林业草原、渔业主管部门监管职责的具体补充。

本条第二款规定，市场监督管理、海关、铁路、道路、水运、民航、邮政等其他相关部门按照职责分工对野生动物及其制品交易、利用、运输、携带、寄递等活动进行监督检查。野生动物及其制品的消费和利用涉及交易、利用、运输、寄递等一系列环节。本法第三十一条至第三十三条分别规定了消费者、生产经营者、广告经营者以及交易场所、餐饮服务场所在野生动物及其制品消费利用方面的要求。本条第二款在此基础上相应规定了主管及相关部门的职责，并在原法第三十四条第二款基础上作了修改补充，对相关部门即市场监督管理、海关、铁路、道路、水运、民航、邮政等部门进行了详细列举，使相关部门更加明确、更具可操作性。在中央层面，国务院林业草原、渔业主管部门负责全国陆生、水生野生动物保护工作，县级以上政府的林业、草原和渔业主管部门主管本行政区域内的陆生、水生野生动物保护工作；市场监督管理部门负责对野生动物及其制品交易活动进行监督管理；海关部门负责制定并组织实施进出境运输工具、货物和物品的监管，出入境卫生检疫、出入境动植物及其产品检验检疫等；铁路、道路、水运、民航及邮政等部门则负责对野生动物及其制品的运输、携带、寄递等活动进行监管。

此外，第二款还对开展监督检查的活动种类进行了修改补充，将"出

售、购买"简化为"交易",增加对"携带"野生动物及其制品监督检查的规定。

二、国家和地方政府建立由林业草原、渔业主管部门牵头,各相关部门配合的野生动物联合执法工作协调机制

本条新增第三款,规定了中央与地方相关部门的联合执法工作协调机制。野生动物及其制品监管涉及林业、草原、渔业主管部门及诸多上述相关部门,这些部门在管理范围和职责方面存在一定交叉重叠,而"协调机制不健全,在信息共享上也存在障碍,执法过程中往往从本部门的视角出发,难以进行统一的领导和协调"①。而且,执法实践中存在执法不严、违法不究的情形,这也是造成野生动物监管不力的重要原因。野生动物保护监管执法是一个有机整体,只有加强各相关部门间的协同配合,才能有效规制野生动物及其制品相关的活动,并有助于解决跨区域、跨领域的野生动物监管面临的问题。

三、野生动物保护行政执法部门与公安机关、人民检察院、人民法院等司法机关的衔接协调机制

本条新增第四款和第五款,即野生动物行政执法与刑事司法的衔接机制。国务院于2001年7月9日公布的《行政执法机关移送涉嫌犯罪案件的规定》(国务院令第310号,后于2020年修改)中首次对行政执法与刑事司法的衔接作出规定,确立了行政执法机关与公安司法机关之间行政执法与刑事司法衔接制度的框架和具体程序,有利于进一步推动依法行政与公正司法,对我国依法治国建设也具有重要的意义。《行政执法机关移送涉嫌犯罪案件的规定》② 以及行政处罚法第二十七条第一款全面规定了行政机关与司法机关的双向衔接配合机制,即违法行为涉嫌犯罪的,行政机关应当及时将案件移送司法机关,依法追究刑事责任。对依法不需要追究刑事责任或者免予刑事处罚,但应当给予行政处罚的,司法机关应当及时将案件移送有关行政机关。

近年来,涉野生动物刑事案件多发,严重威胁到我国的野生动物保护工作。刑法在第一百五十一条第二款规定了走私珍贵动物、珍贵动物制品罪,在第三百四十一条规定了危害珍贵、濒危野生动物罪,非法狩猎罪和非法猎捕、收购、运输、出售陆生野生动物罪。野生动物保护主管及相关

---

① 李洪雷、戴杕:《我国野生动物立法的检视与完善》,载《浙江学刊》2020年第3期。
② 《行政执法机关移送涉嫌犯罪案件的规定》,载中国政府网,http://www.gov.cn/zhengce/2020-12/26/content_ 5574493.htm,最后访问日期:2023年1月15日。

部门在开展行政许可、执法、宣传、救护及野外监测过程中,往往更容易发现本行政区域内常见、多发的野生动物违法犯罪案件,可以为公安司法机关办理野生动物犯罪案件提供有力线索,从而有效打击野生动物犯罪行为。此外,由于野生动物执法部门在执法中具有一定自由裁量权,在处理野生动物违法犯罪案件时,受执法水平等因素影响,可能处以行政处罚而未及时将案件移交司法部门进行进一步侦查和调查,从而对野生动物保护造成不利影响。因此,本条第四款规定,县级以上人民政府野生动物保护主管部门和其他负有野生动物保护职责的部门发现违法事实涉嫌犯罪的,应当将犯罪线索移送具有侦查、调查职权的机关。刑事诉讼法第十九条第一款和第二款规定,刑事案件的侦查由公安机关进行,法律另有规定的除外……对于公安机关管辖的国家机关工作人员利用职权实施的重大犯罪案件,需要由人民检察院直接受理的时候,经省级以上人民检察院决定,可以由人民检察院立案侦查;第一百九十六条规定,法庭审理过程中,合议庭对证据有疑问的,可以宣布休庭,对证据进行调查核实。人民法院调查核实证据,可以进行勘验、检查、查封、扣押、鉴定和查询、冻结。因此,第四款所指的具有侦查、调查职权的机关主要为公安机关、检察院与法院等司法部门。

为加强对野生动物违法犯罪案件的综合治理,推动相关行政部门加强对野生动物的行政执法和管理,还需要司法部门发挥主动性,从而推动野生动物保护行政执法与刑事司法形成双向衔接的局面。因此本条第五款规定,公安机关、人民检察院、人民法院在办理野生动物保护犯罪案件过程中认为没有犯罪事实,或者犯罪事实显著轻微,不需要追究刑事责任,但应当予以行政处罚的,应当及时将案件移送县级以上人民政府野生动物保护主管部门和其他负有野生动物保护职责的部门,有关部门应当依法处理。

【关联规范】

《中华人民共和国刑法》第一百五十一条、第三百四十一条;《中华人民共和国野生动物保护法》第七条、第三十一条、第三十二条、第三十三条;《中华人民共和国行政处罚法》第二十七条;《行政执法机关移送涉嫌犯罪案件的规定》。

> **第三十六条 【有关部门有权采取的执法措施】** 县级以上人民政府野生动物保护主管部门和其他负有野生动物保护职责的部门，在履行本法规定的职责时，可以采取下列措施：
> （一）进入与违反野生动物保护管理行为有关的场所进行现场检查、调查；
> （二）对野生动物进行检验、检测、抽样取证；
> （三）查封、复制有关文件、资料，对可能被转移、销毁、隐匿或者篡改的文件、资料予以封存；
> （四）查封、扣押无合法来源证明的野生动物及其制品，查封、扣押涉嫌非法猎捕野生动物或者非法收购、出售、加工、运输猎捕野生动物及其制品的工具、设备或者财物。

【条文主旨】

本条是关于野生动物保护主管部门和相关部门有权采取的执法措施的规定。

【理解与适用】

本条是本次修订新增加的内容，主要规定了县级以上人民政府野生动物保护主管部门和其他负有野生动物保护职责的部门在执法时，可以采取的措施。主要包括以下方面：

一、进入与违反野生动物保护管理行为有关的场所进行现场检查、调查

行政检查是行政主体对公民、法人和其他组织遵守法律、法规、规章以及行政决定进行查看、了解的行为。行政调查是行政主体为查明事实或收集证据依据法律或职权对行政相对人进行考察和收集证据的行为。行政检查、调查是行政机关获取信息、取得证据材料并据此作出行政决定的必要程序和基本手段。[①] 其中，行政调查与行政许可、行政处罚、行政（强制）执行等具体行政行为具有密切联系，行政决定的作出都需要以经过合法调查、确认的事实和证据资料为判断依据。

---

① 参见李素贞：《行政调查：制度的探索》，载《北京化工大学学报（社会科学版）》2015年第4期。

一般情况下，野生动物保护主管部门和其他相关部门根据职责要求也会对行政相对人开展日常检查工作，以发挥对野生动物保护工作的监督及评价职能，从而及早发现潜在的野生动物违法犯罪行为。在出现违反野生动物保护管理法律政策的行为时，有关部门可以进入相关场所如野生动物展示场所、交易场所、餐饮消费场所等进行现场检查、调查，以更全面地了解野生动物展示、利用、交易及消费的真实情况，有利于及时掌握违法行为的证据，从而为后续调查取证奠定基础。因而，有关部门的现场检查或调查也是其作出行政处罚或者其他行政决定的前提。

二、对野生动物进行检验、检测、抽样取证

检验、检测主要依据国家和法律授权，根据有关标准或规范等要求，运用一定技术手段对被检验对象的质量、数量、安全、卫生等采取的行政措施。通过开展检验、检测可以为野生动物保护相关部门实施监管和作出行政决定提供技术支持。检验、检测本身也可以作为是一种证明方式，如根据行政许可法第三十九条第二款的规定，行政机关实施检验、检测的，可以在检验、检测合格的设备、设施、产品、物品上加贴标签或者加盖检验、检测印章。

调查取证是野生动物保护相关部门开展监管和执法的重要环节，取证工作质量的高低直接关系着案件处理的准确性。相关部门执法过程中涉及的野生动物及其制品是重要的物证，对其鉴定的准确性和可靠性影响着法律的公信力和行政相对人的合法权益。但很多野生动物保护执法案件中往往涉及数量众多的野生动物，而野生动物的活体或死体又具有难保存的特点，因而很难在短时间内对具有同质性的野生动物或制品全部进行检验或鉴定。为了降低执法成本、提升执法效率，可以采用抽样取证的方法。随机抽样的理论方法经过多年的发展，已经相对成熟完善，且被广泛应用于各个行政执法领域，比如海关、卫生、检验检疫、市场监督管理等领域，已成为我国行政执法过程中的一种重要取证方式。[1] 抽样取证是指从待检验或鉴定的野生动物中随机抽取一定数量作为样本，通过对样本的检验或鉴定，以此证明全部野生动物的属性。

三、查封、复制有关文件、资料，对可能被转移、销毁、隐匿或者篡改的文件、资料予以封存

调查取证的对象不仅包括相关场所和物证，还包括书证、视听资料等

---

[1] 参见刘大伟、杨如显等：《破坏野生动物资源案件中的抽样取证研究》，载《贵州警察学院学报》2020年第1期。

书面材料，比如进出口商品合同、检验检疫证明、进出口许可证等相关资料。野生动物保护主管部门和相关部门在执法调查时，对与同案件事实有联系、可能证明案件客观情况的材料都要纳入收集范围。查封是行政机关在执法过程中，针对违法物品所采取的行政强制措施，根据行政强制法第二条第二款规定，行政强制措施是指行政机关在行政管理过程中，为制止违法行为、防止证据损毁、避免危害发生、控制危险扩大等情形，依法对公民的人身自由实施暂时性限制，或者对公民、法人或者其他组织的财物实施暂时性控制的行为。扣押指的是野生动物主管或相关部门为预防、制止或控制社会危害行为的发生，依法对有关野生动物及其制品加以暂时性限制，使其保持一定状态，一般由行政机关对公民、法人或者其他组织的场所、设施或者物品就地封存，不允许任何组织和个人使用和处分，以防止转移隐匿或毁损灭失的措施。有关部门在提取相关书面资料时，为保证真实性，最好提取原件，对于无法提取原件的，要进行复制。此外，为及时查明事实，避免证据被毁坏或丢失，对于无法从所有者处取走的有关文件、资料，应予以查封，对于可能被转移、销毁、隐匿或者篡改的文件、资料，应予以封存。

四、查封、扣押无合法来源证明的野生动物及其制品，查封、扣押涉嫌非法猎捕野生动物或者非法收购、出售、加工、运输猎捕野生动物及其制品的工具、设备或者财物

扣押也是行政机关在执法过程中，针对违法物品所采取的行政强制措施。查封一般是对不宜移动的实物就地封存，不移转到行政机关。扣押则是行政机关强制扣留公民、法人或者其他组织的实物，限制其占有和处分的措施，以使实物转移至行政机关的控制之下。[①]

野生动物及其制品在无合法来源证明时，有可能会对公共卫生和生态环境造成危害。因此，野生动物主管或相关部门可以对无合法来源证明的野生动物及其制品采取查封、扣押措施，待查明来源之后作出最终处理决定。

有关部门在未查明违法事实之前，涉嫌非法猎捕野生动物或者非法收购、出售、加工、运输猎捕野生动物及其制品的工具、设备或者财物是否属于违法物品处于待定状态。为防止违法行为人毁灭证据或进一步对社会造成危害，野生动物主管或相关部门也可以采取查封、扣押措施。

---

① 参见李宝记：《"查封、扣押"的行政法律适用》，载《武汉公安干部学院学报》2015年第2期。

【适用特别提示】

本条内容与行政强制法、行政处罚法、行政许可法、动物防疫法、进出口商品检验检疫法等法律存在交叉重合之处。具体表现在：行政强制法在第九条规定了作为行政强制措施的查封场所、设施或者财物，扣押财物；在第十条第一款强调行政强制措施由法律设定，为本法第三十六条奠定了立法基础；在第二十二条至第二十八条全面规定了查封扣押的主体、对象、程序、决定、期限、后续处理及解除等要求。行政处罚法第五十四条第一款规定，除可以当场作出的行政处罚外，行政机关发现公民、法人或者其他组织有依法应当给予行政处罚的行为的，必须全面、客观、公正地调查，收集有关证据；必要时，依照法律、法规的规定，可以进行检查；第五十六条规定，行政机关在收集证据时，可以采取抽样取证的方法；在证据可能灭失或者以后难以取得的情况下，经行政机关负责人批准，可以先行登记保存，并应当在七日内及时作出处理决定，在此期间，当事人或者有关人员不得销毁或者转移证据。行政许可法第二十八条规定了对设备、设施、产品、物品的检验、检测主体及法律责任；第三十九条第二款规定了行政机关实施检验、检测的，可以在检验、检测合格的设备、设施、产品、物品上加贴标签或者加盖检验、检测印章；第四十四条、第四十五条、第五十五条规定了行政机关加盖检验、检测印章的时限以及其他程序要求；第六十二条规定了行政机关进行抽样检查、检验、检测的要求。动物防疫法第七十六条第一款规定了县级以上地方人民政府农业农村主管部门执行监督检查任务，可以对动物、动物产品按照规定采样、留验、抽检；对染疫或者疑似染疫的动物、动物产品及相关物品进行隔离、查封、扣押和处理。进出口商品检验法对进口、出口商品的检验、监督管理及法律责任进行了全面规定。产品质量法第十五条第一款规定了国家对产品质量实行以抽查为主要方式的监督检查制度。

【关联规范】

《中华人民共和国行政强制法》第九条、第十条、第十六条、第二十二条、第二十三条、第二十四条、第二十五条、第二十六条、第二十七条、第二十八条；《中华人民共和国行政许可法》第二十八条、第三十九条、第四十四条、第五十五条、第六十二条；《中华人民共和国行政处罚法》第五十四条、第五十五条、第五十六条；《中华人民共和国动物防疫法》第五十九条、第七十六条；《中华人民共和国野生动物保护法》第七条；《中华人民共和国产品质量法》第十五条；《中华人民共和国进出口商品检验法》；《中华人民共和国进出境动植物检疫法》。

> **第三十七条　【进出口管理】**中华人民共和国缔结或者参加的国际公约禁止或者限制贸易的野生动物或者其制品名录，由国家濒危物种进出口管理机构制定、调整并公布。
>
> 进出口列入前款名录的野生动物或者其制品，或者出口国家重点保护野生动物或者其制品的，应当经国务院野生动物保护主管部门或者国务院批准，并取得国家濒危物种进出口管理机构核发的允许进出口证明书。海关凭允许进出口证明书办理进出境检疫，并依法办理其他海关手续。
>
> 涉及科学技术保密的野生动物物种的出口，按照国务院有关规定办理。
>
> 列入本条第一款名录的野生动物，经国务院野生动物保护主管部门核准，按照本法有关规定进行管理。

【条文主旨】

本条是关于野生动物及其制品进出口管理的规定。

【理解与适用】

本条对原法第三十五条作了修改补充，主要内容包括以下方面：

一、中华人民共和国缔结或者参加的国际公约禁止或者限制贸易的野生动物或者其制品名录，由国家濒危物种进出口管理机构制定、调整并公布

本条第一款保留了原法第三十五条第一款的内容。随着全球经济及一体化进程的不断发展，国际野生动物及其制品的贸易种类及贸易量都有了很大变化和大幅增加，野生动物及其制品的交易几乎遍布全球。全球对野生动物及其制品的巨大需求受经济利益驱使，产生了大量的非法贸易，比如虎骨、犀牛角、象牙等稀有动物制品交易，严重影响了正常的野生动物国际贸易秩序和国内野生动物保护工作。保护野生动物、打击非法野生动物贸易活动是全人类的共同责任和义务，为此各国达成共识，通过签署国际公约并设立相关的国际组织对非法贸易行为进行规制。全球范围内致力于规制野生动物贸易以保护野生动物的公约主要是《濒危野生动植物种国际贸易公约》；世界动物保护协会（WAP）、国际野生生物保护学会（WCS）、国际野生物贸易研究组织（TRAFFIC）、国际刑警组织（Interpol）、全球环境基金会（GEF）等国际组织在打击野生动物非法交易行动中也发挥了积极作用；此外，各国通过国际打击野生动植物犯罪联盟（ICCWC）建立了国际执法合作机制。全面了解掌握上述公约的内容和国际组织对野生动物及其制品贸易的最新要求，对做好我国野生动物及其制品的进出口管理工作具有重要意义。

《濒危野生动植物种国际贸易公约》，又称《华盛顿公约》（CITES），是当今普遍认可的全球性规制野生动物贸易的公约，该公约旨在加强管制而非完全禁止野生动植物贸易，从而推动各缔约国间野生动植物的可持续贸易，以防止过度开发利用野生动植物资源。公约于1973年在美国华盛顿签署，1975年7月1日生效，我国于1980年加入CITES，并于1981年4月8日正式在国内生效。CITES规定通过物种分级和许可证的方式实现野生动植物贸易的有序发展。CITES对野生物种种群及人工繁育进行了界定。根据野生动植物物种的现存状况，CITES将物种分为三类，作为公约附录Ⅰ、Ⅱ、Ⅲ，并针对每个附录规定了明确的贸易管理措施。其中附录Ⅰ包括所有受到和可能受到贸易影响而有灭绝危险的物种，这些物种的贸易必须受到严格管理；严格禁止此类物种的商业性国际贸易，并对非商业性国际贸易做出限制，只有在特殊的情况下才能允许进行贸易，以防止该类物种的生存受到进一步威胁。附录Ⅱ包括所有虽未濒临灭绝，但如果不对贸易严格管理，有可能出现灭绝风险的物种，因此需要控制此类物种的贸易，将其进出口限制在对其生存没有威胁的水平。附录Ⅲ是成员国认为其自身管辖范围内，应进行管理并限制开发利用，而需要其他成员国加强合作控制的物种。[①] 我国是世界主要的野生动物进出口大国之一，自加入该公约以来一直积极履行公约义务，采取并实施了一系列禁止对濒危野生动物以及我国重点保护野生动物贸易的措施，进一步推动我国濒危野生动物保护工作，为保护国际动植物物种做出巨大贡献。

---

① 参见《濒危野生动植物种国际贸易公约》，载商务部网站，http://www.mofcom.gov.cn/article/zhongyts/ci/200207/20020700032130.shtml，最后访问日期：2023年1月15日。

二、进出口名录中的相关野生动物及其制品需遵守一定程序并获得进出口证明书及其他手续

本条第二款规定，进出口列入前款名录的野生动物或者其制品，或者出口国家重点保护野生动物或者其制品的，应当经国务院野生动物保护主管部门或者国务院批准，并取得国家濒危物种进出口管理机构核发的允许进出口证明书。海关凭允许进出口证明书办理进出境检疫，并依法办理其他海关手续。

我国自加入 CITES 后即根据该公约要求加强对野生动物国际贸易的监管，相应完善了进出口贸易许可证制度，对野生动物贸易采取严格的许可方式，以有效打击野生动物及其制品的非法进出口及走私活动，从而促进了我国野生动物及其制品贸易的良性发展，维护正常的全球野生动物贸易秩序。原林业部、农业部于 1989 年 1 月首次发布了《国家重点保护野生动物名录》，并在 2003 年和 2020 年分别将麝类、穿山甲属所有种调升为国家一级保护野生动物。2021 年初，国家林业和草原局、农业农村部对该名录进行了调整。此外，针对"三有"动物，原国家林业局于 2000 年发布了《国家保护的有益的或者有重要经济、科学研究价值的陆生野生动物名录》，至今未作调整。

海关是我国的出入境监督管理部门，担负着维护国家经济利益和生态安全的使命。海关法第二十四条第一款规定，进口货物的收货人和发货人应当向海关交验进出口许可证件和有关单证。对于国家限制进出口的货物，没有进出口许可证件的，海关不予放行。第二十七条规定，进口货物的收货人经海关同意，可以在申报前查看货物或者提取货样。需要依法检疫的货物，应当在检疫合格后提取货样。进出境动植物检疫法是规制我国进出境动植物检疫的专门性法律，该法规定我国对进出境的动植物、动植物产品和其他检疫物需依法实施检疫；国务院设立动植物检疫机关，由国务院农业行政主管部门主管全国进出境动植物检疫工作，并全面规定了进境检疫，出境检疫，过境检疫，携带、邮寄物检疫的具体要求及法律责任。此外，动物防疫法第二十条第二款规定，科技、海关等部门在开展动物疫病监测预警工作时定期与农业农村主管部门互通情况，紧急情况及时通报；同时第五十二条第二款规定，进出口动物和动物产品，承运人需凭进口报关单证或者海关签发的检疫单证运递。因此，本条第二款对原法第三十五条第二款做了相应修改，不再规定由海关实施进出口检疫，而是规定海关凭允许进出口证明书办理进出境检疫，并依法办理其他海关手续。

三、涉及科学技术保密的野生动物物种的出口管理

本条第三款未对原法进行修改，即涉及科学技术保密的野生动物物种的出口，按照国务院有关规定办理。我国野生动植物资源丰富，保存着丰富的遗传资源和基因多样性，涉及我国生物多样性保护和国家生态安全，是我国的重要战略资源。依据保守国家秘密法的规定，科学技术中的秘密事项涉及国家安全和利益，应当确定为国家秘密。

四、对国际条约规定的名录中野生动物的管理

本条第四款对原法第三十五条第四款作了修改，即列入本条第一款名录的野生动物，经国务院野生动物保护主管部门核准，不再明确按照国家重点保护的野生动物管理，而是根据法律动态调整开展管理工作。

【关联规范】

《中华人民共和国野生动物保护法》第三十五条、第四十条、第五十六条；《中华人民共和国海关法》第二十四条、第二十七条；《中华人民共和国动物防疫法》第二十条、第五十条；《中华人民共和国保守国家秘密法》第九条；《中华人民共和国进出境动植物检疫法》；《中华人民共和国濒危野生动植物进出口管理条例》；《中华人民共和国保守国家秘密法实施条例》；《国家重点保护野生动物名录》。

第三十八条 【遗传资源保护】 禁止向境外机构或者人员提供我国特有的野生动物遗传资源。开展国际科学研究合作的，应当依法取得批准，有我国科研机构、高等学校、企业及其研究人员实质性参与研究，按照规定提出国家共享惠益的方案，并遵守我国法律、行政法规的规定。

【条文主旨】

本条是此次修改的新增条文，规定中国特有的野生动物遗传资源只能以特定方式开展国际科学研究合作。

【理解与适用】

禁止向境外提供中国特有的野生动物遗传资源，有着特定的历史背景

和国际法基础。在全球化进程中,一种被称为"生物盗版"(bio-piracy)的行为始终存在。① 为了应对这种行为,本法第十七条规定国家加强对野生动物遗传资源的保护。在此基础上,本条作为新增条文进一步禁止中国公民或科研机构向境外提供中国特有的野生动物遗传资源。

一、中国特有的野生动物遗传资源

我国是最早批准和加入《生物多样性公约》(Convention on biologicaldiversity, CBD)的国家之一。根据该公约第二条,遗传资源是指"具有实际或潜在价值的遗传材料"。野生动物遗传资源是生物遗传资源的重要类型,具有重要的科研价值、生态价值和经济价值。野生动物遗传资源主要包括野生动物遗传资源材料和野生动物遗传资源信息。野生动物遗传资源材料是指含有基因组、基因等遗传物质的器官、组织、细胞等遗传材料。② 野生动物遗传资源信息是指利用野生动物遗传资源材料产生的野生动物基因、基因组数据等信息资料。中国幅员辽阔,自然环境复杂,拥有从寒温带到热带的各类森林、荒漠、湿地、草原和海洋生态系统,蕴藏着丰富的野生动物遗传资源。从人类驯化动物的历史来看,中国也是猪、鸡、牦牛、沼泽型水牛等畜禽驯化起源中心之一。③ 需要注意的是,本条的"我国特有的野生动物遗传资源"应作扩大解释。本条保护的遗传资源不限于中国独有的野生动物,也包括那些主要分布在中国但在周边邻国境内也有一定分布的野生动物种类,以及那些原产于我国但在其他国家也有繁育的野生动物种类。

二、禁止向境外提供中国特有野生动物遗传资源的历史背景

19世纪以来,西方国家凭借先进的科学技术在广大发展中国家以各种方式获取包括野生动物在内的各种生物遗传资源。在药品、医疗、生物、农业、食品等领域,许多西方国家的跨国公司从发展中国家取得动植物等生物遗传资源后,利用生物、化学技术将其转化为科技产品,再依靠专利制度寻求对这些资源和技术的垄断性、排他性专利保护,进而阻断和对抗

---

① 郑成思:《对二十一世纪知识产权研究的展望》,载《中国法学》1999年第6期;高建伟、须建楚:《论基因的专利法律保护》,载《政治论坛》2000年第4期;李顺德:《TAIPs新一轮谈判及知识产权同际保护的新发展》,载《知识产权》2003年第3期。

② 关于遗传资源的概念发展,参见薛达元:《〈生物多样性公约〉新里程碑:〈名古屋ABS议定书〉(上)》,载《环境保护》2010年第23期;斜晓东、黄秀蓉:《当"现代的利益博弈"转向"传统的遗传资源领域":遗传资源知识产权惠益分配失衡的深层根源及其矫正原理研究》,载《法治研究》2015年第2期。

③ 孙名浩、李颖硕、赵富伟:《生物遗传资源保护、获取与惠益分享现状和挑战》,载《环境保护》2021年第21期。

原产国对该资源的经济利用和权利主张。当这些发展中国家试图引进、采用或自行研发相关科技产品时，无法绕开西方企业的专利保护，往往必须承担高昂的经济成本。① 从知识产权制度来看，虽然许多发展中国家拥有大量野生动物遗传资源，但开发利用野生动物遗传资源的往往是掌握先进生物技术的西方国家大型跨国公司。② 同样，许多野生动物遗传资源以科学研究、旅游、合法贸易等方式被提供给境外机构或人员，导致中国野生动物遗传资源大量流失。面对"生物盗版"的严峻形势，有必要有针对性地强化法律规制，推进来源披露与事先知情同意制度，借助共同商定条件等路径，进而推进遗传资源的可持续保护与知识产权惠益的公平分享。③

三、禁止向境外提供中国特有野生动物遗传资源的国际法基础

20世纪后期，在发展中国家的共同努力下，国际社会共同制定了一系列国际准则，共同反对上述带有掠夺色彩的"生物盗版"行为。④ 1992年6月，各国签署了《生物多样性公约》，承认遗传资源的国家主权原则，并要求资源利用国应与资源提供国公平公正地分享由使用遗传资源及相关传统知识所产生的惠益。在《生物多样性公约》序言中，各缔约国"重申各国对它自己的生物资源拥有主权权利，也重申各国有责任保护它自己的生物多样性并以可持久的方式使用它自己的生物资源"。对生物资源的主权重申，意味着中国有权自主决定在国内法层面上对包括野生动物遗传资源的保护路径与控制方法。《生物多样性公约》的核心目的在于建立一个公平惠益分享的国际制度。⑤ 2010年10月，各国在日本名古屋通过《生物多样性公约关于获取遗传资源和公正公平地分享其利用所产生惠益的名古屋议定书》（简称《名古屋议定书》），使"惠益分享"成为具有法律约束力的缔约方义务。

四、中方实质参与的惠益分享协议

根据本条第二句，就野生动物遗传资源开展国际科学研究合作的，应

---

① 吴汉东：《知识产权制度国际化问题研究》，北京大学出版社2010年版，第40~45页。
② 董玉荣：《利益视域下遗传资源权利保护的路径研究》，载《知识产权》2018年第4期。
③ 斜晓东：《遗传资源新型战略高地争夺中的"生物剽窃"及其法律规制》，载《法学杂志》2014年第5期。
④ 刘丽军、宋敏：《生物遗传资源权属国际制度安排的冲突、协调及中国的应对策略》，载《资源科学》2011年第9期。
⑤ 薛达元：《〈生物多样性公约〉新里程碑：〈名古屋ABS议定书〉》，载《生物多样性与传统知识》2010年第23期。

当有中国科研机构、高等学校、企业及其研究人员实质性参与。本条对野生动物遗传资源惠益分享合同规定了实质参与的要求。① 许多发达国家的跨国生物公司凭借其经济和生物科研技术优势，在同发展中国家相关科研机构或公司的合同谈判过程中往往占据主导地位。在这种情况下，关于生物遗传资源获取、利用和收益分配的合同条款可能有利于占据优势主导地位的一方。② 因此，本条将中方实质参与作为开展国际科学研究合作的强制性规定。如果合作协议不符合中方实质参与这一要求，就违反了野生动物保护法对野生动物遗传资源科研合作合同的强制性规定。虽然本条初步规定了野生动物遗传资源相关的获取和惠益分享法律制度，但距离上述公约和议定书的要求还存在一定距离。野生动物遗传资源相关传统知识、衍生物等的获取、利用和惠益分享还存在较大的立法空白，需要行政法规、地方性法规、部门规章的逐层细化。③

所谓惠益分享协议源于"获取和惠益分享"（access and benefit sharing, ABS）。④ 根据《生物多样性公约》第十五条第三款和第七款，应与提供遗传资源的缔约方分享因利用资源及嗣后利用和商业化所产生的惠益，分享时应遵循共同商定的条件。《名古屋议定书》在许多关键条款都要求缔约方采取法律、行政和政策措施促进遗传资源及相关传统知识的获取与惠益分享，但在一些分歧较大的领域议定书未能作出详细规定。2002年，各国通过了《关于获取遗传资源并公平和公正分享其利用所产生惠益的波恩准则》（简称《波恩准则》），旨在为缔约方、各国政府和其他利益攸关方制定有关获取和惠益分享的立法、行政或政策措施，并为获取和惠益分享的相关协议提供指导。在此基础上，野生动物保护法第十七条规定："国家加强对野生动物遗传资源的保护，对濒危野生动物实施抢救性保护。国务院野生动物保护主管部门应当会同国务院有关部门制定有关野生动物遗传资源保护和利用规划，建立国家野生动物遗传资源基因库，对原产我国的珍贵、濒危野生动物遗传资源实行重点保护。"总体来看，野生动物保护法层面的遗传资源保护还需要同其他类型的遗传资源保护在基

---

① 赵富伟、薛达元：《遗传资源获取与惠益分享制度的国际趋势及国家立法问题探讨》，载《生态与农村环境学报》2008年第2期。
② 何平：《论遗传资源的财产属性和权利构造》，载《法学评论》2019第2期。
③ 孙名浩、李颖硕、赵富伟：《生物遗传资源保护、获取与惠益分享现状和挑战》，载《环境保护》2021年第21期。
④ 薛达元、蔡蕾：《〈生物多样性公约〉遗传资源获取和惠益分享国际制度谈判进展》，载《环境保护》2007年第22期。

本目的、保护范围和保护方式等层面协调配合，逐渐形成完整的生物遗传资源保护体系。①

各国对惠益分享具体机制主要采用两种机制，即"立法机制"和"合同机制"。所谓"立法机制"旨在通过法定途径确定惠益分享方式，带有明显的公法性质。即基于国际法和国内法有关规定，通过磋商和谈判，明确各方的权利和义务。许多发展中国家主张实施"立法机制"。所谓"合同机制"是有关主体以合同的形式确定惠益分享实现途径的方案。此种"合同机制"更尊重双方意思自治，主张在合同中规定当事人的权利和义务，带有明显的私法性质。美国是"合同机制"的积极推动者。② 本条规定"按照规定提出国家共享惠益的方案"，意味着立法机关考虑到"合同机制"难以保障实质公平，更倾向于"立法机制"。

【关联规范】

《中华人民共和国生物安全法》第五十三条、第五十四条；《中华人民共和国畜牧法》第二章；《中华人民共和国濒危野生动植物进出口管理条例》第十六条、第十八条；《中华人民共和国专利法》第五条第二款、第二十六条。

第三十九条　【国际合作与交流】国家组织开展野生动物保护及相关执法活动的国际合作与交流，加强与毗邻国家的协作，保护野生动物迁徙通道；建立防范、打击野生动物及其制品的走私和非法贸易的部门协调机制，开展防范、打击走私和非法贸易行动。

【条文主旨】

全球气候变暖、生物多样性丧失等问题日益加剧，需要各国加强国际合作与交流。本条首先规定野生动物保护相关执法活动的国际合作与交

---

① 牟桐、于文轩：《我国生物遗传资源惠益分享法律机制的优化路径》，载《生态与农村环境学报》2021年第9期。
② 牟桐、于文轩：《我国生物遗传资源惠益分享法律机制的优化路径》，载《生态与农村环境学报》2021年第9期。

流，其次规定打击野生动物非法贸易的部门协调机制。国际合作与国内协调共同服务于防范、打击野生动物及其制品的走私和非法贸易行为。

【理解与适用】

一、国际合作交流的意义

野生动物及其制品非法贸易是一个全球性法律问题。一方面，野生动物非法贸易日益猖獗，严重破坏生态系统，引发公共卫生风险。另一方面，野生动物非法贸易呈现组织化、集团化和网络化趋势，威胁到各个国家的社会治理与经济发展。长期以来，中国面临着严重的野生动物及其制品的非法贸易问题。野生动物及其制品的非法贸易在食用、药用、收藏等领域普遍存在。值得注意的是，穿山甲等野生动物及其制品是传统中医药的重要组成部分，中医药上的大量需求导致野生动物走私等非法贸易案件在中国屡禁不止。[①] 根据海关总署公布的数据，野生动物非法贸易涉及的物种范围大，几乎涵盖了大多数分类种群，并且对许多物种种群造成了严重的影响。近年来，通过网络进行野生动物非法贸易的犯罪活动逐渐增多，需要各国加强国际合作。[②]

二、国际合作交流的组织和制度基础

早在20世纪初，各国就开始注重保护野生动物并先后针对特定物种签订有关国际条约。自20世纪中后期，国际社会日益认识到野生动物非法贸易的严重性，就严厉打击野生动物犯罪达成一系列共识。在国际法层面，各国在1973年通过了《濒危野生动植物种国际贸易公约》（CITES），中国于1981年加入该公约；联合国环境和发展大会在1992年通过《生物多样性公约》，同年11月第七届全国人大常委会批准加入该公约。除此之外，《联合国打击跨国有组织犯罪公约》等国际条约，为国际社会加强共同合作打击野生动物非法贸易提供了法律基础。[③] 2015年，联合国大会通过了《打击野生动植物的非法贩运》决议；国际刑警组织专门成立了野生动植物犯罪工作组并成功开展多项国际联合专项行动；世界海关组织提出了"绿色海关倡议"并启动包括野生动植物犯罪在内的"打击环境犯罪项目"；CITES

[①] 王文霞、杨亮亮、胡延杰、陈绍志：《近年我国海关野生动物走私状况分析》，载《野生动物学报》2019年第3期。

[②] 费宜玲、周用武、刘大伟、侯森林、潘恒昌：《野生动物非法贸易网络化的危害和监管》，载《野生动物学报》2019年第4期。

[③] 陈积敏、陈勇、胡诚志等：《我国野生动物非法贸易协同治理问题分析》，载《世界林业研究》2021年第1期。

缔约方大会通过了多项打击野生动植物非法贸易的决议。此外，CITES 秘书处、国际刑警组织、UNODC、世界银行和世界海关组织五个政府间机构于 2010 年联合成立了国际打击野生动植物犯罪联盟（ICCWC）。①

三、国际合作联合执法机制

防范和打击野生动物及其制品的非法贸易行为，需要中国和相关国家的紧密合作。例如，象牙、犀牛角、穿山甲的走私案件往往需要同各国有关部门的情报信息共享和合作执法才得以破获。② 为确保国际合作与交流的有效性、持续性，有必要建立专业、稳定、高效、协调的国际执法合作机制。紧密的国际执法合作是震慑走私犯罪的有力武器。近年来，中国海关、公安等部门同他国当地海关、警察部门在双边、多边机制下保持紧密的沟通与合作，连续牵头开展一系列联合执法行动，给予濒危物种走私犯罪以沉重打击。③ 在此基础上，有必要完善跨国打击野生动植物非法贸易的法律机制，实现与重要国际公约的有效衔接，借鉴重要国际公约，借鉴亚洲的边境联络处机制（BLO）和东盟野生动物执法网络（ASEAN-WEN）的执法合作机制，搭建中国打击野生动植物非法贸易的双边、多边执法合作网络。④ 但是，野生动物保护及相关执法活动的国际合作与交流也存在一定问题。以我国在 CITES 公约附录动物保护执法为例，就存在保护级别参照困难、涉案价值不易核定、保护名录更新不同步、执法程度有偏差、鉴定难度大等多方面问题。⑤

四、国内部门协调机制

野生动物保护主管部主要负责对野生动物种群及栖息地开展野外巡护看守监测，对野生动物猎捕、人工繁育、经营利用、进出口负责行政许可，并对野生动物科学研究、人工繁育、观赏展演进行监督管理。而野生动物及其制品的出售、购买、利用、运输、携带、寄递、广告、网络交易、进出口等活动，则分别由市场监管、交通运输、网络监管、海关、邮

---

① 常纪文：《我国野生动物走私的法治现状、问题与建议》，载《中国生态文明》2020 年第 8 期。

② 姜南、王邱文：《中国与东南亚跨境野生动物犯罪的治理》，载《中国刑警学院学报》2017 年第 6 期。

③ 崔连江：《打击跨国野生动植物犯罪国际警务执法合作研究》，中国人民公安大学出版社 2019 年版，第 14~17 页。

④ 姜南、王邱文：《中国与东南亚跨境野生动物犯罪的治理》，载《中国刑警学院学报》2017 年第 6 期。

⑤ 周用武、马艳君、刘大伟：《我国在 CITES 公约附录动物保护执法中存在的问题》，载《野生动物学报》2018 年第 4 期。

政等部门监督管理；野生动物检疫则由动物防疫部门或进出口检疫部门负责；有关违法行为涉嫌犯罪的，则由公安部门处理。相关法律法规众多，不同部门之间存在职权、工作重心差异，长期缺乏有针对性的合作执法机制，形成治理合力。[1] 为了加强各部门联动执法长效机制，实现联合执法、联合巡查、联合监督，国务院于 2016 年批准建立"打击野生动植物非法贸易部际联席会议制度"。该制度由国家林业和草原局牵头，20 多个成员单位多次开展专项行动，积极加强执法合作，实行全链条全方位治理。2019 年，打击野生动物非法贸易执法体制发生重要调整，森林公安机关转隶公安部，纳入公安机关序列统一管理。部际联席会议制度有中央宣传部、外交部、发展改革委、工业和信息化部、公安部、财政部、生态环境部、交通运输部、农业农村部、文化和旅游部、卫生健康委、海关总署、市场监管总局、广电总局、国际发展合作署、中央网信办、中科院、铁路局、民航局、邮政局、文物局、中医药局、海警局、铁路总公司、最高人民法院、最高人民检察院等成员单位。[2] 当然，从参加联席会议的部门数量亦可见该协调机制还存在相当程度的治理困境，未来有必要逐步完善相关法律法规的体系性、整体性和协调性，逐步完善各部门之间的衔接协调机制。[3]

五、保护野生动物迁徙通道

迁徙动物是它们所在的生态系统的重要组成部分。由于迁徙物种跨越国家、区域甚至大陆边界，相关物种的保护工作尤其需要各国之间的合作。许多野生动物如藏羚羊、蒙古野驴等哺乳动物和数百种候鸟每年在我国境内或跨国迁徙。以候鸟为例，全球主要的候鸟迁徙通道有九条，其中"东亚—澳大利西亚候鸟迁飞路线"是受威胁最严重的一条。这条路线跨越我国、俄罗斯、澳大利亚等 22 个国家。近年来，中国政府对加强野生动物迁徙物种的保护工作高度重视，已经加入了《生物多样性公约》（CBD）、《濒危野生动植物种国际贸易公约》（CITES）和《关于特别是作为水禽栖息地的国际重要湿地公约》，并先后与日本、澳大利亚、韩国、

---

[1] 徐娜、李雪萍：《治理体系现代化背景下跨部门协同治理的整合困境研究》，载《云南社会科学》2016 年第 4 期。

[2] 《打击野生动植物非法贸易部门间联动机制正式运行》，载国家林业和草原局网站，http://www.forestry.gov.cn/main/195/content-967419.html，最后访问日期：2023 年 1 月 15 日；《27 部门联合打击野生动植物非法贸易》，载国家林业和草原局网站，http://www.forestry.gov.cn/main/586/20200731/104449742590362.html，最后访问日期：2023 年 1 月 15 日。

[3] 陈积敏、陈勇、胡诚志、贾延安、邓琳君：《我国野生动物非法贸易协同治理问题分析》，载《世界林业研究》2021 年第 1 期。

俄罗斯和新西兰签署了《保护候鸟及其栖息地环境协定》，加入了东亚—澳洲迁徙水鸟保护合作伙伴关系（EAAFP）。《野生动物迁徙物种保护公约》（CMS）是唯一专门保护迁徙动物的全球公约。本法通过此次修改明确规定加强与毗邻国家的协作，保护野生动物迁徙通道，有助于我国法律同《野生动物迁徙物种保护公约》的衔接配合。

> **第四十条　【境外引进野生动物】**从境外引进野生动物物种的，应当经国务院野生动物保护主管部门批准。从境外引进列入本法第三十七条第一款名录的野生动物，还应当依法取得允许进出口证明书。海关凭进口批准文件或者允许进出口证明书办理进境检疫，并依法办理其他海关手续。
>
> 从境外引进野生动物物种的，应当采取安全可靠的防范措施，防止其进入野外环境，避免对生态系统造成危害；不得违法放生、丢弃，确需将其放生至野外环境的，应当遵守有关法律法规的规定。
>
> 发现来自境外的野生动物对生态系统造成危害的，县级以上人民政府野生动物保护等有关部门应当采取相应的安全控制措施。

【条文主旨】

本条是关于从境外引进野生动物的规定，设定了相应的行政许可。对境外引进野生动物设定行政许可和法律限制，一是起到保护境外野生动物的外部作用，二是起到保护境内生态系统的内部作用。

【理解与适用】

从境外引进野生动物物种，既涉及境外濒危动物保护问题，也涉及国内生物安全、动物防疫等问题，还有可能影响本国生态系统。本条根据比例原则设定了两种行政许可，一是国务院野生动物保护主管部门的行政许可，二是国家濒危物种进出口管理机构的行政许可。本条出于防疫目的还规定了海关的进境检疫程序等手续。在国家机构改革的基础上，此次修法新增第三款，要求地方人民政府野生动物保护等有关部门采取安全控制措施应对境外野生动物的生态危害。

一、境外引进野生动物的行政许可

首先是国务院野生动物保护主管部门的行政许可。根据本条第一款第一句，从境外引进野生动物的，应当经国务院野生动物保护主管部门即国家林业和草原局的批准。2005年，原国家林业局根据行政许可法、《国务院对确需保留的行政审批项目设定行政许可的决定》制定了《引进陆生野生动物外来物种种类及数量审批管理办法》。①

其次是国家濒危物种进出口管理机构的行政许可。根据本条第一款第二句以及第三十七条第一款，如果从境外引进的野生动物属于中国缔结或者参加的国际公约禁止或者限制贸易的野生动物或者其制品名录，还应当依法取得国家濒危物种进出口管理办公室核发的允许进出口证明书。我国已经加入《濒危野生动植物种国际贸易公约》（CITES），该公约的三个附录具体规定了禁止或者限制贸易的野生动物种类。为了履行该公约，根据野生动物保护法、海关法等法律法规，濒危物种进出口管理办公室会同其他部门依法制定《进出口野生动植物种商品目录》。列入该目录的珍贵、濒危野生动物及其产品，适用更为严格的进出口限制管理，其进出口必须获得进出口证明书。

二、外来物种的生物安全风险

生物安全法第二条第二款第五项规定，"防范外来物种入侵与保护生物多样性"适用本法。境外野生动物进入中国境内主要有两种途径，一是自然进入，二是人为引进。人为从境外引进野生动物是外来物种入侵我国生态系统最为常见的一种类型，对我国的生物多样性构成重大挑战，可能造成难以预测的生态风险。② 截至2022年，全国已发现近700种外来入侵物种。例如，被列为全球100种最具破坏力的入侵生物之一的红火蚁已入侵中国12省份、435个县市区，对农林生态和人身安全造成严重危害。2022年，国家林草局、农业农村部、自然资源部、生态环境部、住房和城乡建设部、海关总署共同发布《重点管理外来入侵物种名录》。近年来，跨境电商等跨境贸易形式迅速兴起，引进野生动物的方式包括但不限于通过贸易渠道、客运、邮寄等方式，非传统贸易途径传播疫情的风险日渐突

---

① 《引进陆生野生动物外来物种种类及数量审批管理办法》，载国家林业和草原局网站，https://www.forestry.gov.cn/main/3951/content-204709.html，最后访问日期：2023年1月15日。

② 施志源、邹晨鑫：《生物安全：野生动物行政管理制度完善之维》，载《福建师范大学学报（哲学社会科学版）》2022年第5期。

出。而且，外来物种入侵具有一定的隐蔽性和潜伏性，来源和载体较为复杂，例如蛇、蜥蜴、壁虎、蚂蚁等动物通过跨境电商寄递渠道入境现象增多，口岸防控的难度日益增大。①

三、海关办理进境检疫

在取得主管部门同意引进的批准文件后，从境外引进的野生动物按照进出境动植物检疫法实施进境检疫。2018 年，国家动植物检疫机关并入海关，由海关负责对境外引进的野生动物实施进境检疫。在现行海关法律法规中，并没有直接赋予海关防控外来野生动物入侵的职权。但外来野生动物自身可能引发生物风险，属于海关实施动物检疫、卫生检疫或海关验证监管的对象。因此，海关是在直接实施检疫或监管过程中，间接管控外来野生动物。其主要依据包括进出境动植物检疫法及其实施条例、国境卫生检疫法及其实施细则、海关法等法律法规规章。②

四、境外引进野生动物的法律地位

从境外引进的野生动物属于外来物种。《外来入侵物种管理办法》第二条第一款对外来物种下了定义：本办法所称外来物种，是指在中华人民共和国境内无天然分布，经自然或人为途径传入的物种，包括该物种所有可能存活和繁殖的部分。《中华人民共和国陆生野生动物保护实施条例》第二十三条规定："从国外引进的珍贵、濒危野生动物，经国务院林业行政主管部门核准，可以视为国家重点保护野生动物；从国外引进的其他野生动物，经省、自治区、直辖市人民政府林业行政主管部门核准，可以视为地方重点保护野生动物。"从境外引进的野生动物，如果属于本法第三十七条第一款名录的，经过批准可以视为国家重点保护野生动物；从境外引进的野生动物，如果未列入本法第三十七条第一款名录的，经过批准可以视为地方重点保护野生动物。因此，对境外引进的野生动物进行人工繁育，应当参照本法第二十五条人工繁育（境内）野生动物的相关规定。

---

① 刘阳中、崔晨：《外来物种入侵口岸防控法律问题研究》，载《上海法学研究》集刊 2021 年第 24 卷。

② 2021 年 1 月，由农业农村部、自然资源部、生态环境部、海关总署、国家林草局发布的《进一步加强外来物种入侵防控工作方案》规定："四、加强外来入侵物种口岸防控 完善风险预警和应急处理机制，强化入境货物、运输工具、快件、邮件、旅客行李、跨境电商、边民互市等渠道的检疫监管，对截获的外来入侵物种进行严格处置。发挥海关反走私综合治理作用，严厉打击非法引进、携带、邮递、走私外来物种的违法行为，有效堵截外来物种非法入境渠道。加强口岸查验设施设备配备，提升实验室检疫、检测、鉴定技术水平，提高海关口岸把关能力，筑牢外来入侵物种口岸检疫防线。"

五、境外引进野生动物的放生

境外引进野生动物是外来物种,有可能传入定殖并对生态系统、生境、物种带来威胁或者危害,损害农林牧渔业可持续发展和生物多样性。相比于本土野生动物的放生,境外引进野生动物的放生应当按照比例原则予以严格限制乃至完全禁止。对境外引进野生动物的放生行为设定更为严格的行政许可要求,符合比例原则。

根据本条第二款,境外野生动物从引进、到持有、再到放归整个过程都受到本法的严格限制。其中,境外野生动物的持有保存环节具体包括繁育、销售、转让等行为,应当受到同引进、放归一样的限制。如果对境外引进野生动物的繁育、销售等行为不加以严格限制,则执法部门无法监管这些野生动物,难以确保它们是否处于安全可靠的防范措施之中。"防止其进入野外环境,避免对生态系统造成危害"将成为一句空话。现实中,大量出现境外引进的野生动物在繁育、销售或转让后,脱离安全可靠的防范措施的现象。许多境外引进野生动物作为外来物种大量扩散进入野外环境,对脆弱的生态环境造成巨大危害。外来野生动物进入野外环境后,由于面临的生态系统和栖息地环境不同,且往往缺乏天敌的控制,侵害本已脆弱的生态环境,严重威胁本土物种的生存。许多外来野生动物种类还会对人类的人身安全、财产安全造成直接危害。

一般情况下,境外野生动物不得违法放生、丢弃。作为例外情况,如果确需将境外野生动物放生至野外环境,应当遵守生物安全法等相关法律法规。生物安全法第八十一条规定:"违反本法规定,未经批准,擅自引进外来物种的,由县级以上人民政府有关部门根据职责分工,没收引进的外来物种,并处五万元以上二十五万元以下的罚款。违反本法规定,未经批准,擅自释放或者丢弃外来物种的,由县级以上人民政府有关部门根据职责分工,责令限期捕回、找回释放或者丢弃的外来物种,处一万元以上五万元以下的罚款。"为了加大对非法引进、释放或者丢弃外来入侵物种行为的惩处力度,刑法修正案(十一)专门针对外来入侵物种增设了非法引进、释放、丢弃外来入侵物种罪。刑法第三百四十四条之一规定:"违反国家规定,非法引进、释放或者丢弃外来入侵物种,情节严重的,处三年以下有期徒刑或者拘役,并处或者单处罚金。"不法行为包括引进、释放、丢弃,行为对象是外来入侵物种。[1]

---

[1] 任学婧、敦宁:《非法引进、释放、丢弃外来入侵物种罪探究》,载《政法学刊》2022第1期。

六、安全控制措施

本条新增第三款:"发现来自境外的野生动物对生态系统造成危害的,县级以上人民政府野生动物保护等有关部门应当采取相应的安全控制措施。"近年来,来自境外的野生动物不断给各地生态系统造成严重危害。这种危害发生在农业生产、公共卫生、自然资源、生态环境等多个领域,涉及农业农村、卫生健康、自然资源、生态环境、公安、海关等多个部门的职权范围。现行法律法规未明确规定应对这种危害的主管部门,各部门之间相互协调配合机制有待完善。2022年,农业农村部、自然资源部、生态环境部、海关总署联合发布《外来入侵物种管理办法》。虽然该办法第五条对各部门的职责做了分工,但依然存在一定程度的职责重叠问题。通过此次修改,本条明确授权野生动物保护等有关部门在境外野生动物对生态系统造成危害的情况下采取安全控制措施。安全控制措施同动物防疫部门的控制措施有所不同。动物防疫法第三十八条第二项规定,"县级以上地方人民政府应当立即组织有关部门和单位采取封锁、隔离、扑杀、销毁、消毒、无害化处理、紧急免疫接种等强制性措施"。本法上的安全控制措施也包括狩猎、捕获或扑杀特定外来动物等防治措施。

【关联规范】

《中华人民共和国进出境动植物检疫法》第十条;《中华人民共和国生物安全法》第八十一条第一款;《中华人民共和国刑法》第一百五十一条、第三百四十四条之一;《外来入侵物种管理办法》第二十条。

第四十一条　【放生的类型与限制】 国务院野生动物保护主管部门应当会同国务院有关部门加强对放生野生动物活动的规范、引导。任何组织和个人将野生动物放生至野外环境,应当选择适合放生地野外生存的当地物种,不得干扰当地居民的正常生活、生产,避免对生态系统造成危害。具体办法由国务院野生动物保护主管部门制定。随意放生野生动物,造成他人人身、财产损害或者危害生态系统的,依法承担法律责任。

【条文主旨】

放生野生动物既涉及风俗习惯和公民一般行为自由,也关系到野生动物种群繁育和野生动物救助行为,具有复杂性和多面性等特征。在此背景下本条增加授权条款,授权主管部门制定部门规章限制放生行为。

【理解与适用】

在此次修改前,本条主要起宣示教育作用,未授权野生动物保护主管部门制定放生具体办法。但近年来,随意放生野生动物的现象越发频繁,给生态环境造成严重破坏,危及公民生命健康和财产安全。在此次修改中,本条发生两处变化,明确授权主管部门制定部门规章限制放生行为。一是增加第一句:"国务院野生动物保护主管部门应当会同国务院有关部门加强对放生野生动物活动的规范、引导。"二是增加第三句:"具体办法由国务院野生动物保护主管部门制定。"

一、放生行为的限制

我国自古以来便有放生的习俗。在许多民族的民俗文化上,放生被认为是尊敬生命、保护自然的行为。在许多地方,放生已经成为一种风俗,例如昆明等地民众每逢农历初一、十五,就购买红耳龟前往滇池放生。[1] 1988年野生动物保护法刚制定时,没有将放生纳入调整范围。

近年来,各种野外放生行为和活动屡见不鲜,通过法律调整放生行为的必要性和重要性愈加凸显。社会各界逐渐从科学角度认识到放生行为缺乏科学指导和有效监管,放生物种既有外来物种也有本土物种,往往无法体现尊敬生命、保护自然的积极精神,反而容易造成生态环境破坏、公民生命健康和财产损失。2016年,本法修订增加本条,将放生行为纳入调整范围。[2]

从动物保护的科学角度来看,放生应当是一种专业行为。每种动物都有其独特的栖息环境和适应能力。而人工养殖的动物,或被人为控制时间过长的野生动物,已丧失在野外觅食、躲避天敌等生存能力。有的不能识别除饲料外的食物,还有的在放生前健康状况不佳。现实中放生的动物,

---

[1] 赵明、王小锋、刘亚苛:《野生动物盲目放生的负面影响及建议》,载《林业科学》2012年第16期。

[2] 于浩:《野生动物保护法修订草案二审焦点:乱食、繁育、放生》,载《中国人大》2016年第9期。

大多数因饥饿、身体虚弱、疾病和受伤等原因死亡，或者被其他动物捕食。同样重要的是，放生的动物对当地生态环境可能产生各种难以预测的负面影响。放生动物所携带的病原菌对放生地其他动物的危害也不容忽视。在河流、湖泊等野外水域中放生的外来物种对生态环境的危害更大。它们往往大量繁殖并形成优势种群，改变当地物种结构，破坏生态平衡，甚至引发严重的生态灾难。

除了个人、民间机构基于风俗习惯等因素的放生行为，还有一种由政府部门或专业机构实施的、出于保持动物种群稳定目的而将人工饲养动物放生至野外环境的行为。这种专业放生往往由专业的野生动物保护组织进行，其有能力选择适合放生地野外生存的当地物种，并进行相应的放生评估，制定具体的放生方案。近年来，由于环境恶化及过度捕捞等原因，一些水域中水生生物种类及数量减少，因此，各地开始组织各种形式的增殖放流活动。这种增殖放流活动以鱼类等水生经济动物为主。放流活动大多是在水生动物原栖息水域或类似生境的水域中进行，放生前要对放生水域的资源状况进行研究与论证，方可予以实施。此类活动同时起到宣传野生动物保护的重要作用。

因此，无论是个人、民间机构的放生行为，还是政府组织的放生活动，都应当依法限制。具体来说，放生行为应该经过野生动物保护主管部门的评估、批准，或者在相关专业机构的参与或监督下进行。野生动物保护主管部门收到放生申请，待评估放生对当地生态环境的影响后，再决定批准与否。

二、野生动物的扩大解释

本条中的"野生动物"概念应作扩大解释，涵盖放生的家畜家禽、宠物和外来物种。德国、日本、英国等实行统一的动物保护法，与此不同，我国将动物一分为二：一方面，针对野生动物制定野生动物保护法；另一方面，针对家畜家禽制定畜牧法。其结果是，野生动物成为一个不确定的法律概念。虽然动物科学通常使用"在自然的环境下生长且未被驯化的动物"这类表述来描述野生动物，但是这种描述性定义无法划清野生动物与家畜家禽的法律界限。2020年，全国人大常委会作出《关于全面禁止非法野生动物交易、革除滥食野生动物陋习、切实保障人民群众生命健康安全的决定》。该决定第三条规定："列入畜禽遗传资源目录的动物，属于家畜家禽，适用《中华人民共和国畜牧法》的规定。国务院畜牧兽医行政主管部门依法制定并公布畜禽遗传资源目录。"畜牧法的基本概念是"家畜家禽"，是"野生动物"的相对概念。通过畜牧法划定畜禽遗传资源目录，是为了通过负面表列排除法的方式,从反面划定野生动物的范围。尽管如此,在野生动物保护法和畜牧法二元结构下,野生动物始终是一个难以确定的法律概念。通过放生,家畜家禽、宠物、外来物种进入野外环境后都可能发生野化现象,成为野生动物。近年来,我国各地大量出现将人工饲养的猫狗等家畜家禽丢弃或放生至野外环境的问题。① 这些野化后的家畜家禽、宠物可能严重干扰当地居民的正常生活、生产,造成人身和财产损害,甚至对生态系统造成严重危害。

三、野外环境的扩大解释

根据本条的立法目的,除"野生动物"一词外,"野外环境"一词也应当作适当的扩大解释。野外等自然环境同人类生活的社会环境之间并不存在明显的界限或区分。本条规定的"将野生动物放生至野外环境",指的是野生动物脱离人工控制,不再处于圈养状态。也就是说,此处的野外环境不只包括狭义的森林、草原、山岭、湖泊、河流等自然环境,也包括城市、农村等社会环境。因此,将宠物丢弃在城市、郊外或农村中,将观赏性水生动物投入城市水系、公园池塘、水库,都属于本条规定的"将野生动物放生至野外环境"。总之,将本条中的"野生动物"和"野外环境"进行扩大解释,符合本条的立法目的,即保护居民的正常生活生产和人身财产安全,保护生态系统的稳定。此外,这种目的解释也有助于区分放生行为与家畜家禽的放养行为。

四、救助放生

还有一种野生动物放生行为属于救助放生。即专业机构在救护受伤野生动物后进行放生,如沿海渔政部门放生搁浅的海豹、鸟类救助中心放生受伤的鸟类等。此外,人们无意中获得的野生动物,如野生动物误入宅院、捕鱼时误捕等,也应当及时进行放生。《中华人民共和国陆生野生动物保护实施条例》第九条规定:"任何单位和个人发现受伤、病弱、饥饿、受困、迷途的国家和地方重点保护野生动物时,应当及时报告当地野生动物行政主管部门,由其采取救护措施;也可以就近送具备救护条件的单位救护。救护单位应当立即报告野生动物行政主管部门,并按照国务院林业行政主管部门的规定办理。"

与之类似的是,刑事案件中公安机关在依法罚没野生动物后,由相关

---

① 也有一种观点认为,动物放生行为可以构成治安管理处罚法第七十五条第一款规定的饲养动物干扰他人正常生活或放任动物恐吓他人的违反治安管理行为。刘良钢:《违反治安管理的动物放生行为处罚探析》,载《福建警察学院学报》2021年第4期。但放生行为同饲养行为有明显差异。

部门实施的放生行为。现实中可能出现一种问题，即野生动物在被查获后发生应激反应进而死亡。根据《公安机关涉案财物管理若干规定》，涉案财物应当妥善保管。在野生动物刑事案件中，对涉案野生动物活体进行司法鉴定是办理案件的重要流程。通常，公安机关在司法鉴定后才将查获的野生动物交由动物园等机构托管。由于野生动物办案周期长、跨度大，野生动物托管较为专业复杂，可能出现野生动物在被查获后死亡的问题。因此，国务院野生动物保护主管部门在制定具体办法时，应当基于保护野生动物的目的，明确规定执法机关可以在查获后通过拍照、拍摄视频、提取基因等方式存证，从而迅速将动物移送给相关林业主管部门或动物保护机构。通过野外救护、依法罚没等途径获得的野生动物，应当由专业机构进行身体康复和野化训练，再择机在原生境或类似生境中将其放归大自然。①

五、授权主管部门限制放生行为

本条第一句和第三句都属于授权条款。首先，放生行为具有多样性、复杂性等特征，既涉及野生动物保护，也涉及兽医畜牧、工商管理、渔政、卫生健康、环境保护等多个领域。因此，本条第一句授权野生动物主管部门会同国务院相关部门，通过制定部门规章的形式规范和引导放生野生动物的活动。其次，放生行为既涉及风俗习惯和公民一般行为自由，也涉及生态安全、人身财产安全等重要法益。因此，对放生行为的限制、禁止和处罚，应当符合法律保留原则。法律保留原则是行政法的基本原则之一，它要求：对于影响人民自由权利的重要事项，没有法律明确授权，行政机关不能作出行政行为。② 在此次修改中，本条第三句明确授权主管部门制定限制放生行为的部门规章，符合法律保留原则。

总体来看，放生行为应当遵循三个基本要求：一是只能选择适合放生地野外生存的当地物种；二是不得干扰当地居民的正常生活、生产；三是避免对生态系统造成危害。在此基础上，放生应采用行政许可的方式。生物安全法第六十条第三款规定，任何单位和个人未经批准，不得擅自引进、释放或者丢弃外来物种。海洋环境保护法第二十五条规定，引进海洋动植物物种，应当进行科学论证，避免对海洋生态系统造成危害。环境保护法第三十条第二款规定，引进外来物种以及研究、开发和利用生物技术，应当采取措施，防止对生物多样性的破坏。农业法第六十四条第一款

---

① 高飞、彭刚志、张海玲：《野生动物收容救助问题及对策》，载《林业科技情报》2022年第1期。

② 参见周佑勇、伍劲松：《论行政法上之法律保留原则》，载《中南大学学报（社会科学版）》2004年第6期。

规定,从境外引进生物物种资源应当依法进行登记或者审批,并采取相应安全控制措施。《中华人民共和国陆生野生动物保护实施条例》第二十二条第一款规定:"从国外或者外省、自治区、直辖市引进野生动物进行驯养繁殖的,应当采取适当措施,防止其逃至野外;需要将其放生于野外的,放生单位应当向所在省、自治区、直辖市人民政府林业行政主管部门提出申请,经省级以上人民政府林业行政主管部门指定的科研机构进行科学论证后,报国务院林业行政主管部门或者其授权的单位批准。"

对于脆弱的野外环境以及森林和野生动物类型自然保护区,应当明确规定禁止放生,并规定相应的行政处罚。各地主管部门应组织专业机构科研人员对民间放生活动进行专题研究,对放生动物的种类、数量,放生的地点、时间和形式,以及主要放生地点的环境条件、容纳量等方面取得科学的数据,协调民间团体、科研机构及生态环境、市场监管、公安、教育等各部门,大力进行科普宣传工作,使民众了解放生行为对生态环境、动物保护的负面作用,尽量争取民众的理解和支持,避免造成对立与纠纷。例如,长江保护法第四十二条第三款规定,禁止在长江流域开放水域养殖、投放外来物种或者其他非本地物种种质资源。各地人大可以制定专门的地方性法规,有针对性地禁止或严格控制放生行为。例如,《南京市渔业资源保护条例》第十五条规定,"禁止在长江流域开放水域养殖、投放外来物种或者其他非本地物种种质资源",以防止造成外来物种入侵的严重后果。

【关联规范】

《中华人民共和国长江保护法》第四十二条;《中华人民共和国生物安全法》第六十条;《中华人民共和国海洋环境保护法》第二十五条;《中华人民共和国环境保护法》第三十条;《中华人民共和国农业法》第六十四条;《中华人民共和国陆生野生动物保护实施条例》第二十二条。

第四十二条 【禁止伪造证件和批件】 禁止伪造、变造、买卖、转让、租借特许猎捕证、狩猎证、人工繁育许可证及专用标识,出售、购买、利用国家重点保护野生动物及其制品的批准文件,或者允许进出口证明书、进出口等批准文件。

前款规定的有关许可证书、专用标识、批准文件的发放有关情况,应当依法公开。

【条文主旨】

本条起到衔接野生动物保护法与行政处罚法、刑法的作用。第一款是关于禁止伪造变造有关野生动物管理批准文件的规定，第二款是关于有关文件依法公开的规定。

【理解与适用】

野生动物保护法对野生动物相关行为设定了一系列行政许可：通过发放特许猎捕证、狩猎证、人工繁育许可证及专用标识，严格限制对野生动物的猎捕、狩猎和人工繁育；通过发放国家重点保护野生动物及其制品的批准文件，严格限制国家重点保护野生动物及其制品的出售、购买和利用；通过允许进出口证明书、进出口等批准文件，严格限制野生动物的境外引入。上述许可证和批准文件是国家对野生动物及其制品依法进行管理的重要手段。

国家对驯养繁殖国家重点保护的野生动物实行许可制度，将人工繁育的国家重点保护野生动物出售、购买和利用的，本法第二十九条第一款规定："对人工繁育技术成熟稳定的国家重点保护野生动物或者有重要生态、科学、社会价值的陆生野生动物，经科学论证评估，纳入国务院野生动物保护主管部门制定的人工繁育国家重点保护野生动物名录或者有重要生态、科学、社会价值的陆生野生动物名录，并适时调整。对列入名录的野生动物及其制品，可以凭人工繁育许可证或者备案，按照省、自治区、直辖市人民政府野生动物保护主管部门或者其授权的部门核验的年度生产数量直接取得专用标识，凭专用标识出售和利用，保证可追溯。"《中华人民共和国陆生野生动物保护实施条例》第二十一条第一款亦规定："驯养繁殖国家重点保护野生动物的，应当持有驯养繁殖许可证。"没有取得相关许可资质擅自收购、出售驯养繁殖的国家重点保护野生动物，属于违法行为。

早在 2003 年，主管部门制定了《商业性经营利用驯养繁殖技术成熟的梅花鹿等 54 种陆生野生动物名单》，列出了 54 种养殖成熟的野生动物（该名单已于 2012 年废止）。2017 年，原国家林业局公布了《人工繁育国家重点保护野生动物名录（第一批）》的 9 种动物，其中梅花鹿、马鹿和虎纹蛙为本土动物。2017 年到 2019 年，农业农村部公布《人工繁育国家重点保护水生野生动物名录》，第一批 6 种（农业部公告第 2608 号），第二批 18 种（农业农村部公告第 200 号）。法律规定对列入上述名录的野生动物及其制品，可以凭人工繁育许可证，按照省、自治区、直辖市人民政府野生动物保护主管部门核验的年度生产数量直接取得专用标识，凭专用标识出售和利用，保证可追溯。

实践中长期存在一种"洗白"现象：大量非法捕获的野生动物，先流入合法的饲养场所，再进入合法的交易市场；经过这种"洗白"，大量非法盗猎的野生动物及其产品以人工驯养为掩护，进入市场合法交易，在一定程度上造成了野生动物保护局面失控。[1] 也就是说，非法的野生动物捕猎交易产业链条，隐藏在合法的野生动物人工驯养繁育产业中。从执法实践来看，无论是从业人员还是执法机关，都必须依靠上述许可证和批准文件，否则无法迅速鉴别野生动物的种类和种群，也难以准确进行溯源和监管。

根据行政许可法、政府信息公开条例的规定，野生动物保护主管部门应当依照本条规定，将上述许可证和批准文件进行公开。上述许可证和批准文件的公开化和信息化，有助于公民个人、非政府组织、专业机构及时查阅相关许可和审批的具体内容，从而有效及时行使监督权，保障社会各界对于野生动物保护的积极性。更为重要的是，由于野生动物相关违法犯罪行为存在区域跨度大、种类繁杂等特征，相关执法部门必须及时有效地查阅相关许可证和批准文件的具体信息。例如，本法第三十四条规定："运输、携带、寄递国家重点保护野生动物及其制品，或者依照本法第二十九条第二款规定调出国家重点保护野生动物名录的野生动物及其制品出县境的，应当持有或者附有本法第二十一条、第二十五条、第二十八条或者第二十九条规定的许可证、批准文件的副本或者专用标识。运输、携带、寄递有重要生态、科学、社会价值的陆生野生动物和地方重点保护野生动物，或者依照本法第二十九条第二款规定调出有重要生态、科学、社会价值的陆生野生动物名录的野生动物出县境的，应当持有狩猎、人工繁育、进出口等合法来源证明或者专用标识。运输、携带、寄递前两款规定的野生动物出县境的，还应当依照《中华人民共和国动物防疫法》的规定附有检疫证明。铁路、道路、水运、民航、邮政、快递等企业对托运、携带、交寄野生动物及其制品的，应当查验其相关证件、文件副本或者专用标识，对不符合规定的，不得承运、寄递。"为了方便相关部门和企业迅

---

[1] 吕忠梅、陈真亮：《〈野生动物保护法〉再修订：背景、争点与建议》，载《生物多样性》2020 年第 5 期。

速查验上述许可证和批准文件，有必要在依法公开的基础上推进上述证件和批准文件的网络化和信息化。

【关联规范】

《中华人民共和国野生动物保护法》第二十一条、第二十五条、第二十八条、第二十九条；《中华人民共和国刑法》第二百八十条；《中华人民共和国行政许可法》第四十条。

> **第四十三条** **【外国人野外考察等的管理】** 外国人在我国对国家重点保护野生动物进行野外考察或者在野外拍摄电影、录像，应当经省、自治区、直辖市人民政府野生动物保护主管部门或者其授权的单位批准，并遵守有关法律法规的规定。

【条文主旨】

基于特定历史背景，本条设定了外国人野外考察等活动的行政许可。

【理解与适用】

近代以来，伴随着殖民扩张的全球推进，来自西方的博物学家和探险家不断深入中国各地考察和采集动物标本，这也成为大熊猫、川金丝猴等中国独有的野生动物走向世界的主要方式。外国人对野生动物的考察虽然催生出近代博物学乃至现代动物科学，但也可能带有殖民主义的色彩，曾同殖民扩张、动物贸易存在历史关联。[①] 本条设定了针对外国人的行政许可。申请主体是外国人，申请事项是在中国对国家重点保护野生动物进行野外考察或者在野外拍摄电影、录像，许可机关是省级人民政府野生动物保护主管部门或者其授权的单位。

一、国家重点保护野生动物的影像资源

宪法第九条规定："矿藏、水流、森林、山岭、草原、荒地、滩涂等自然资源，都属于国家所有，即全民所有；由法律规定属于集体所有的森

[①] 姜鸿：《科学、商业与政治：走向世界的中国大熊猫（1869—1948）》，载《近代史研究》2021年第1期。

林和山岭、草原、荒地、滩涂除外。国家保障自然资源的合理利用,保护珍贵的动物和植物。禁止任何组织或者个人用任何手段侵占或者破坏自然资源。"国家重点保护野生动物的影像也属于一种重要的资源,应当得到相应的保护。国家重点保护野生动物在野外的数据、信息以及影像资料对于野生动物科学研究有重要作用。为了保护国家重点保护野生动物的影像资源,本条规定了针对特定主体的行政许可事项。

二、国家重点保护野生动物的栖息地保护

国家重点野生动物生活在受到特别保护的野生动物栖息地。根据本法第五条第三款,野生动物栖息地是指野生动物野外种群生息繁衍的重要区域。根据本法第十二条第一款,国务院野生动物保护主管部门应当会同国务院有关部门,根据野生动物及其栖息地状况的调查、监测和评估结果,确定并发布野生动物重要栖息地名录。对国家重点保护野生动物进行野外考察或在野外拍摄电影、录像,需要进入国家保护的野生动物栖息地。这种进入栖息地的行为可能对野生动物的生息繁衍产生一定程度的影响,既可能影响野生动物的生活习性,也可能带去人兽共患传染病。国家重点野生动物是具有特定保护价值的野生动物,普遍是濒危物种,容易受到人类行为的干扰和影响。从保护国家重点野生动物的角度来看,相关野外考察、野外摄影录像应当符合相应的保护标准。对相关的考察、摄影行为设定行政审批,符合野生动物保护法的立法目的。

三、针对外国人设定的行政许可

宪法第三十二条第一款规定:"中华人民共和国保护在中国境内的外国人的合法权利和利益,在中国境内的外国人必须遵守中华人民共和国的法律。"也就是说,外国人应当根据中国法律合法行使权利。总体来看,外国人权利受到法律明文限制的领域,主要属于涉及国家主权或者涉及国家与社会重要利益等事项,符合以国家利益为由对外国人权利作出限制的例外情形。基于与本条类似的立法目的,其他法律也规定了针对外国人的行政许可和限制条款。例如,根据防震减灾法第八十六条规定,外国人在中国境内从事监测、考察活动,必须事先获得批准。未经批准,外国的组织或者个人不得在中国领域内和中国管辖的其他海域从事地震监测活动。文物保护法第三十三条规定,非经国务院文物行政部门报国务院特别许可,任何外国人不得在中国境内进行考古调查、勘探、发掘。渔业法第八条第一款规定,外国人、外国渔业船舶进入中华人民共和国管辖水域,从事渔业生产或者渔业资源调查活动,必须经国务院有关主管部门批准,并遵守本法和中华人民共和国其他有关法律、法规的规定;同中华人民共和国订有条约、协定的，按照条约、协定办理。

具体来说，外国人对国家重点保护野生动物进行野外考察或者在野外拍摄电影、录像，应当提交具体考察方案和计划。方案计划应当载明考察、摄影录像的目的、方式、时间、地点，载明需要考察、摄影录像的野生动物种类。如果是国际科研合作，涉及商业利益、科研成果等方面，合作各方应当签署相应的协议，明确各自的权利、义务和责任，避免在产生法律问题时无法确定责任对象。野外考察或摄影拍摄有可能影响野生动物生息繁衍，或破坏野生动物栖息地的，主管部门应当不予批准。得到批准后，如果出现上述情况，不符合考察方案和计划的，主管部门可以责令改正、中止或终止行政许可。《中华人民共和国陆生野生动物保护实施条例》第三十九条规定了违反本条的法律责任："外国人未经批准在中国境内对国家重点保护野生动物进行野外考察、标本采集或者在野外拍摄电影、录像的，由野生动物行政主管部门没收考察、拍摄的资料以及所获标本，可以并处 5 万元以下罚款。"

【关联规范】

《中华人民共和国陆生野生动物保护实施条例》第三十九条；《中华人民共和国水生野生动物保护实施条例》第十六条；《中华人民共和国自然保护区条例》第三十一条；《森林和野生动物类型自然保护区管理办法》第十三条第二款。

> **第四十四条 【授权制定地方性法规】** 省、自治区、直辖市人民代表大会或者其常务委员会可以根据地方实际情况制定对地方重点保护野生动物等的管理办法。

【条文主旨】

分类分级保护是本法的基本原则。对于地方重点保护野生动物，本条授权地方人大或其常委会可以制定地方性法规。

【理解与适用】

本条是授权条款，即授权省级人大或其常委会制定相关地方性法规。此次修改提高了野生动物的保护强度和广度，故本条的授权范围有所限缩。

一、地方重点保护野生动物管理办法

我国地域辽阔，陆海兼备，地貌和气候复杂多样，孕育了丰富独特的生态系统。与此同时，全国各个地方的生态环境复杂多样，东部与西部、南方与北方、沿海与内陆，明显存在差异。即便是同一种野生动物，在不同地区生态系统的作用和地位也有较大差异。在野生动物保护种类和范围上，如果严格要求国家层面的统一立法，就无法兼顾每个地方的特点、适应本地区的特性，难以实现本法第一条要求的"维护生物多样性和生态平衡"。本法第十条第一款规定："国家对野生动物实行分类分级保护。"本条授权省级人大或其常委会可以根据地方实际情况，制定地方重点保护野生动物管理办法。根据本法第十条第四款的规定，地方重点保护野生动物是指国家重点保护野生动物以外，由省、自治区、直辖市重点保护的野生动物。地方重点保护野生动物名录，由省、自治区、直辖市人民政府组织科学论证评估，征求国务院野生动物保护主管部门意见后制定、公布。在此基础上，各地制定了一系列地方性法规，如《北京市野生动物保护管理条例》《广东省野生动物保护管理条例》等。

二、其他非国家重点保护野生动物

在此次修改前，原法第四十一条规定的是："地方重点保护野生动物和其他非国家重点保护野生动物的管理办法，由省、自治区、直辖市人民代表大会或者其常务委员会制定。"也就是说，地方性法规原本覆盖两类野生动物：一类是地方重点保护野生动物；另一类是其他非国家重点保护野生动物。但经过此次修改，野生动物保护法扩大保护范围，对野生动物实现全面覆盖。与之相应的是，地方性法规的适用范围有所缩小，缩小到地方重点保护的野生动物。

三、根据地方实际情况

本条要求各地"根据地方实际情况"制定管理办法。所谓地方实际情况，首先是本法第十一条第二款规定的四方面内容。一是当地野生动物野外分布区域、种群数量及其结构。二是当地野生动物栖息地的面积、生态状况。三是野生动物及其栖息地的主要威胁因素。四是野生动物人工繁育情况等其他需要调查、监测和评估的内容。其次，地方实际情况还包括本地区的经济发展水平、历史传统、地理资源、法治环境、人文背景、民俗风情等。例如，地方性法规可以进一步授权地方人民政府制定陆生野生动物造成人身伤害和财产损失补偿办法，根据当地的经济发展水平予以相应调整。

值得注意的是，本条的授权范围相对狭窄，仅仅授权省一级人大或者其常委会制定地方性法规。野生动物栖息地往往横跨多个县市，本法规定的地方重点保护野生动物实为省级重点保护野生动物。因此，授权省一级人大或其常委会符合野生动物保护的地方性要求。

案例评析

临某船务有限公司诉 S 市渔政支队行政处罚案[①]

一、案情简介

砗磲是一种主要生活在热带海域的珍贵贝类，在我国及世界范围内均为重点保护的水生野生动物。砗磲全部 9 个种均为《濒危野生动植物种国际贸易公约》附录二物种，其中的大砗磲为国家一级保护动物。2014 年 8 月 21 日，H 省公安边防总队海警第三支队在三沙海域开展巡逻管控过程中，发现原告临某船务有限公司所属的"椰丰 616"号船违法装载大量砗磲贝壳，遂将其查获，并将该案交由 S 市综合执法局先行查处。后因该案属于被告 S 市渔政支队的职权范围，S 市综合执法局将该案转交被告具体办理。经查实，原告未持有《水生野生动物特许运输许可证》，涉案船舶共装载砗磲贝壳 250 吨，经专业机构鉴定和评估，该 250 吨砗磲贝壳中 98%为大砗磲，属国家一级保护动物，2%为砗蚝，属《濒危野生动植物种国际贸易公约》附录二物种。

二、核心问题

国家重点保护野生动物的活体、死体以及相关制品是否需要同等保护。

三、法院裁判要旨

法院认为，我国作为《濒危野生动植物种国际贸易公约》缔约国，应当严格、全面履行公约义务，对已列入该公约附录一、附录二中的珊瑚、砗磲的所有种，无论活体、死体，还是相关制品，均应依法给予保护。作为双壳纲动物，砗磲的贝壳属于其作为动物的一部分，应当将砗磲贝壳认定为《中华人民共和国水生野生动物保护实施条例》第二条规定应受保护的水生野生动物产品。非法开发利用野生动物资源"产业链"中所涉及的

[①] 参见最高人民法院指导案例 177 号，载最高人民法院网站，https://www.court.gov.cn/zixun-xiangqing-334731.html，最后访问日期：2023 年 1 月 15 日。

非法采捕、收购、运输、加工、销售珍贵、濒危野生动物及其制品等行为均构成违法并需承担相应的法律责任。

四、专家评析

砗磲属受保护的珍贵、濒危水生野生动物,砗磲贝壳为受我国法律保护的水生野生动物产品。根据《最高人民法院关于审理发生在我国管辖海域相关案件若干问题的规定（二）》第七条第三款及《中华人民共和国水生野生动物保护实施条例》第二条的规定,列入《国家重点保护野生动物名录》中国家一、二级保护的,以及列入《濒危野生动植物种国际贸易公约》附录一、附录二中所有水生野生动物物种,无论是活体、死体,还是相关制品（水生野生动物的任何部分及其衍生品）,均受到法律保护。案涉大砗磲属《国家重点保护野生动物名录》中的国家一级保护动物,砗蚝属《濒危野生动植物种国际贸易公约》附录二物种,二者均受法律保护。非法运输珍贵、濒危野生动物及其产品的行为是非法开发利用野生动物资源"产业链"的重要一环,应承担相应的法律后果和责任。根据案发时生效的野生动物保护法（2009年修订）第二十三条、《中华人民共和国水生野生动物保护实施条例》第二十条及《中华人民共和国水生野生动物利用特许办法》第二十九条的规定,运输、携带国家重点保护野生动物或者其产品出县境的,必须经省、自治区、直辖市政府野生动物行政主管部门或者其授权的单位批准并取得相应许可证明。

欧某诉高某饲养动物损害责任纠纷案[①]

一、案情简介

2017年8月13日19时20分,原告欧某在丈夫陪同下徒步行至某处,遇趴在台阶上休息的由高某饲养的一只棕色"泰迪犬";"泰迪犬"见欧某夫妻接近,站立起来向欧某方向走了两步（约50厘米）,此时欧某与"泰迪犬"相距约3米;欧某见"泰迪犬"靠近,惊慌往其左侧避让,后摔倒受伤。欧某受伤后即被送往医院住院治疗。

二、核心问题

饲养动物未直接接触受害人而造成的伤害如何认定。

---

① 载《最高人民法院公报》2019年第10期。

三、法院裁判要旨

法院认为：饲养动物损害责任纠纷案件中，饲养动物虽未直接接触受害人，但因其追赶、逼近等危险动作导致受害人摔倒受伤的，应认定其与损害之间存在因果关系。动物饲养人或管理人不能举证证明受害人对损害的发生存在故意或者重大过失的，应当承担全部的侵权责任。

四、专家评析

动物饲养人或者管理人有义务按规定饲养或者管理动物，并对动物采取安全措施，如其所饲养或管理的动物造成他人损害的，动物饲养人或者管理人应承担侵权责任，仅在被侵权人故意或者重大过失的情形下，才能减轻动物饲养人或者管理人的责任。虽然本案中的犬只未对人实施如"抓伤、扑倒、撕咬"等直接接触人体的动作，但是一般人在陌生犬只尤其是未被约束的犬只进入自身安全界线内的时候，极易产生恐惧的心理，故欧某在看到未被采取任何约束措施的涉案犬只突然起立并向其逼近的时候，因本能的恐惧而避让进而摔倒。虽然犬只与人体不存在实际接触，但该伤害与犬只之间具备了引起与被引起的关系，二者具备因果关系，动物饲养人或者管理人对此亦应当承担侵权责任。

第四章　法律责任

> **第四十五条　【行政机关不依法履责的法律责任】**野生动物保护主管部门或者其他有关部门不依法作出行政许可决定，发现违法行为或者接到对违法行为的举报不依法处理，或者有其他滥用职权、玩忽职守、徇私舞弊等不依法履行职责的行为的，对直接负责的主管人员和其他直接责任人员依法给予处分；构成犯罪的，依法追究刑事责任。

【条文主旨】

本条是关于野生动物保护主管部门或者其他有关部门不依法履行职责的法律责任的规定。

【理解与适用】

本条在此次修订中增加了"玩忽职守""徇私舞弊"作为野生动物保护主管部门或者其他有关部门不依法履行职责的情形，修改了对行政机关负有责任人员的法律责任的规定，简化为"对直接负责的主管人员和其他直接责任人员依法给予处分；构成犯罪的，依法追究刑事责任"。

野生动物保护法规定了一些行政机关实施行政管理的权力，赋予有关部门相关监督管理职权。《法治政府建设实施纲要（2021—2025年）》专门提出，要"坚持有权必有责、有责要担当、失责必追究"。有关部门及工作人员应当严格依照本法规定履行职责，否则将被依照本条规定追究法律责任。

一、野生动物保护主管部门或者其他有关部门不依法履行职责的违法行为

（一）不依法作出行政许可决定

根据野生动物保护法第二十一条规定，国务院野生动物保护主管部门负责审查申请人猎捕国家一级保护野生动物的申请，决定是否核发特许猎捕证；省、自治区、直辖市人民政府野生动物保护主管部门负责审查申请人猎捕国家二级保护野生动物的申请，决定是否核发特许猎捕证。根据本法第二十二条规定，县级以上地方人民政府野生动物保护主管部门负责审查申请人猎捕有重要生态、科学、社会价值的陆生野生动物和地方重点保护野生动物的申请，决定是否核发狩猎证。除了对猎捕行为设定行政许可以外，本法第二十五条第二款还规定了人工繁育国家重点保护野生动物的许可制度。根据本法第二十五条第二款的规定："人工繁育国家重点保护野生动物实行许可制度。人工繁育国家重点保护野生动物的，应当经省、自治区、直辖市人民政府野生动物保护主管部门批准，取得人工繁育许可证，但国务院对批准机关另有规定的除外。"

野生动物保护法对猎捕、人工繁育本法规定保护的野生动物规定了行政许可制度，这就要求有关行政机关在收到申请人猎捕、人工繁育野生动物等申请后，应当严格把关，依法决定是否给予申请人特许猎捕证、狩猎证或者人工繁育许可证。根据本法第二十三条的规定，国务院野生动物保护主管部门或者省、自治区、直辖市人民政府野生动物保护主管部门在核发特许猎捕证时，县级以上地方人民政府野生动物保护主管部门在核发狩猎证时，应对猎捕野生动物的种类、数量或者限额、地点、工具、方法和期限作出明确规定。通过这些限定来规范猎捕行为，进而防范不当猎捕活动对野生动物种群及其栖息地的不必要破坏。根据野生动物保护法第二十六条第一款对人工繁育野生动物具体要求的规定，有关野生动物保护主管部门在接到人工繁育国家重点保护野生动物的申请后，应对人工繁育野生动物的目的、人工繁育能够提供野生动物的必要活动空间和生息繁衍、卫生健康条件等进行严格审查。总而言之，野生动物保护法赋予野生动物保护主管部门等行政机关行政许可的权力，保障行政机关拥有相应的行政管理手段管理有关野生动物保护的行为，这就要求行政机关必须依法作出行政许可决定，对不许可或者乱许可的将追究相应的法律责任。

（二）发现违法行为或者接到对违法行为的举报不依法处理

野生动物保护法第六条第三款规定，县级以上人民政府野生动物保护主管部门和其他有关部门，应当对组织和个人就违反本法行为的举报或者控告及时依法处理。根据本法第三十五条第二款规定，市场监督管理、海关、铁路、道路、水运、民航、邮政等部门应当按照职责分工对野生动物及其制品交易、利用、运输、携带、寄递等活动进行监督检查。本法第三十五条第四款规定，县级以上人民政府野生动物保护主管部门和其他负有野生动物保护职责的部门，在处理案件过程中发现违法事实涉嫌犯罪的，应当将犯罪线索移送具有侦查、调查职权的机关。有关部门应当根据野生动物保护法的相关规定认真履行职责，例如对野生动物及其制品交易、利用、运输、携带、寄递等活动进行监督检查，及时发现违法行为，接到举报或者控告要及时依法处理，否则属于本法第四十五条规定追究的违法行为。

（三）滥用职权、玩忽职守、徇私舞弊等不依法履行职责的行为

野生动物保护法第十四条规定，各级野生动物保护主管部门应当监测环境对野生动物的影响，发现环境影响对野生动物造成危害时，应当会同有关部门进行调查处理。根据该条规定，监测环境对野生动物的影响以及必要时的调查处理是各级野生动物保护主管部门的职责。野生动物保护法第三十五条第一款规定，县级以上人民政府野生动物保护主管部门，应当对科学研究、人工繁育、公众展示展演等利用野生动物及其制品的活动进行规范和监督管理。这也是对有关部门的职责的规定。除了依法作出行政许可、发现违法行为以及依法处理接到的举报，野生动物保护法还为有关部门规定了其他行政管理手段，要求有关部门认真履行职责。当行政机关工作人员有滥用职权、玩忽职守、徇私舞弊等不依法履行职责的行为时，将被追究法律责任。

二、直接负责的主管人员和其他直接责任人员的法律责任

野生动物保护工作的推进与行政机关工作人员依法履行职责密切相关，本条规定了直接负责的主管人员和其他直接责任人员的法律责任，将责任追究到底，促使行政机关工作人员认真履行职责，有助于依法行政的进一步推行。

首先，在负有责任的主管人员和其他直接责任人员应承担的行政责任规定方面，新法将"……由本级人民政府或者上级人民政府有关部门、机关责令改正，对负有责任的主管人员和其他直接责任人员依法给予记过、记大过或者降级处分；造成严重后果的，给予撤职或者开除处分，其主要负责人应当引咎辞职"简化为"……对直接负责的主管人员和其他直接责任人员依法给予处分"。行政处分区别于行政处罚，是国家行政机关在机关内部对公务员实施的一种惩戒措施，是针对公务员在其职务上的违法失

职行为作出的制裁。① 行政处分依据的主要是公务员法、《行政机关公务员处分条例》等。因此，本条规定"依法给予处分"，主要是依照公务员法、《行政机关公务员处分条例》等规定给予公务员处分。根据公务员法第六十二条的规定，行政处分分为警告、记过、记大过、降级、撤职和开除六种方式。至于具体给予违法行为人何种处分，则应当由其任免单位、行政监察机关根据案情的不同做出。② 本条关于对直接负责的主管人员和其他直接责任人员行政处分的表述更为简洁，体现出本条与公务员法的有效衔接。

其次，在负有责任的主管人员和其他直接责任人员应承担的刑事责任规定方面，规定了对构成犯罪的要依法追究刑事责任。值得注意的是，随着本法第四十五条增加规定了"玩忽职守""徇私舞弊"，与原先已有的"滥用职权"一起作为有关部门不依法履行职责的违法行为，有关责任人员可能被追究的刑事责任也更为明确。根据刑法第三百九十七条的规定，国家机关工作人员滥用职权或者玩忽职守，致使公共财产、国家和人民利益遭受重大损失的，处三年以下有期徒刑或者拘役；情节特别严重的，处三年以上七年以下有期徒刑。本法另有规定的，依照规定。国家机关工作人员徇私舞弊，犯前款罪的，处五年以下有期徒刑或者拘役；情节特别严重的，处五年以上十年以下有期徒刑。本法另有规定的，依照规定。除了刑法第三百九十七条，还有刑法第四百零二条规定的徇私舞弊不移交刑事案件罪、第四百一十一条规定的放纵走私罪等，有关部门工作人员不依法履责情节严重的，可能构成相应的罪名，需要承担刑事责任。

【关联规范】

《中华人民共和国野生动物保护法》第六条第三款、第十四条、第二十一条、第二十二条、第二十三条、第二十五条、第二十六条第一款、第三十五条；《中华人民共和国公务员法》第六十二条；《中华人民共和国刑法》第三百九十七条、第四百零二条、第四百一十一条。

---

① 参见张树义、张力：《行政法与行政诉讼法学》，高等教育出版社2020年版，第117页。
② 参见全国人大环资委法案室等：《中华人民共和国野生动物保护法解读》，中国法制出版社2016年版，第170页。

> **第四十六条　【违反自然保护地管理规定、建设项目规定的法律责任】**违反本法第十二条第三款、第十三条第二款规定的，依照有关法律法规的规定处罚。

【条文主旨】

本条是关于违反自然保护地管理规定以及违反自然保护地建设项目规定的法律责任的规定。

【理解与适用】

一、违反自然保护地管理规定、建设项目规定的违法行为

本条在表述上未予修改，但是必须留意，作为本条构成要件的野生动物保护法第十二条第三款、第十三条第二款的规定已经修改。

（一）违反自然保护地管理规定的行为

该类违法行为主要是指违反野生动物保护法第十二条第三款规定的行为。根据本法第十二条第三款的规定，包括引入外来物种、营造单一纯林、过量施洒农药等类似人为干扰、威胁野生动物生息繁衍的行为在自然保护地是被禁止或者限制的。自然保护地是由各级政府依法划定或确认，对重要的自然生态系统、自然遗迹、自然景观及其所承载的自然资源、生态功能和文化价值实施长期保护的陆域或海域。[①] 科学管理自然保护地对于提升生态环境质量，保护生物多样性至关重要。为此，本法第十二条第三款明确列举了一些违反自然保护地管理规定的行为。

（二）违反自然保护地建设项目规定的行为

该类违法行为主要指违反野生动物保护法第十三条第二款规定的行为。该条款在本次修订中进行了修改，为保护野生动物及其栖息地，在选址选线方面需要注意的建设项目，除了原来已经规定的机场、铁路、公路、水利水电、围堰、围填海以外，本次还增加了航道、风电、光伏发电的建设项目。不仅如此，新条款还调整了相关建设项目在选址选线时应当避让的对象，规定应当避让自然保护地以及其他野生动物重要栖息地、迁

[①] 《中共中央办公厅 国务院办公厅印发〈关于建立以国家公园为主体的自然保护地体系的指导意见〉》，载中国政府网，http://www.gov.cn/zhengce/2019-06/26/content_5403497.htm，最后访问日期：2023年1月15日。

徒洄游通道。总而言之，建设项目应当严格按照法律法规的规定执行，相关建设项目的选址选线要注意保护野生动物的生存环境，否则将被追究法律责任。

二、其他有关法律法规规定的法律责任

针对违反野生动物保护法第十二条第三款、第十三条第二款规定的行为，有关法律法规规定了行政责任和刑事责任。

（一）违反自然保护地管理规定行为的法律责任

《中华人民共和国陆生野生动物保护实施条例》第三十五条根据相关违法行为破坏的是否属于国家或者地方重点保护野生动物主要生息繁衍场所，分别规定了不同的处罚。在自然保护区、禁猎区破坏国家或者地方重点保护野生动物主要生息繁衍场所，由野生动物行政主管部门责令停止破坏行为，限期恢复原状并处以罚款，罚款按照相当于恢复原状所需费用三倍以下的标准执行。在自然保护区、禁猎区破坏非国家或者地方重点保护野生动物主要生息繁衍场所的，由野生动物行政主管部门责令停止破坏行为，限期恢复原状，并处以恢复原状所需费用两倍以下的罚款。

根据生物安全法第八十一条的规定，县级以上人民政府有关部门是执法主体。对未经批准擅自引进外来物种的，没收引进的外来物种，并处五万元以上二十五万元以下的罚款；对未经批准擅自释放或者丢弃外来物种的，责令限期捕回、找回释放或者丢弃的外来物种，处一万元以上五万元以下的罚款。湿地保护法第五十五条规定："违反本法规定，向湿地引进或者放生外来物种的，依照《中华人民共和国生物安全法》等有关法律法规的规定处理、处罚。"非法引进、释放、丢弃外来入侵物种的行为不单会被行政处罚，情节严重的，还可能构成犯罪，追究刑事责任。刑法第三百四十四条之一规定："违反国家规定，非法引进、释放或者丢弃外来入侵物种，情节严重的，处三年以下有期徒刑或者拘役，并处或者单处罚金。"情节严重与否，是区分非法引进、释放、丢弃外来入侵物种的行为是否构成犯罪的界限。

（二）违反自然保护地建设项目规定行为的法律责任

湿地保护法是我国首次专门针对湿地生态系统进行立法保护，是我国生态文明法治建设的一项重要成果。[1] 加强湿地保护，维护湿地生态功能

---

[1] 参见《湿地保护法 6 月 1 日施行》，载中华人民共和国自然资源部网站，https：//www.mnr.gov.cn/dt/ywbb/202206/t20220601_2738038.html，最后访问日期：2023 年 1 月 15 日。

对于维护生物多样性具有重要意义，同样有助于保护野生动物。湿地保护法于2022年6月1日起开始施行，作为有关自然保护的新法律，湿地保护法中规定了建设项目违法擅自占用国家重要湿地的法律责任，需要我们予以关注。湿地保护法第五十二条规定，建设项目违法擅自占用国家重要湿地的，由县级以上人民政府林业草原等有关主管部门按照职责分工责令停止违法行为，限期拆除在非法占用的湿地上新建的建筑物、构筑物和其他设施，修复湿地或者采取其他补救措施，按照违法占用湿地的面积，处每平方米一千元以上一万元以下罚款；违法行为人不停止建设或者逾期不拆除的，由作出行政处罚决定的部门依法申请人民法院强制执行。

此外，《中华人民共和国自然保护区条例》规定了在自然保护区建设项目的要求以及违反规定应承担的责任。根据《中华人民共和国自然保护区条例》第三十二条的规定，在自然保护区的核心区和缓冲区不允许建设任何生产设施。在自然保护区的实验区内则不得建设污染环境、破坏资源或者景观的生产设施，如果是建设其他项目，要求所建设项目的污染物排放不得超过国家和地方规定的污染物排放标准。在自然保护区的实验区内已经建成的设施，其污染物排放超过国家和地方规定的排放标准的，应当限期治理；造成损害的，必须采取补救措施。而在自然保护区的外围保护地带建设的项目，不得损害自然保护区内的环境质量；已造成损害的，应当限期治理。限期治理决定由法律、法规规定的机关作出，被限期治理的企业事业单位必须按期完成治理任务。第三十八条规定违反本条例规定，给自然保护区造成损失的，由县级以上人民政府有关自然保护区行政主管部门责令赔偿损失。第四十条规定违反本条例规定，造成自然保护区重大污染或者破坏事故，导致公私财产重大损失或者人身伤亡的严重后果，构成犯罪的，对直接负责的主管人员和其他直接责任人员依法追究刑事责任。刑法第三百四十二条之一规定了破坏自然保护地罪，规定："违反自然保护地管理法规，在国家公园、国家级自然保护区进行开垦、开发活动或者修建建筑物，造成严重后果或者有其他恶劣情节的，处五年以下有期徒刑或者拘役，并处或者单处罚金。有前款行为，同时构成其他犯罪的，依照处罚较重的规定定罪处罚。"

【适用特别提示】

本条规定的法律责任是依照有关法律法规的规定处罚，也就是说，野生动物保护法并不直接规定违反本法第十二条第三款、第十三条第二款规定的法律责任，而是由其他法律法规具体规定。本条主要打击违反自然保护地管理规定以及违反自然保护地建设项目规定的行为,主要是从保护野生动物生存环境的方面保护野生动物的生息繁衍。自然保护地是生态建设的核心载体,以自然保护地为主,我国正在不断建设完善野生动物栖息地保护体系,配套的法律规范也在不断制定完善当中。在本条的"理解与适用"中我们列举了一些其他法律法规规定的保护自然保护地的条文,但是与本条衔接的法律法规尚不止这些,需要法律适用者在实务工作中重视法律检索工作,及时关注跟进新近出台的法律法规。

【关联规范】

《中华人民共和国野生动物保护法》第十二条第三款、第十三条第二款;《中华人民共和国陆生野生动物保护实施条例》第三十五条;《中华人民共和国自然保护区条例》第三十二条、第三十八条、第四十条;《中华人民共和国湿地保护法》第五十二条、第五十五条;《中华人民共和国生物安全法》第八十一条;《中华人民共和国刑法》第三百四十二条之一、第三百四十四条之一。

> 第四十七条 【以收容救护为名买卖野生动物及其制品的法律责任】违反本法第十五条第四款规定,以收容救护为名买卖野生动物及其制品的,由县级以上人民政府野生动物保护主管部门没收野生动物及其制品、违法所得,并处野生动物及其制品价值二倍以上二十倍以下罚款,将有关违法信息记入社会信用记录,并向社会公布;构成犯罪的,依法追究刑事责任。

【条文主旨】

本条是关于以收容救护为名买卖野生动物及其制品的法律责任的规定。

【理解与适用】

《中华人民共和国陆生野生动物保护实施条例》第九条规定,任何单位和个人发现受伤、病弱、饥饿、受困、迷途的国家和地方重点保护野生动物时，应当及时报告当地野生动物行政主管部门，由其采取救护措施；也可以就近送具备救护条件的单位救护。救护单位应当立即报告野生动物行政主管部门，并按照国务院林业行政主管部门的规定办理。动物福利属于比较新兴的课题，野生动物保护法第十五条规定了动物福利方面的内容，对动物福利保护内容进行了细化。根据野生动物保护法第十五条第二款的规定，县级以上人民政府野生动物保护主管部门应当按照国家有关规定组织开展野生动物收容救护工作，加强对社会组织开展野生动物收容救护工作的规范和指导。为了规范野生动物收容救护行为，原国家林业局专门制定了《野生动物收容救护管理办法》，要求有关部门遵照执行。

近年来，社会公众改善生态环境的意愿增强，对野生动物保护的意识提高，公众送交需要收容救助的野生动物的情况增多。与此同时，也不乏名为收容救护，实际上买卖野生动物及其制品的违法行为存在，需要更加完善的野生动物收容救护体系加以配合。动物福利与野生动物保护息息相关，对野生动物进行收容救护属于动物福利方面的内容，相关法律规定的有效实施对保护野生动物具有重要意义。本条规定对保障野生动物收容救护工作的切实落实具有重要意义。

本条规定的法律责任包括行政责任和刑事责任。县级以上人民政府野生动物保护主管部门是行政执法主体，决定对违法当事人没收野生动物及其制品、违法所得，并处野生动物及其制品价值二倍以上二十倍以下罚款，将有关违法信息记入社会信用记录，并向社会公布。值得注意的是，本次修法加大了处罚力度，将罚款幅度的上限提高，将顶格罚款从野生动物及其制品价值的十倍提升至二十倍。本条还规定违法行为构成犯罪的，依法追究刑事责任。刑法第三百四十一条第一款规定，非法猎捕、杀害国家重点保护的珍贵、濒危野生动物的，或者非法收购、运输、出售国家重点保护的珍贵、濒危野生动物及其制品的，处五年以下有期徒刑或者拘役，并处罚金；情节严重的，处五年以上十年以下有期徒刑，并处罚金；情节特别严重的，处十年以上有期徒刑，并处罚金或者没收财产。刑法第三百四十一条第三款规定，违反野生动物保护管理法规，以食用为目的非法猎捕、收购、运输、出售第一款规定以外的在野外环境自然生长繁殖的陆生野生动物，情节严重的，依照前款的规定处罚。

【适用特别提示】

在具体适用本条时，有以下几点需要注意：

第一，关于行政违法行为的法律责任。根据本条规定，违反本法第十五条第四款规定，以收容救护为名买卖野生动物及其制品尚不构成犯罪的，由县级以上人民政府野生动物保护主管部门没收野生动物及其制品、违法所得，并处野生动物及其制品价值二倍以上二十倍以下罚款，将有关违法信息记入社会信用记录，并向社会公布。本条规定违法当事人应当同时承担三项法律责任。也就是说，作为行政执法主体的县级以上人民政府野生动物保护主管部门既要没收野生动物及其制品、违法所得，又要处野生动物及其制品价值二倍以上二十倍以下罚款，还要将有关违法信息记入社会信用记录，并向社会公布。行政执法主体应当对违法当事人一并追究法律责任，而不是择一法律责任追究。

第二，关于野生动物及其制品价值的确定。本条规定县级以上人民政府野生动物保护主管部门对违法当事人处野生动物及其制品价值二倍以上二十倍以下的罚款。县级以上人民政府野生动物保护主管部门具有行政裁量权，需要结合违法案件的具体情况，在野生动物及其制品价值二倍以上二十倍以下的区间内决定罚款数额，但是首先要解决的问题是如何确定野生动物及其制品的价值。

野生动物保护法第六十二条规定，县级以上人民政府野生动物保护主管部门应当加强对野生动物及其制品鉴定、价值评估工作的规范、指导。本法规定的猎获物价值、野生动物及其制品价值的评估标准和方法，由国务院野生动物保护主管部门制定。2017 年，原国家林业局制定出台了《野生动物及其制品价值评估方法》，规定野生动物保护法规定的猎获物价值、野生动物及其制品价值的评估活动，适用本方法。因此，县级以上人民政府野生动物保护主管部门应当加强对野生动物及其制品鉴定、价值评估工作的规范、指导，应当根据《野生动物及其制品价值评估方法》评估野生动物及其制品的价值，在确定野生动物及其制品价值的基础上决定罚款数额。

第三，关于刑法第三百四十一条第一款和第三款的具体适用。从刑法第三百四十一条第一款和第三款的规定可知，犯罪情节的严重程度不同，对应的刑罚也不同。而就如何判断违法行为构成犯罪，犯罪情节严重、犯罪情节特别严重，《最高人民法院、最高人民检察院关于办理破坏野生动物资源刑事案件适用法律若干问题的解释》（以下简称《解释》）作出了规定。[1]《解释》第六条解释了刑法第三百四十一条第一款的适用，《解释》第八条解释了刑法第三百四十一条第三款的适用。

---

[1] 载最高人民法院网站，https：//www.court.gov.cn/xinshidai-xiangqing-353961.html，最后访问日期：2023 年 1 月 15 日。

《解释》是最高人民法院、最高人民检察院为依法惩治破坏野生动物资源犯罪，保护生态环境，维护生物多样性和生态平衡，根据刑法、刑事诉讼法、野生动物保护法等法律的有关规定，就办理破坏野生动物资源刑事案件适用法律若干问题制定的司法解释。因此，办理以收容救护为名买卖野生动物及其制品的违法案件，在适用刑法有关规定追究刑事责任时，需要同时参考《解释》的相关规定。

【关联规范】

《中华人民共和国野生动物保护法》第十五条第四款、第六十二条；《中华人民共和国刑法》第三百四十一条第一款；《野生动物收容救护管理办法》；《中华人民共和国陆生野生动物保护实施条例》第九条；《最高人民法院、最高人民检察院关于办理破坏野生动物资源刑事案件适用法律若干问题的解释》第六条、第八条。

第四十八条　【违法猎捕国家重点保护野生动物、未将猎捕情况向野生动物保护主管部门备案的法律责任】违反本法第二十条、第二十一条、第二十三条第一款、第二十四条第一款规定，有下列行为之一的，由县级以上人民政府野生动物保护主管部门、海警机构和有关自然保护地管理机构按照职责分工没收猎获物、猎捕工具和违法所得，吊销特许猎捕证，并处猎获物价值二倍以上二十倍以下罚款；没有猎获物或者猎获物价值不足五千元的，并处一万元以上十万元以下罚款；构成犯罪的，依法追究刑事责任：

（一）在自然保护地、禁猎（渔）区、禁猎（渔）期猎捕国家重点保护野生动物；

（二）未取得特许猎捕证、未按照特许猎捕证规定猎捕、杀害国家重点保护野生动物；

（三）使用禁用的工具、方法猎捕国家重点保护野生动物。

违反本法第二十三条第一款规定，未将猎捕情况向野生动物保护主管部门备案的，由核发特许猎捕证、狩猎证的野生

> 动物保护主管部门责令限期改正；逾期不改正的，处一万元以上十万元以下罚款；情节严重的，吊销特许猎捕证、狩猎证。

【条文主旨】

本条是关于违法猎捕国家重点保护野生动物以及未将猎捕情况向野生动物保护主管部门备案的法律责任的规定。

【理解与适用】

本条在此次修订中进行了一些修改：第一，将行政执法主体之一的"海洋执法部门"修改为"海警机构"。根据海警法第二条的规定，海警机构指人民武装警察部队海警部队，负责统一履行海上维权执法职责。海警机构包括中国海警局及其海区分局和直属局、省级海警局、市级海警局、海警工作站。新法使用"海警机构"的表述，与海警法形成了良好的衔接，使本条规定的行政执法主体更为明确。第二，修改了有关行政责任的规定。原本针对相关违法行为，区分是否有猎获物分别处以不一样的罚款数额，规定有猎获物的，并处猎获物价值二倍以上十倍以下的罚款；没有猎获物的，并处一万元以上五万元以下的罚款。新规定则将猎获物价值不足五千元与没有猎获物等同对待，规定了相同的处罚，并且无论是否有猎获物，均加大了罚款的力度，规定猎获物达到五千元及以上的，并处猎获物价值二倍以上二十倍以下罚款；没有猎获物或者猎获物价值不足五千元的，并处一万元以上十万元以下罚款。第三，新增加了第二款的规定。本条第二款是关于未将猎捕情况向野生动物保护主管部门备案的法律责任的规定。

本条的规范内容包括违法行为和法律责任两部分。

一、违法行为

第一，在自然保护地、禁猎（渔）区、禁猎（渔）期猎捕国家重点保护野生动物。划定自然保护地、禁猎（渔）区和设置禁猎（渔）期对野生动物的生息繁衍十分重要，有助于保护野生动物。本法第二十条第一款规定，在自然保护地和禁猎（渔）区、禁猎（渔）期内，禁止猎捕以及其他妨碍野生动物生息繁衍的活动，但法律法规另有规定的除外。因此，除非法律法规另有规定，否则在自然保护地、禁猎（渔）区、禁猎（渔）期猎捕国家重点保护野生动物的行为违法，需要承担本条第一款规定的法律责任。

第二，未取得特许猎捕证、未按照特许猎捕证规定猎捕、杀害国家重点保护野生动物。本法第二十一条规定，禁止猎捕、杀害国家重点保护野生动物。因科学研究、种群调控、疫源疫病监测或者其他特殊情况，需要猎捕国家一级保护野生动物的，应当向国务院野生动物保护主管部门申请特许猎捕证；需要猎捕国家二级保护野生动物的，应当向省、自治区、直辖市人民政府野生动物保护主管部门申请特许猎捕证。也就是说，国家原则上禁止猎捕、杀害国家重点保护野生动物，持有特许猎捕证猎捕、杀害国家重点保护野生动物属于例外的合法行为，但是同时要求必须按照特许猎捕证的规定开展作业，否则属于违法行为。

第三，使用禁用的工具、方法猎捕国家重点保护野生动物。本法第二十三条第一款规定，猎捕者应当严格按照特许猎捕证、狩猎证规定的种类、数量或者限额、地点、工具、方法和期限进行猎捕。猎捕作业完成后，应当将猎捕情况向核发特许猎捕证、狩猎证的野生动物保护主管部门备案。具体办法由国务院野生动物保护主管部门制定。猎捕国家重点保护野生动物应当由专业机构和人员承担；猎捕有重要生态、科学、社会价值的陆生野生动物，有条件的地方可以由专业机构有组织开展。本法第二十四条第一款规定，禁止使用毒药、爆炸物、电击或者电子诱捕装置以及猎套、猎夹、捕鸟网、地枪、排铳等工具进行猎捕，禁止使用夜间照明行猎、歼灭性围猎、捣毁巢穴、火攻、烟熏、网捕等方法进行猎捕，但因物种保护、科学研究确需网捕、电子诱捕以及植保作业等除外。

第四，猎捕作业完成后，未将猎捕情况向核发特许猎捕证、狩猎证的野生动物保护主管部门备案。修订后的野生动物保护法在第二十三条第一款中新增规定，猎捕作业完成后，应当将猎捕情况向核发特许猎捕证、狩猎证的野生动物保护主管部门备案。新法增设了猎捕者在猎捕作业完成后向有关部门备案的义务，猎捕者不承担该义务将构成违法，需要承担本条第二款规定的法律责任。

二、法律责任

第一，关于本条第一款规定的法律责任。本条第一款规定的法律责任包括行政责任和刑事责任。具体而言，行政责任包括没收猎获物、猎捕工具和违法所得，吊销特许猎捕证，并处罚款。以猎获物价值是否达到五千元为界限，本条第一款规定的罚款的标准和幅度也有所不同。没有猎获物或者猎获物价值不足五千元的,并处一万元以上十万元以下罚款,否则并处猎获物价值二倍以上二十倍以下罚款。

本条第一款还规定,构成犯罪的,依法追究刑事责任。刑法第三百四十条以及第三百四十一条第一款、第二款分别规定了非法捕捞水产品罪以及危害珍贵、濒危野生动物罪、非法狩猎罪,与本条第一款相衔接。刑法第三百四十条规定,违反保护水产资源法规,在禁渔区、禁渔期或者使用禁用的工具、方法捕捞水产品,情节严重的,处三年以下有期徒刑、拘役、管制或者罚金。刑法第三百四十一条第一款规定,非法猎捕、杀害国家重点保护的珍贵、濒危野生动物的,或者非法收购、运输、出售国家重点保护的珍贵、濒危野生动物及其制品的,处五年以下有期徒刑或者拘役,并处罚金;情节严重的,处五年以上十年以下有期徒刑,并处罚金;情节特别严重的,处十年以上有期徒刑,并处罚金或者没收财产。第二款规定,违反狩猎法规,在禁猎区、禁猎期或者使用禁用的工具、方法进行狩猎,破坏野生动物资源,情节严重的,处三年以下有期徒刑、拘役、管制或者罚金。

第二,关于本条第二款规定的法律责任。根据本条第二款的规定,核发特许猎捕证、狩猎证的野生动物保护主管部门同时也是本条第二款规定的行政执法主体,负责追究违法当事人的法律责任。对于违反本法第二十三条第一款规定,未将猎捕情况向野生动物保护主管部门备案的违法当事人,首先由核发特许猎捕证、狩猎证的野生动物保护主管部门责令限期改正。如果违法当事人逾期仍不改正的,处一万元以上十万元以下罚款;情节严重的,吊销特许猎捕证、狩猎证。

诚如上文所言,猎捕者应当在猎捕作业完成后,将猎捕情况向有关部门备案属于本次修法新增加的内容。人们对这一规定的了解和遵守需要经历一个过程,当猎捕者因未备案而违法时,核发特许猎捕证、狩猎证的野生动物保护主管部门先行责令当事人限期改正,如果当事人已经及时改正了违法行为,便不再处以惩戒性更强的罚款乃至吊销特许猎捕证、狩猎证的处罚;反之如果当事人逾期不改正,处一万元以上十万元以下罚款,对违法情节严重的吊销特许猎捕证、狩猎证,通过实施处罚纠正违法行为并防止当事人再犯。本条第二款规定的法律责任符合设定行政处罚的目的,有助于推动本法第二十三条第一款中新增加规定的有效实施。

【关联规范】

《中华人民共和国野生动物保护法》第二十条、第二十一条、第二十三条第一款、第二十四条第一款；《中华人民共和国海警法》第二条；《中华人民共和国刑法》第三百四十条、第三百四十一条第一款和第二款。

第四十九条　【在自然保护地、无狩猎证或者使用禁用的工具、方法等违法猎捕野生动物的法律责任】违反本法第二十条、第二十二条、第二十三条第一款、第二十四条第一款规定，有下列行为之一的，由县级以上地方人民政府野生动物保护主管部门和有关自然保护地管理机构按照职责分工没收猎获物、猎捕工具和违法所得，吊销狩猎证，并处猎获物价值一倍以上十倍以下罚款；没有猎获物或者猎获物价值不足二千元的，并处二千元以上二万元以下罚款；构成犯罪的，依法追究刑事责任：

（一）在自然保护地、禁猎（渔）区、禁猎（渔）期猎捕有重要生态、科学、社会价值的陆生野生动物或者地方重点保护野生动物；

（二）未取得狩猎证、未按照狩猎证规定猎捕有重要生态、科学、社会价值的陆生野生动物或者地方重点保护野生动物；

（三）使用禁用的工具、方法猎捕有重要生态、科学、社会价值的陆生野生动物或者地方重点保护野生动物。

违反本法第二十条、第二十四条第一款规定，在自然保护地、禁猎区、禁猎期或者使用禁用的工具、方法猎捕其他陆生野生动物，破坏生态的，由县级以上地方人民政府野生动物保护主管部门和有关自然保护地管理机构按照职责分工没收猎获物、猎捕工具和违法所得，并处猎获物价值一倍以上三倍以下罚款；没有猎获物或者猎获物价值不足一千元的，并处一千元以上三千元以下罚款；构成犯罪的，依法追究刑事责任。

违反本法第二十三条第二款规定，未取得持枪证持枪猎捕野生动物，构成违反治安管理行为的，还应当由公安机关依法给予治安管理处罚；构成犯罪的，依法追究刑事责任。

【条文主旨】

本条规定的是在自然保护地、禁猎（渔）区、禁猎（渔）期，未取得狩猎证、未按照狩猎证规定，使用禁用的工具、方法等违法猎捕野生动物的法律责任。

【理解与适用】

一、本条第一款规定的违法行为及其法律责任

本条第一款规定的违法行为包括以下三种：

第一，在自然保护地、禁猎（渔）区、禁猎（渔）期猎捕有重要生态、科学、社会价值的陆生野生动物或者地方重点保护野生动物。因为本法第二十条第一款明确规定，在自然保护地和禁猎（渔）区、禁猎（渔）期内，禁止猎捕以及其他妨碍野生动物生息繁衍的活动，但法律法规另有规定的除外。这里禁止猎捕的野生动物不仅指国家重点保护野生动物，还包括有重要生态、科学、社会价值的陆生野生动物和地方重点保护野生动物。

第二，未取得狩猎证、未按照狩猎证规定猎捕有重要生态、科学、社会价值的陆生野生动物或者地方重点保护野生动物。本法第二十二条规定，猎捕有重要生态、科学、社会价值的陆生野生动物和地方重点保护野生动物的，应当依法取得县级以上地方人民政府野生动物保护主管部门核发的狩猎证，并服从猎捕量限额管理。本法不仅规定猎捕有重要生态、科学、社会价值的陆生野生动物和地方重点保护野生动物要取得狩猎证，还在第二十三条第一款规定了猎捕者应当严格按照狩猎证规定猎捕，主要是指按照狩猎证规定的种类、数量或者限额、地点、工具、方法和期限猎捕。因此，未取得狩猎证、未按照狩猎证规定猎捕有重要生态、科学、社会价值的陆生野生动物或者地方重点保护野生动物的行为违法，需要承担本条第一款规定的法律责任。

第三，使用禁用的工具、方法猎捕有重要生态、科学、社会价值的陆生野生动物或者地方重点保护野生动物。根据本法第二十四条第一款的规定，禁用的工具主要包括毒药、爆炸物、电击或者电子诱捕装置以及猎套、猎夹、捕鸟网、地枪、排铳等工具，禁用的方法主要包括夜间照明行猎、歼灭性围猎、捣毁巢穴、火攻、烟熏、网捕等方法。不过也有例外规定，因物种保护、科学研究确需网捕、电子诱捕以及植保作业等的，属于合法行为。

针对上述违法行为，本条第一款规定的法律责任包括行政责任和刑事责任。对于行政违法当事人，由县级以上地方人民政府野生动物保护主管部门和有关自然保护地管理机构按照职责分工没收猎获物、猎捕工具和违法所得，吊销狩猎证，并处猎获物价值一倍以上十倍以下罚款；没有猎获物或者猎获物价值不足二千元的，并处二千元以上二万元以下罚款。对于构成犯罪的，依法追究刑事责任。主要涉及非法捕捞水产品罪和非法狩猎罪两个罪名，分别规定于刑法第三百四十条和第三百四十一条第二款。刑法第三百四十条规定，违反保护水产资源法规，在禁渔区、禁渔期或者使用禁用的工具、方法捕捞水产品，情节严重的，处三年以下有期徒刑、拘役、管制或者罚金。刑法第三百四十一条第二款规定，违反狩猎法规，在禁猎区、禁猎期或者使用禁用的工具、方法进行狩猎，破坏野生动物资源，情节严重的，处三年以下有期徒刑、拘役、管制或者罚金。

二、本条第二款规定的违法行为及其法律责任

本条第二款规定是本次修订新增加的内容，体现了对其他陆生野生动物保护的重视提升。在本次野生动物保护法修订过程中，全国人民代表大会宪法和法律委员会经同全国人民代表大会环境与资源保护委员会、司法部、自然资源部、农业农村部、国家林业和草原局研究认为，将野生动物保护范围扩大到其他陆生野生动物是不必要的，现行法关于保护管理范围的规定合适，应予维持。当然，这并不妨碍新法设置规定以完善对其他陆生野生动物的具体保护管理措施。① 为此，本条第二款规定违反本法第二十条、第二十四条第一款规定，在自然保护地、禁猎区、禁猎期或者使用禁用的工具、方法猎捕其他陆生野生动物，破坏生态的行为违法，需要承担法律责任。

本条第二款规定的法律责任包括行政责任和刑事责任。县级以上地方人民政府野生动物保护主管部门和有关自然保护地管理机构按照职责分工，对违法当事人实施行政处罚，包括没收猎获物、猎捕工具和违法所得，并处罚款。其中罚款分为两档：猎获物价值达到一千元及以上的，处猎获物价值一倍以上三倍以下罚款；没有猎获物或者猎获物价值不足一千元的，并处一千元以上三千元以下罚款。本条第二款还规定违法行为构成

---

① 参见《全国人民代表大会宪法和法律委员会关于〈中华人民共和国野生动物保护法（修订草案）〉修改情况的汇报》，载中国人大网，http：//www.npc.gov.cn/npc/c30834/202212/7196163a217449d593e5f7fd9af9b781.shtml，最后访问日期：2023 年 1 月 15 日。

犯罪的，依法追究刑事责任。刑法第三百四十一条第二款规定，违反狩猎法规，在禁猎区、禁猎期或者使用禁用的工具、方法进行狩猎，破坏野生动物资源，情节严重的，处三年以下有期徒刑、拘役、管制或者罚金。第三款规定，违反野生动物保护管理法规，以食用为目的非法猎捕、收购、运输、出售第一款规定以外的在野外环境自然生长繁殖的陆生野生动物，情节严重的，依照前款的规定处罚。由此可见，本次修法新增本条第二款的规定，实现了本法与刑法有关规定的有效衔接。

三、本条第三款规定的违法行为及其法律责任

本条第三款规定未取得持枪证持枪猎捕野生动物的违法行为需要承担法律责任。本法第二十三条第二款规定，持枪猎捕的，应当依法取得公安机关核发的持枪证。因此，在我国持枪猎捕野生动物实行许可制度。猎捕者应当依法取得公安机关核发的持枪证持枪猎捕，否则行为违法。本条第三款规定的法律责任分为行政责任和刑事责任。对未取得持枪证持枪猎捕野生动物的行为，构成违反治安管理行为的，由公安机关依法给予治安管理处罚；构成犯罪的，依法追究刑事责任。具体而言，治安管理处罚法第三十二条规定，非法携带枪支、弹药或者弩、匕首等国家规定的管制器具的，处五日以下拘留，可以并处五百元以下罚款；情节较轻的，处警告或者二百元以下罚款。非法携带枪支、弹药或者弩、匕首等国家规定的管制器具进入公共场所或者公共交通工具的，处五日以上十日以下拘留，可以并处五百元以下罚款。刑法第一百二十八条第一款规定，违反枪支管理规定，非法持有、私藏枪支、弹药的，处三年以下有期徒刑、拘役或者管制；情节严重的，处三年以上七年以下有期徒刑。

【关联规范】

《中华人民共和国野生动物保护法》第二十条、第二十二条、第二十三条、第二十四条第一款；《中华人民共和国治安管理处罚法》第三十二条；《中华人民共和国刑法》第一百二十八条第一款、第三百四十条、第三百四十一条第二款和第三款。

> 第五十条 【以食用为目的猎捕、交易、运输在野外环境自然生长繁殖的野生动物的法律责任】违反本法第三十一条第二款规定，以食用为目的猎捕、交易、运输在野外环境自然生长繁殖的国家重点保护野生动物或者有重要生态、科学、社会价值的陆生野生动物的，依照本法第四十八条、第四十九条、第五十二条的规定从重处罚。
>
> 违反本法第三十一条第二款规定，以食用为目的猎捕在野外环境自然生长繁殖的其他陆生野生动物的，由县级以上地方人民政府野生动物保护主管部门和有关自然保护地管理机构按照职责分工没收猎获物、猎捕工具和违法所得；情节严重的，并处猎获物价值一倍以上五倍以下罚款，没有猎获物或者猎获物价值不足二千元的，并处二千元以上一万元以下罚款；构成犯罪的，依法追究刑事责任。
>
> 违反本法第三十一条第二款规定，以食用为目的交易、运输在野外环境自然生长繁殖的其他陆生野生动物的，由县级以上地方人民政府野生动物保护主管部门和市场监督管理部门按照职责分工没收野生动物；情节严重的，并处野生动物价值一倍以上五倍以下罚款；构成犯罪的，依法追究刑事责任。

【条文主旨】

本条是关于以食用为目的猎捕、交易、运输在野外环境自然生长繁殖的野生动物的法律责任的规定。

【理解与适用】

本次修订后的野生动物保护法增加了第三十一条第二款的规定："禁止以食用为目的猎捕、交易、运输在野外环境自然生长繁殖的前款规定的野生动物。"结合本法第三十一条第一款的规定来看，第二款规定的"前款规定的野生动物"是指国家重点保护野生动物和国家保护的有重要生态、科学、社会价值的陆生野生动物以及其他陆生野生动物。也就是说，新法规定禁止以食用为目的猎捕、交易、运输在野外环境自然生长繁殖的国家重点保护野生动物和国家保护的有重要生态、科学、社会价值的陆生野生动物以及其他陆生野生动物。本条正是对以食用为目的猎捕、交易、运输在野外环境自然生长繁殖的野生动物的法律责任的规定，有助于保障本法第三十一条第二款规定的切实落实。

2020年2月24日，十三届全国人大常委会第十六次会议审议通过了《全国人民代表大会关于全面禁止非法野生动物交易、革除滥食野生动物陋习、切实保障人民群众生命健康安全的决定》，[1] 规定全面禁食野生动物。有学者指出：“禁止食用是一个主要目标，但在以食用为目的的链条上还有猎捕、交易、运输等多种行为，如果不全面加以管控，全面禁食就将落空。”[2] 本条文规定严厉打击以食用为目的猎捕、交易、运输在野外环境自然生长繁殖的野生动物的违法行为，对以食用为目的的链条上猎捕、交易、运输等多种行为全面管控，有助于全面禁食野生动物目标的实现。

一、以食用为目的猎捕、交易、运输在野外环境自然生长繁殖的国家重点保护野生动物或者有重要生态、科学、社会价值的陆生野生动物的法律责任

本条第一款规定，以食用为目的猎捕、交易、运输在野外环境自然生长繁殖的国家重点保护野生动物或者有重要生态、科学、社会价值的陆生野生动物的，依照本法第四十八条、第四十九条、第五十二条的规定从重处罚。"从重处罚是指对违法当事人在法定处罚方式或幅度内，适用较严厉的处罚方式或就高、就重予以处罚。"[3] 本法第四十八条规定了违法猎捕国家重点保护野生动物的法律责任，第四十九条规定了违法猎捕有重要生态、科学、社会价值的陆生野生动物的法律责任，第五十二条中有关于违法交易、运输国家重点保护野生动物或者有重要生态、科学、社会价值的陆生野生动物的法律责任的规定。以食用为目的猎捕、交易、运输在野外环境自然生长繁殖的国家重点保护野生动物或者有重要生态、科学、社会价值的陆生野生动物的违法行为，相较于本法第四十八条、第四十九条、

---

[1] 参见《全国人民代表大会常务委员会关于全面禁止非法野生动物交易、革除滥食野生动物陋习、切实保障人民群众生命健康安全的决定》，载中国人大网，http://www.npc.gov.cn/npc/c30834/202002/c56b129850aa42acb584cf01ebb68ea4.shtml，最后访问日期：2022年1月15日。

[2] 参见王晨：《依法全面禁止食用野生动物 保障人民群众生命健康安全》，载《人民日报》2020年3月19日。

[3] 胡建淼、江利红：《行政法学（第五版）》，中国人民大学出版社2022年版，第222页。

第五十二条中规定的违法行为,增加"以食用为目的"的违法构成要件。因此,对于已经满足本法第四十八条、第四十九条、第五十二条的规定,构成违法猎捕、交易、运输在野外环境自然生长繁殖的国家重点保护野生动物或者有重要生态、科学、社会价值的陆生野生动物的,如果同时还符合以食用为目的,则属于本条第一款规定的违法行为,依照本法第四十八条、第四十九条、第五十二条的规定从重处罚。

二、以食用为目的猎捕、交易、运输在野外环境自然生长繁殖的其他陆生野生动物的法律责任

这部分规定的法律责任由两款组成。本条第二款规定的是以食用为目的猎捕在野外环境自然生长繁殖的其他陆生野生动物的法律责任,第三款规定的是以食用为目的交易、运输在野外环境自然生长繁殖的其他陆生野生动物的法律责任。也就是说,对于以食用为目的猎捕、交易、运输在野外环境自然生长繁殖的其他陆生野生动物的违法行为的法律责任不能一概而论,需要区分是猎捕还是交易、运输,分别适用不同的法律依据。

本条第二款规定了行政责任和刑事责任。县级以上地方人民政府野生动物保护主管部门和有关自然保护地管理机构是行政执法主体,决定没收违法当事人的猎获物、猎捕工具和违法所得。此外,对违法情节严重的当事人还要并处罚款。罚款分为两档:没有猎获物或者猎获物价值不足二千元的,处二千元以上一万元以下罚款;猎获物价值达到二千元及以上的,处猎获物价值一倍以上五倍以下罚款。本条第二款还规定对构成犯罪的,依法追究刑事责任。刑法第三百四十一条第三款规定,违反野生动物保护管理法规,以食用为目的非法猎捕、收购、运输、出售第一款规定以外的在野外环境自然生长繁殖的陆生野生动物,情节严重的,依照前款的规定处罚。

本条第三款规定了行政责任和刑事责任。县级以上地方人民政府野生动物保护主管部门和市场监督管理部门是行政执法主体,决定没收野生动物,对于情节严重的还要并处野生动物价值一倍以上五倍以下的罚款。本条第三款也规定对构成犯罪的,依法追究刑事责任,对应的也是刑法第三百四十一条第三款。

值得提出的是,《最高人民法院、最高人民检察院关于办理破坏野生动物资源刑事案件适用法律若干问题的解释》第八条规定,违反野生动物保护管理法规,以食用为目的,非法猎捕、收购、运输、出售刑法第三百四十一条第一款规定以外的在野外环境自然生长繁殖的陆生野生动物,具有下列情形之一的,应当认定为刑法第三百四十一条第三款规定的"情节严重",以非法猎捕、收购、运输、出售陆生野生动物罪定罪处罚：

(一)非法猎捕、收购、运输、出售有重要生态、科学、社会价值的陆生野生动物或者地方重点保护陆生野生动物价值一万元以上的；

(二)非法猎捕、收购、运输、出售第一项规定以外的其他陆生野生动物价值五万元以上的；

(三)其他情节严重的情形。

实施前款规定的行为，同时构成非法狩猎罪的，应当依照刑法第三百四十一条第三款的规定，以非法猎捕陆生野生动物罪定罪处罚。

【关联规范】

《中华人民共和国野生动物保护法》第三十一条第二款、第四十八条、第四十九条、第五十二条；《中华人民共和国刑法》第三百四十一条第三款；《最高人民法院、最高人民检察院关于办理破坏野生动物资源刑事案件适用法律若干问题的解释》第八条。

第五十一条 【人工繁育有关野生动物而未取得人工繁育许可证或者未备案的法律责任】违反本法第二十五条第二款规定，未取得人工繁育许可证，繁育国家重点保护野生动物或者依照本法第二十九条第二款规定调出国家重点保护野生动物名录的野生动物的，由县级以上人民政府野生动物保护主管部门没收野生动物及其制品，并处野生动物及其制品价值一倍以上十倍以下罚款。

违反本法第二十五条第三款规定，人工繁育有重要生态、科学、社会价值的陆生野生动物或者依照本法第二十九条第二款规定调出有重要生态、科学、社会价值的陆生野生动物名录的野生动物未备案的，由县级人民政府野生动物保护主管部门责令限期改正；逾期不改正的，处五百元以上二千元以下罚款。

【条文主旨】

本条是关于未取得人工繁育许可证繁育国家重点保护野生动物或者依

照本法第二十九条第二款规定调出国家重点保护野生动物名录的野生动物；人工繁育有重要生态、科学、社会价值的陆生野生动物或者依照本法第二十九条第二款规定调出有重要生态、科学、社会价值的陆生野生动物名录的野生动物未备案的法律责任的规定。

【理解与适用】

一、确立了人工繁育野生动物分类分级管理制度

本法第二十五条第二款规定，人工繁育国家重点保护野生动物实行许可制度。人工繁育国家重点保护野生动物的，应当经省、自治区、直辖市人民政府野生动物保护主管部门批准，取得人工繁育许可证，但国务院对批准机关另有规定的除外。第三款规定，人工繁育有重要生态、科学、社会价值的陆生野生动物的，应当向县级人民政府野生动物保护主管部门备案。修改后的第二十五条确立了人工繁育野生动物分类分级管理制度。

本法第二十九条第二款规定，对本法第十条规定的国家重点保护野生动物名录和有重要生态、科学、社会价值的陆生野生动物名录进行调整时，根据有关野外种群保护情况，可以对前款规定的有关人工繁育技术成熟稳定野生动物的人工种群，不再列入国家重点保护野生动物名录和有重要生态、科学、社会价值的陆生野生动物名录，实行与野外种群不同的管理措施，但应当依照本法第二十五条第二款、第三款和本条第一款的规定取得人工繁育许可证或者备案和专用标识。

因此，结合本法第二十五条第二款和第三款以及第二十九条第二款的规定内容来看，在我国人工繁育国家重点保护野生动物或者依照本法第二十九条第二款规定调出国家重点保护野生动物名录的野生动物实行许可制度，人工繁育有重要生态、科学、社会价值的陆生野生动物或者依照本法第二十九条第二款规定调出有重要生态、科学、社会价值的陆生野生动物名录的野生动物实行备案制度。

二、本条规定的违法行为及其法律责任

在明确我国人工繁育野生动物实行分类分级管理制度的基础上，可以发现本条的两款，分别对应违反许可制度和违反备案制度人工繁育有关野生动物的违法行为规定法律责任。

本条第一款规定未取得人工繁育许可证，繁育国家重点保护野生动物或者依照本法第二十九条第二款规定调出国家重点保护野生动物名录的野生动物的为违法行为，规定没收野生动物及其制品，并处野生动物及其制品价值一倍以上十倍以下罚款。新规定对比 2016 年版野生动物保护法第四

十七条的规定加大了处罚力度，将罚款处罚的幅度上限从野生动物及其制品价值的五倍提升至十倍。

本条第二款是本次修订新增加的内容，规定人工繁育有重要生态、科学、社会价值的陆生野生动物或者依照本法第二十九条第二款规定调出有重要生态、科学、社会价值的陆生野生动物名录的野生动物未备案的属于违法行为，由县级人民政府野生动物保护主管部门责令限期改正；逾期不改正的，处五百元以上二千元以下罚款。

县级人民政府野生动物保护主管部门是本条规定的行政执法主体。

【关联规范】

《中华人民共和国野生动物保护法》第二十五条第二款和第三款、第二十九条第二款。

第五十二条　【违法出售、购买、利用、运输、携带、承运、寄递有关野生动物及其制品的法律责任】违反本法第二十八条第一款和第二款、第二十九条第一款、第三十四条第一款规定，未经批准、未取得或者未按照规定使用专用标识，或者未持有、未附有人工繁育许可证、批准文件的副本或者专用标识出售、购买、利用、运输、携带、寄递国家重点保护野生动物及其制品或者依照本法第二十九条第二款规定调出国家重点保护野生动物名录的野生动物及其制品的，由县级以上人民政府野生动物保护主管部门和市场监督管理部门按照职责分工没收野生动物及其制品和违法所得，责令关闭违法经营场所，并处野生动物及其制品价值二倍以上二十倍以下罚款；情节严重的，吊销人工繁育许可证、撤销批准文件、收回专用标识；构成犯罪的，依法追究刑事责任。

违反本法第二十八条第三款、第二十九条第一款、第三十四条第二款规定，未持有合法来源证明或者专用标识出售、利用、运输、携带、寄递有重要生态、科学、社会价值的陆生野生动物、地方重点保护野生动物或者依照本法第二十九条第二款规定调出有重要生态、科学、社会价值的陆生野生动物

> 名录的野生动物及其制品的，由县级以上地方人民政府野生动物保护主管部门和市场监督管理部门按照职责分工没收野生动物，并处野生动物价值一倍以上十倍以下罚款；构成犯罪的，依法追究刑事责任。
>
> 违反本法第三十四条第四款规定，铁路、道路、水运、民航、邮政、快递等企业未按照规定查验或者承运、寄递野生动物及其制品的，由交通运输、铁路监督管理、民用航空、邮政管理等相关主管部门按照职责分工没收违法所得，并处违法所得一倍以上五倍以下罚款；情节严重的，吊销经营许可证。

【条文主旨】

本条是关于违法出售、购买、利用、运输、携带、承运、寄递有关野生动物及其制品的法律责任的规定。

【理解与适用】

本条文在此次修订中的改动较大，主要有以下几处修改：一是在第一款中增加了"责令关闭违法经营场所"的行政处罚规定，并将罚款的幅度上限由野生动物及其制品价值的十倍提升至二十倍。二是在第二款中增加规定了"携带"和"寄递"行为，与既有的"出售""利用""运输"相并列，也即不仅是未持有合法来源证明出售、利用、运输有关野生动物及其制品需要承担法律责任，未持有合法来源证明携带、寄递有关野生动物及其制品的行为也需要承担法律责任。并且本款规定保护的野生动物也作了修改，从"非国家重点保护野生动物"修改为"有重要生态、科学、社会价值的陆生野生动物、地方重点保护野生动物或者依照本法第二十九条第二款规定调出有重要生态、科学、社会价值的陆生野生动物名录的野生动物及其制品"。此外，本款加大了处罚力度。一方面，本款将"并处野生动物价值一倍以上五倍以下的罚款"修改为"并处野生动物价值一倍以上十倍以下罚款"，提高了罚款的幅度上限；另一方面，新增刑事责任的规定，将行政责任与刑事责任相衔接。三是增加规定了全新的第三款。就违反本法第三十四条第四款规定的违法行为规定了法律责任。

一、违反本法第二十八条第一款和第二款、第二十九条第一款、第三十四条第一款规定的违法行为及其法律责任

在出售、购买、利用、运输、携带、寄递国家重点保护野生动物及其制品或者本法第二十九条第二款规定调出国家重点保护野生动物名录的野生动物及其制品时，以下行为违法，需要承担本条第一款规定的法律责任：

第一，未经批准并且未按照规定取得和使用专用标识出售、购买、利用国家重点保护野生动物及其制品。根据本法第二十八条第一款和第二款的规定，除非因科学研究、人工繁育、公众展示展演、文物保护或者其他特殊情况获得省、自治区、直辖市人民政府野生动物保护主管部门批准（国务院对批准机关另有规定的除外），并按照规定取得和使用专用标识，保证可追溯，否则禁止出售、购买、利用国家重点保护野生动物及其制品。因此，未经批准并且未按照规定取得和使用专用标识出售、购买、利用国家重点保护野生动物及其制品的行为属于违法行为，本条第一款针对该违法行为规定了法律责任。

第二，未取得专用标识且未凭专用标识出售、利用纳入人工繁育国家重点保护野生动物名录的野生动物及其制品或者本法第二十九条第二款规定调出国家重点保护野生动物名录的野生动物及其制品。根据本法第二十九条第一款和第二款的规定，国务院野生动物保护主管部门制定人工繁育国家重点保护野生动物名录，对列入该名录的野生动物及其制品，应取得专用标识，凭专用标识出售和利用。本法第二十九条第二款规定调出国家重点保护野生动物名录的野生动物及其制品的出售和利用亦应如此。因此，未取得专用标识并且未凭专用标识出售、利用纳入人工繁育国家重点保护野生动物名录的野生动物及其制品或者本法第二十九条第二款规定调出国家重点保护野生动物名录的野生动物及其制品属于违法行为，本条第一款对此规定了法律责任。

第三，未持有或者未附有本法第二十一条、第二十五条、第二十八条或者第二十九条规定的许可证、批准文件的副本或者专用标识运输、携带、寄递国家重点保护野生动物及其制品或者依照本法第二十九条第二款规定调出国家重点保护野生动物名录的野生动物及其制品出县境。这违反了本法第三十四条第一款的规定，属于违法行为，需要承担本条第一款规定的法律责任。

针对上述违法行为，本条第一款规定了行政责任和刑事责任。县级以上人民政府野生动物保护主管部门和市场监督管理部门是本条第一款规定的行政执法主体，按照职责分工没收野生动物及其制品和违法所得，责令关闭违法经营场所，并处野生动物及其制品价值二倍以上二十倍以下罚款；情节严重的，吊销人工繁育许可证、撤销批准文件、收回专用标识。本条第一款还规定了刑事责任，对构成犯罪的，依据刑法第三百四十一条第一款追究刑事责任。我国刑法第三百四十一条第一款规定，非法猎捕、杀害国家重点保护的珍贵、濒危野生动物的，或者非法收购、运输、出售国家重点保护的珍贵、濒危野生动物及其制品的，处五年以下有期徒刑或者拘役，并处罚金；情节严重的，处五年以上十年以下有期徒刑，并处罚金；情节特别严重的，处十年以上有期徒刑，并处罚金或者没收财产。

二、违反本法第二十八条第三款、第二十九条第一款、第三十四条第二款规定的违法行为及其法律责任

在出售、利用、运输、携带、寄递有重要生态、科学、社会价值的陆生野生动物、地方重点保护野生动物或者依照本法第二十九条第二款规定调出有重要生态、科学、社会价值的陆生野生动物名录的野生动物及其制品时，以下行为违法，需要承担本条第二款规定的法律责任：

第一，出售、利用有重要生态、科学、社会价值的陆生野生动物和地方重点保护野生动物及其制品，但是无法提供狩猎、人工繁育、进出口等合法来源证明的，违反了本法第二十八条第三款的规定，属于违法行为。

第二，未取得专用标识并且未凭专用标识出售、利用纳入人工繁育有重要生态、科学、社会价值的陆生野生动物名录的野生动物及其制品或者本法第二十九条第二款规定调出有重要生态、科学、社会价值的陆生野生动物名录的野生动物及其制品。本法第二十九条第一款中规定，对列入有重要生态、科学、社会价值的陆生野生动物名录的野生动物及其制品，可以凭人工繁育许可证或者备案，按照省、自治区、直辖市人民政府野生动物保护主管部门或者其授权的部门核验的年度生产数量直接取得专用标识，凭专用标识出售和利用，保证可追溯。而根据本法第二十九条第二款中的规定，虽然依照本款规定调出有重要生态、科学、社会价值的陆生野生动物名录的野生动物的人工种群实行与野外种群不同的管理措施，但应当依照本法第二十五条第二款、第三款和本条第一款的规定取得人工繁育许可证或者备案和专用标识。因此，无论是纳入人工繁育有重要生态、科学、社会价值的陆生野生动物名录的野生动物及其制品，还是本法第二十九条第二款规定调出有重要生态、科学、社会价值的陆生野生动物名录的野生动物及其制品，均须取得专用标识并凭专用标识出售和利用，否则行为违法，需要承担法律责任。

第三，未持有狩猎、人工繁育、进出口等合法来源证明或者专用标识运输、携带、寄递有重要生态、科学、社会价值的陆生野生动物和地方重点保护野生动物，或者依照本法第二十九条第二款规定调出有重要生态、科学、社会价值的陆生野生动物名录的野生动物出县境。这违反了本法第三十四条第二款的规定，属于违法行为，需要承担法律责任。

针对上述违法行为，本条第二款规定了行政责任和刑事责任。对于行政违法当事人，由县级以上地方人民政府野生动物保护主管部门和市场监督管理部门按照职责分工没收野生动物，并处野生动物价值一倍以上十倍以下罚款。而对于构成犯罪的，依法追究刑事责任。刑法第三百四十一条第三款规定了，违反野生动物保护管理法规，以食用为目的非法猎捕、收购、运输、出售第一款规定以外的在野外环境自然生长繁殖的陆生野生动物，情节严重的，依照前款的规定处罚。

三、违反本法第三十四条第四款规定的违法行为及其法律责任

铁路、道路、水运、民航、邮政、快递等企业未按照规定查验或者承运、寄递野生动物及其制品的行为违法。因为本次修法新增规定了本法第三十四条第四款，规定铁路、道路、水运、民航、邮政、快递等企业对托运、携带、交寄野生动物及其制品的，应当查验其相关证件、文件副本或者专用标识，对不符合规定的，不得承运、寄递。本条第三款针对违反本法第三十四条第四款的违法行为规定了法律责任，规定由交通运输、铁路监督管理、民用航空、邮政管理等相关主管部门按照职责分工没收违法所得，并处违法所得一倍以上五倍以下罚款；情节严重的，吊销经营许可证。

【关联规范】

《中华人民共和国野生动物保护法》第二十一条、第二十五条、第二十八条、第二十九条、第三十四条；《中华人民共和国刑法》第三百四十一条第一款和第三款。

> 第五十三条 【违法食用、生产经营野生动物及其制品的法律责任】违反本法第三十一条第一款、第四款规定，食用或者为食用非法购买本法规定保护的野生动物及其制品的，由县级以上人民政府野生动物保护主管部门和市场监督管理部门按照职责分工责令停止违法行为，没收野生动物及其制品，并处野生动物及其制品价值二倍以上二十倍以下罚款；食用或者为食用非法购买其他陆生野生动物及其制品的，责令停止违法行为，给予批评教育，没收野生动物及其制品，情节严重的，并处野生动物及其制品价值一倍以上五倍以下罚款；构成犯罪的，依法追究刑事责任。
>
> 违反本法第三十一条第三款规定，生产、经营使用本法规定保护的野生动物及其制品制作的食品的，由县级以上人民政府野生动物保护主管部门和市场监督管理部门按照职责分工责令停止违法行为，没收野生动物及其制品和违法所得，责令关闭违法经营场所，并处违法所得十五倍以上三十倍以下罚款；生产、经营使用其他陆生野生动物及其制品制作的食品的，给予批评教育，没收野生动物及其制品和违法所得，情节严重的，并处违法所得一倍以上十倍以下罚款；构成犯罪的，依法追究刑事责任。

【条文主旨】

本条是关于违法食用或者为食用非法购买野生动物及其制品，以及违法生产、经营使用野生动物及其制品制作的食品的法律责任的规定。

【理解与适用】

本条是在原法第四十九条基础上修改而来，规定违法食用或者为食用非法购买野生动物及其制品，以及违法生产、经营使用野生动物及其制品制作的食品的法律责任。

2020年2月24日，十三届全国人大常委会第十六次会议通过了《全国人民代表大会常务委员会关于全面禁止非法野生动物交易、革除滥食野生动物陋习、切实保障人民群众生命健康安全的决定》（以下简称《决定》），为各级行政执法机关和司法机关严厉打击非法食用野生动物的行为提供依据。《决定》规定禁止食用野生动物保护法和其他法律规定禁止食用的野生动物；禁止食用国家保护的"三有"陆生野生动物以及其他陆生野生动物，包括人工繁育、人工饲养的陆生野生动物。这是对现行野生动物保护法全面、严格、兜底式的一次补充，消除了法律上的模糊、空白地带，实现了野生动物"应保尽保、应禁全禁"。[1] 本条与《决定》之间形成衔接，将禁止非法食用野生动物的规定细化，并且本条相较于原法加大了对违法行为的处罚力度，增设了新的违法行为及其法律责任，是做好《决定》贯彻落实工作的体现。

一、食用或者为食用非法购买本法第三十一条第一款规定的野生动物及其制品的法律责任

食用或者为食用非法购买本法第三十一条第一款规定的野生动物及其制品的，属于本条第一款规定的违法行为，应被禁止。根据野生动物及其制品类型的不同，本条第一款分别规定了不同的法律责任。具体而言，食用或者为食用非法购买本法规定保护的野生动物及其制品的，规定由县级以上人民政府野生动物保护主管部门和市场监督管理部门按照职责分工责令停止违法行为，没收野生动物及其制品，并处野生动物及其制品价值二倍以上二十倍以下罚款。本法第二条第二款和第三款规定，本法规定保护的野生动物，是指珍贵、濒危的陆生、水生野生动物和有重要生态、科学、社会价值的陆生野生动物。本法规定的野生动物及其制品，是指野生动物的整体（含卵、蛋）、部分及衍生物。

食用或者为食用非法购买其他陆生野生动物及其制品的，规定由县级以上人民政府野生动物保护主管部门和市场监督管理部门按照职责分工责令停止违法行为，给予批评教育，没收野生动物及其制品，情节严重的，并处野生动物及其制品价值一倍以上五倍以下罚款。本次修法规定全面禁止食用野生动物，相较于以往部分规制食用野生动物，全面规制食用野生动物更大范围地对生态环境进行了保护，也更全面且有效地维护人民群众健康。[2] 然而，我国毕竟有食用野生动物的传统与历史，尤其是食用或者为食用非法购买其他陆生野生动物及其制品的行为也是违法行为的规定，

---

[1] 参见王晨：《依法全面禁止食用野生动物 保障人民群众生命健康安全》，载《人民日报》2020年3月19日。

[2] 参见姜渊：《全面规制食用野生动物的现实挑战与完善路径》，载《求索》2022年第4期。

一定程度上挑战了人们的传统认知。针对该类违法行为，本条专门规定执法时要给予违法当事人批评教育并没收野生动物及其制品，对于情节严重的才要并处一定数额的罚款。执法的目的是"纠正违法行为，教育公民、法人或者其他组织自觉守法"，只要达到这一目的，就不一定非要采取惩罚性的手段。① 执法者要坚持处罚和教育相结合，重视批评教育环节的普法宣传和说理工作，而不能动辄罚款，这不仅有助于新规定的有效实施，革除人们滥食野生动物陋习，也有助于提升执法的可接受性。下述本条第二款中的有关规定亦然。

食用或者为食用非法购买本法第三十一条第一款规定的野生动物及其制品的行为构成犯罪的，依法承担刑事责任。本款规定的刑事责任与本条第二款规定的刑事责任均对应我国刑法第三百四十一条第一款和第三款的规定，之后统一说明。

二、生产、经营使用本法第三十一条第一款规定的野生动物及其制品制作的食品的行为的法律责任

本条第二款对生产、经营使用本法第三十一条第一款规定的野生动物及其制品制作的食品的行为规定了法律责任。本款同样以野生动物及其制品类型的不同，分别规定了不同的法律责任。具体而言，生产、经营使用本法规定保护的野生动物及其制品制作的食品的，规定由县级以上人民政府野生动物保护主管部门和市场监督管理部门按照职责分工责令停止违法行为，没收野生动物及其制品和违法所得，责令关闭违法经营场所，并处违法所得十五倍以上三十倍以下罚款。生产、经营使用其他陆生野生动物及其制品制作的食品的，给予批评教育，没收野生动物及其制品和违法所得，情节严重的，并处违法所得一倍以上十倍以下罚款。生产、经营使用本法规定保护的野生动物及其制品制作的食品，以及生产、经营使用其他陆生野生动物及其制品制作的食品，构成犯罪的，则需依法承担刑事责任。

我国刑法第三百四十一条第一款规定，非法猎捕、杀害国家重点保护的珍贵、濒危野生动物的，或者非法收购、运输、出售国家重点保护的珍贵、濒危野生动物及其制品的，处五年以下有期徒刑或者拘役，并处罚金；情节严重的，处五年以上十年以下有期徒刑，并处罚金；情节特别严重的，处十年以上有期徒刑，并处罚金或者没收财产。第三款规定，违反野生动物保护管理法规，以食用为目的非法猎捕、收购、运输、出售第一

---

① 李洪雷：《人性化执法不能"人情化"——准确把握人性化执法的内涵和边界》，载《人民论坛》2019 年第 14 期。

款规定以外的在野外环境自然生长繁殖的陆生野生动物，情节严重的，依照前款的规定处罚。根据《最高人民法院、最高人民检察院关于办理破坏野生动物资源刑事案件适用法律若干问题的解释》第五条的规定，刑法第三百四十一条第一款规定的"收购"包括以营利、自用等为目的的购买行为；"运输"包括采用携带、邮寄、利用他人、使用交通工具等方法进行运送的行为；"出售"包括出卖和以营利为目的的加工利用行为。刑法第三百四十一条第三款规定的"收购""运输""出售"，是指以食用为目的，实施前款规定的相应行为。也就是说，"收购"包括食用或者为食用非法购买的行为，"出售"包括生产、经营使用的行为。因此，违反本条规定的违法行为可能构成刑法第三百四十一条第一款规定的危害珍贵、濒危野生动物罪，或者第三款规定的非法猎捕、收购、运输、出售陆生野生动物罪，依法追究刑事责任。

【关联规范】

《中华人民共和国野生动物保护法》第三十一条第一款、第三款、第四款；《中华人民共和国刑法》第三百四十一条第一款、第三款；《最高人民法院、最高人民检察院关于办理破坏野生动物资源刑事案件适用法律若干问题的解释》第五条。

第五十四条 【违法发布广告的法律责任】 违反本法第三十二条规定，为出售、购买、利用野生动物及其制品或者禁止使用的猎捕工具发布广告的，依照《中华人民共和国广告法》的规定处罚。

【条文主旨】

本条是关于为出售、购买、利用野生动物及其制品或者禁止使用的猎捕工具发布广告的法律责任的规定。

【理解与适用】

本条沿袭自原法第五十条。这一条款自2016年修订野生动物保护法增加以来，条款结构和内容基本没有变动，此次修订因条文顺序调整，本条援引的法条序号由第三十一条改为第三十二条。发布野生动物及其制品或者禁止使用的猎捕工具广告虽非直接的野生动物交易行为，但基于广告传播范围及影响的不可控性，本条规定对违法发布广告的行为予以处罚，有助于斩断出售、购买、利用野生动物及其制品或者禁止使用的猎捕工具交易信息的传播途径，从中间环节解构野生动物非法产业链条，反向遏制杀害、猎捕野生动物的源头违法行为。

本条规范内容包括违法事实和法律责任两部分。

一、违法事实

本条所涉违法行为及事实的认定依据本法第三十二条的规定，即"禁止为出售、购买、利用野生动物或者禁止使用的猎捕工具发布广告。禁止为违法出售、购买、利用野生动物制品发布广告"。据此，有以下三种违法发布广告情形之一的，依照本条处罚。

其一，为出售、购买、利用野生动物发布广告的。野生动物属于国家重要生物资源，只有基于科学研究、人工繁育、公众展示展演、文物保护或者其他特殊情况的特定用途，经过批准，取得许可或者其他证明时才能进行交易，交易主体及范围亦有限，不宜通过广告的方式宣传和推广。

其二，为违法出售、购买、利用野生动物制品发布广告的。有些野生动物制品本身属于禁止流通的商品，例如，中国自 2018 年 1 月 1 日起全面禁止象牙制品的交易[1]。为禁止流通的商品发布广告自属违法，但为合法出售、购买、利用野生动物制品发布广告的行为不在本条处罚之列。

其三，为禁止使用的猎捕工具发布广告的。本法第二十四条列举的猎捕工具因杀伤力大、破坏性强，原则上禁止使用，但因物种保护、科学研究确需网捕、电子诱捕以及植保作业等情况可以使用，基于特定用途才可使用的猎捕工具亦不宜通过广告的方式推销。

二、法律责任

本条后半部分"依照《中华人民共和国广告法》的规定处罚"属于准用性规则，即不对前述违法行为的处罚另作规定，直接适用广告法的相关规定即可。具体而言，广告法第三十七条规定："法律、行政法规规定禁止生产、销售的产品或者提供的服务，以及禁止发布广告的商品或者服务，任何单位或者个人不得设计、制作、代理、发布广告。"本条涉及的

---

[1] 国务院办公厅发布的《关于有序停止商业性加工销售象牙及制品活动的通知》（国办发〔2016〕103 号）要求分期分批停止商业性加工销售象牙及制品活动，载中国政府网，http://www.gov.cn/zhengce/content/2016-12/30/content_5155017.htm，最后访问日期：2023 年 1 月 15 日。

"野生动物"和"禁止使用的猎捕工具"均属于"法律规定禁止发布广告的商品","违法出售、购买、利用的野生动物制品"则属于"法律规定禁止生产、销售的产品",任何单位或者个人不得设计、制作、代理、发布此类广告。有违以上规定的,适用广告法第五十七条第一款的规定予以处理:一方面,由市场监督管理部门责令停止发布广告,纠正违法发布广告的行为,防止违法广告的负面影响力进一步扩大;另一方面,由处罚机关作出行政处罚,处罚决定的作出需要区分广告主和广告经营者、广告发布者,不同的违法当事人分别承担相应的法律责任。具体而言:

对广告主,即广告活动的发起者,由市场监督管理部门处二十万元以上一百万元以下的罚款,情节严重的,并可以吊销营业执照,由广告审查机关撤销广告审查批准文件、一年内不受理其广告审查申请。结合本条对违法事实的认定,野生动物及其制品以及禁止使用的猎捕工具的出售者、购买者或者利用者等自行或委托别人违法发布广告应受处罚。其中,处罚机关包括负责广告业监管的市场监督管理部门,以及在广告发布之前依据广告管理规定检查、核对广告是否真实合法的广告审查机关。在本条语境下,广告审查机关指县级以上人民政府的野生动物保护主管部门。在处罚设定上,由市场监督管理机构实施的处罚包括罚款和吊销许可证件,二者均为行政处罚法明确列举的处罚种类。此外,由于广告审查机关"一年内不受理其广告审查申请"具有减损广告主申请广告发放许可权益的效果,故而也属于行政处罚,可归入"资格罚"。而"广告审查机关撤销广告审查批准文件"属于收回广告发布许可的行为,由于广告内容自始不符合规定,撤销许可并没有减损当事人权益,因此不属于处罚,仅是广告审查机关清理违法广告的管理行为。

对广告经营者、广告发布者,即广告活动的实施者,由市场监督管理部门没收广告费用,处二十万元以上一百万元以下的罚款,情节严重的,并可以吊销营业执照。结合本条对违法事实的认定,广告投放平台、广告运营公司等受广告主委托,违法发布野生动物及其制品以及禁止使用的猎捕工具广告的,适用本条处罚。其中,处罚机关是负责广告业监管的市场监督管理部门,处罚种类包括没收广告费用、罚款和吊销许可证件。罚款数额的确定以及情节轻重的判断由处罚机关自由裁量。

【关联规范】

《中华人民共和国野生动物保护法》第三十二条;《中华人民共和国广告法》第三十七条、第五十七条。

> **第五十五条 【违法提供展示、交易、消费服务的法律责任】**违反本法第三十三条规定，为违法出售、购买、食用及利用野生动物及其制品或者禁止使用的猎捕工具提供展示、交易、消费服务的，由县级以上人民政府市场监督管理部门责令停止违法行为，限期改正，没收违法所得，并处违法所得二倍以上十倍以下罚款；没有违法所得或者违法所得不足五千元的，处一万元以上十万元以下罚款；构成犯罪的，依法追究刑事责任。

【条文主旨】

本条是关于为违法出售、购买、食用及利用野生动物及其制品或者禁止使用的猎捕工具提供展示、交易、消费服务的法律责任的规定。

【理解与适用】

本条是在原法第五十一条的基础上修改的条文。这一条款自2016年野生动物保护法修订时增加以来，2018年因机构设置改革略有变动，将处罚机关由"工商行政管理部门"统一修改为"市场监督管理部门"。此次修订中，本条在行为定性和处罚设定方面均有较大变动。一是将"食用野生动物及其制品"从利用目的中提取出来单列，呼应全面禁食野生动物的立法精神；二是对违法行为的具体方式作出扩充式列举，从"提供交易服务"改为"提供展示、交易、消费服务"；三是提高罚款上限，将"没收违法所得，并处违法所得二倍以上五倍以下罚款"改为"没收违法所得，并处违法所得二倍以上十倍以下的罚款"，将"没有违法所得的，处一万元以上五万元以下的罚款"改为"没有违法所得或者违法所得不足五千元的，处一万元以上十万元以下罚款"；四是进一步细化罚款数额的确定规则，以违法所得五千元为界，违法所得不足五千元的，"处一万元以上十万元以下罚款"，违法所得在五千元以上的，则"处违法所得二倍以上十倍以下的罚款"，避免没有违法所得所确定的罚款数额高于有违法所得但低于五千元时所确定的罚款数额，使本条处罚设定更加公平、合理、科学。此外，因条文顺序调整，本条援引的法条序号由第三十二条变为第三十三条。

当前，大多电商平台依靠关键词屏蔽阻断野生动物的非法交易，但这一监管手段存有漏洞，一些不法商贩仍可通过谐音字、暗语等方式上架野生动物及其制品或者盗猎工具，规避平台监管。再加上有关部门严查线下野生动物及其制品交易，盗捕盗猎野生动物的活动大有借电商平台"还魂"之势。因此，在网络交易规模日渐壮大的背景下，需要加强对网络平台的监管。此外，本次野生动物保护法的修订全面禁止食用野生动物及其制品，餐饮场所也成为重点监管对象。交易是整个野生动物非法产业链条的关键环节，本条即是着重关注野生动物及其制品或者禁止使用的猎捕工具非法交易的"重灾区"，精准打击违法行为并加重处罚。

本条规范内容包括违法行为和法律责任两部分。

一、违法行为

本条所涉违法行为及事实的认定依据的是本法第三十三条的规定，即"禁止网络平台、商品交易市场、餐饮场所等，为违法出售、购买、食用及利用野生动物及其制品或者禁止使用的猎捕工具提供展示、交易、消费服务"。可从以下两个方面解读这一条款：

其一，违法相对人及其行为的认定。"网络平台、商品交易市场、餐饮场所"后"等"字的表述表明此处三类提供服务的主体并非完全列举，仅列举了违法行为发生率较高的场所。违法行为具体表现为提供展示、交易、消费服务，这三种服务类型并非对立关系，而是通常并存于同一场景。例如，不法商家线上售卖野生动物，电商平台为其商品展示提供空间，为买卖双方沟通提供窗口，为交易收付款提供通道。因此，凡是为野生动物非法交易提供包装加工、宣传推广、磋商、收付款等中介功能以及其他交易便利的平台、市场或场所，只要以野生动物的杀害、猎捕和食用等作为最终利用目的，均为本条处罚对象。

其二，"为违法出售、购买、食用及利用野生动物及其制品或者禁止使用的猎捕工具提供展示、交易、消费服务"中"违法"的判断。适用本条规定还需对出售、购买、食用及利用行为的合法性进行判断：对于国家重点保护野生动物及其制品，因科学研究、人工繁育、公众展示展演、文物保护或者其他特殊情况，经过批准并取得专用标识以及检疫证明时，出售、购买和利用行为才是合法的。对于有重要生态、科学、社会价值的陆生野生动物和地方重点保护野生动物及其制品，能够提供狩猎、人工繁育、进出口等合法来源证明以及检疫证明时，出售和利用行为才是合法的。对人工繁育技术成熟稳定的国家重点保护野生动物，依法取得专用标识时，出售和利用行为才是合法的。① 本次修法规定全面禁食野生动物，因此，食用任何野生动物的行为均属违法。② 对于禁止使用的猎捕工具，在物种保护、科学研究确需网捕、电子诱捕以及植保作业等情况下，出售、购买和利用行为才是合法的。③ 概言之，出售、购买、食用及利用行为本身属于违法时，为其提供展示、交易、消费等服务的行为才属于违法。

二、法律责任

（一）行政法律责任

本条规定由县级以上人民政府市场监督管理部门追究行政法律责任，具体包括两方面：一是行政命令，即"责令停止违法行为，限期改正"。行政处罚法第二十八条第一款规定："行政机关实施行政处罚时，应当责令当事人改正或者限期改正违法行为。"也就是，处罚机关在作出处罚决定时，应当同时要求违法当事人为或者不为一定行为，以纠正违法行为。放在本条语境下，即为责令网络平台、商品交易市场、餐饮场所下架、撤去和停止售卖违法出售、购买、食用及利用的野生动物及其制品或者禁止使用的猎捕工具，恢复野生动物保护秩序。此处应当注意，虽然"责令停止违法行为，限期改正"从结果上看会阻断违法者的获利途径，但从法理上区分，责令停止违法行为是责令违法者停止本不应作出的违法行为，没有增加违法者的义务和负担，因此不属于行政处罚。④

二是行政处罚，本条规定了没收违法所得和罚款两种处罚，均属财产罚。行政处罚法第二十八条第二款规定，当事人有违法所得，除依法应当退赔的外，应当予以没收。违法所得是指实施违法行为所取得的款项。根据行政处罚法的一般规定，再结合本条规范内容分析，网络平台、商品交易市场、餐饮场所等为非法交易提供服务所获款项应予没收。此外，违法所得的数额通常与违法行为造成的危害后果相关联，故本条罚款的设定以"违法所得"为基数，适用倍率区间，在"违法所得二倍以上十倍以下"的范围内确定罚款数额。没有违法所得的或者违法所得在五千元以下的，则适用定额区间，在"一万元以上十万元以下"的范围内确定罚款数额。此次修改新增违法所得在五千元以下和没有违法所得同样适用定额区间的规定，是因为违法所得在五千元以下，如果按照前述倍率区间计算罚款数

---

① 参见野生动物保护法第二十八条、第二十九条。
② 参见野生动物保护法第三十一条。
③ 参见野生动物保护法第二十四条。
④ 李洪雷主编：《行政处罚法评注》，中国法制出版社2021年版，第83页。

额，得到的处罚结果必然低于甚至远低于没有违法所得时一万元的罚款下限①，如此设定能够避免有违法所得比没有违法所得处以罚款还少的处罚结果。总的来说，本条此次修改既提高了罚款上限，又提高了罚款下限，按现行规定处罚，罚款数额至少为一万元，彰显出野生动物保护领域加重处罚的立法态势。

（二）刑事法律责任

"构成犯罪的，依法追究刑事责任"这一表述常见于行政法律责任的条文中，已经基本成为行政法条文与刑法规定相衔接的通用表达，② 以及避免行政机关"有案不移，以罚代刑"的法律依据。但这一附属刑法规范不具有实质的罪刑规范内容，成为宣示性条款，③ 合理划分行政违法和刑事犯罪的界限很大程度上依靠个案分析和实务认定。具体而言，违反本条规定，涉嫌刑法中的帮助信息网络犯罪活动罪，危害珍贵、濒危野生动物罪和非法猎捕、收购、运输、出售陆生野生动物罪。

其一，帮助信息网络犯罪活动罪。刑法第二百八十七条之二第一款和第二款规定："明知他人利用信息网络实施犯罪，为其犯罪提供互联网接入、服务器托管、网络存储、通讯传输等技术支持，或者提供广告推广、支付结算等帮助，情节严重的，处三年以下有期徒刑或者拘役，并处或者单处罚金。单位犯前款罪的，对单位判处罚金，并对其直接负责的主管人员和其他直接责任人员，依照第一款的规定处罚。"据此，网络平台明知他人借平台违法出售、购买、食用及利用野生动物及其制品或者禁止使用的猎捕工具，仍为其提供交易帮助或便利，情节严重的，应依上述规定追究其刑事责任。另外，本罪属于故意犯罪，如果网络平台不知情，则不构成此罪。

其二，危害珍贵、濒危野生动物罪。刑法第三百四十一条第一款规定："非法猎捕、杀害国家重点保护的珍贵、濒危野生动物的，或者非法收购、运输、出售国家重点保护的珍贵、濒危野生动物及其制品的，处五

---

① 例如，餐饮店违法出售野兔菜品，如有违法所得 100 元，处罚机关应在 200 元以上 1000 元以下的范围内确定罚款数额；如没有违法所得的，处罚机关应在一万元以上十万元以下的范围内确定罚款数额，二者相差较大。

② 例如，野生动物保护法第四章"法律责任"第四十五条、第四十七条至第五十条、第五十二条至第五十三条、第五十五条至第五十八条均规定了相应违法行为的行政处罚，之后又规定了"构成犯罪的，依法追究刑事责任"。

③ 张勇：《生物安全立法中附属刑法规范的反思与重构》，载《社会科学辑刊》2020 年第 4 期。

年以下有期徒刑或者拘役，并处罚金；情节严重的，处五年以上十年以下有期徒刑，并处罚金；情节特别严重的，处十年以上有期徒刑，并处罚金或者没收财产。"具体入罪和量刑标准参见《最高人民法院、最高人民检察院关于办理破坏野生动物资源刑事案件适用法律若干问题的解释》第六条的规定。① "珍贵、濒危野生动物"的认定参见前述文件第四条的规定。② 据此，餐饮场所、商品交易市场等为盈利非法收购或出售"国家重点保护的珍贵、濒危野生动物及其制品"，符合前述入罪和量刑标准的，应依法追究其刑事责任。

其三，非法猎捕、收购、运输、出售陆生野生动物罪。刑法第三百四十一条第三款规定："违反野生动物保护管理法规，以食用为目的非法猎捕、收购、运输、出售第一款规定以外的在野外环境自然生长繁殖的陆生野生动物，情节严重的，依照前款的规定处罚。"具体入罪和量刑标准参见《最高人民法院、最高人民检察院关于办理破坏野生动物资源刑事案件适用法律若干问题的解释》第八条的规定。③ 据此，餐饮场所、商品交易市场等为盈利非法收购或出售"国家重点保护的珍贵、濒危野生动物"以外的野外环境自然生长繁殖的陆生野生动物，符合前述入罪和量刑标准

---

① 《最高人民法院、最高人民检察院关于办理破坏野生动物资源刑事案件适用法律若干问题的解释》（法释〔2022〕12号）第六条第一款规定："非法猎捕、杀害国家重点保护的珍贵、濒危野生动物，或者非法收购、运输、出售国家重点保护的珍贵、濒危野生动物及其制品，价值二万元以上不满二十万元的，应当依照刑法第三百四十一条第一款的规定，以危害珍贵、濒危野生动物罪处五年以下有期徒刑或者拘役，并处罚金；价值二十万元以上不满二百万元的，应当认定为'情节严重'，处五年以上十年以下有期徒刑，并处罚金；价值二百万元以上的，应当认定为'情节特别严重'，处十年以上有期徒刑，并处罚金或者没收财产。"载最高人民法院网站，https://www.court.gov.cn/zixun-xiangqing-353961.html，最后访问日期：2023年1月15日。

② 《最高人民法院、最高人民检察院关于办理破坏野生动物资源刑事案件适用法律若干问题的解释》第四条规定："刑法第三百四十一条第一款规定的'国家重点保护的珍贵、濒危野生动物'包括：（一）列入《国家重点保护野生动物名录》的野生动物；（二）经国务院野生动物保护主管部门核准按照国家重点保护的野生动物管理的野生动物。"

③ 《最高人民法院、最高人民检察院关于办理破坏野生动物资源刑事案件适用法律若干问题的解释》第八条规定："违反野生动物保护管理法规，以食用为目的，非法猎捕、收购、运输、出售刑法第三百四十一条第一款规定以外的在野外环境自然生长繁殖的陆生野生动物，具有下列情形之一的，应当认定为刑法第三百四十一条第三款规定的'情节严重'，以非法猎捕、收购、运输、出售陆生野生动物罪定罪处罚：（一）非法猎捕、收购、运输、出售有重要生态、科学、社会价值的陆生野生动物或者地方重点保护陆生野生动物价值一万元以上的；（二）非法猎捕、收购、运输、出售第一项规定以外的其他陆生野生动物价值五万元以上的；（三）其他情节严重的情形。实施前款规定的行为，同时构成非法狩猎罪的，应当依照刑法第三百四十一条第三款的规定，以非法猎捕陆生野生动物罪定罪处罚。"

的，应依法追究其刑事责任。

【关联规范】

《中华人民共和国野生动物保护法》第三十三条；《中华人民共和国行政处罚法》第二十八条；《中华人民共和国刑法》第二百八十七条、第三百四十一条；《最高人民法院、最高人民检察院关于办理破坏野生动物资源刑事案件适用法律若干问题的解释》第四条、第六条、第八条。

第五十六条 【违法进出口的法律责任】 违反本法第三十七条规定，进出口野生动物及其制品的，由海关、公安机关、海警机构依照法律、行政法规和国家有关规定处罚；构成犯罪的，依法追究刑事责任。

【条文主旨】

本条是关于违法进出口野生动物及其制品的法律责任的规定。

【理解与适用】

本条在原法第五十二条的基础上进行了修改。共有三处表述调整：一是"野生动物"和"制品"之间连接词的变化，由"野生动物或者其制品"变为"野生动物及其制品"。"或者"作为连接词，蕴含择一而定之意，而"及"作为连接词，则不要求非此即彼的选择，统合之意更甚，此处所欲表达之意更倾向于野生动物和野生动物制品的总和，用"及"替换"或者"，表达更为精练和准确。二是明确执法机关，由"海洋执法部门"变为"海警机构"，即中国人民武装警察部队海警总队及地方海警支队，也就是由中国海警局及各直属海区分局在我国海域范围内履行监管野生动物及其制品进出口环节的职责。三是因条文顺序调整，本条援引的法条序号由第三十五条变为第三十七条。

本条规范内容包括违法行为和法律责任两部分。

一、违法行为

本条所涉违法行为及事实的认定依托本法第三十七条的规定，即进出口中华人民共和国濒危物种进出口管理办公室（以下简称国家濒管办）制定的《进出口野生动植物种商品目录》① 中的野生动物或者其制品，或者出口《国家重点保护野生动物名录》② 中的野生动物或者其制品的，需要经过两个审批程序：一是国务院野生动物保护主管部门或者国务院批准；二是取得国家濒管办核发的允许进出口证明书。进出口以上两项文件中的野生动物或者其制品，违反以上程序的，适用本条处罚。

此外，本法第三十七条第三款规定："涉及科学技术保密的野生动物物种的出口，按照国务院有关规定办理。"违反以上规定，有关违法事实的认定及法律责任的设定详见本书第五十七条解读。

二、法律责任

（一）行政法律责任

本条规定"由海关、公安机关、海警机构依照法律、行政法规和国家有关规定处罚"，其内容包括执法机关和执法依据两部分。

1. 执法机关

进出口监管是野生动物保护的重要环节之一，同时也是一项复杂的行政任务，包括进出境许可、通关、检验检疫等事项，涉及多个执法机关。海关、公安机关和海警机构在野生动物及其制品的进出口环节有不同的职责分工。

海关是国家的进出关境监督管理机关，进出口野生动物及其制品需依照海关规定办理报关纳税手续，接受海关检验检疫。各直属海关有权查处辖区内违法进出口野生动物及其制品的案件。公安机关负责查处海关监管区外违法进出口野生动物及其制品的行政和刑事执法活动，制止查办走私案件过程中发生的以暴力、威胁方法抗拒缉私和危害缉私人员人身安全的违法和犯罪行为。其中，森林公安部门专司破坏野生动物资源的案件，公安缉私部门依法查办走私案件。海警机构，即中国海警局和各直属海区分局，负责执行打击在我国管辖海域及其上空的海上违法犯罪活动，有权在我国海域范围内查处进出口野生动物及其制品的违法犯罪行为，履行海关和公安机关的相应执法职责。其中，野生动物及其制品进出口环节的违法行为主要表现为走私。以上三种执法机关在走私案件上的职责分工与协调

---

① 《进出口野生动植物种商品目录》（2022 年第 2 号公告），载国家林业和草原局网站，http://www.forestry.gov.cn/main/4461/20220906/145823046492121.html，最后访问日期：2023 年 1 月 15 日。

② 《国家重点保护野生动物名录》（2021 年第 3 号公告），载国家林业和草原局网站，http://www.forestry.gov.cn/main/5461/20210205/122418860831352.html，最后访问日期：2023 年 1 月 15 日。

参见海关法第五条的规定："国家实行联合缉私、统一处理、综合治理的缉私体制。海关负责组织、协调、管理查缉走私工作。有关规定由国务院另行制定。各有关行政执法部门查获的走私案件，应当给予行政处罚的，移送海关依法处理；涉嫌犯罪的，应当移送海关侦查走私犯罪公安机构、地方公安机关依据案件管辖分工和法定程序办理。"

2. 执法依据

根据执法机关及职责分工的不同，执法依据可以分为以下三类：

海关处罚类。第一，走私行为及其处罚。根据海关法第八十二条、第八十三条以及《中华人民共和国海关行政处罚实施条例》第七条、第八条的规定，违反海关法及其他有关法律、行政法规，逃避海关监管，偷逃应纳税款、逃避国家有关进出境的禁止性或者限制性管理，是走私行为。《进出口野生动植物种商品目录》和《国家重点保护野生动物名录》两个名录中的野生动物或者其制品属于国家实施限制性管理的货物，经过国家机关审批方能进出口。因此，逃避海关监管，进出口以上两项名录的野生动物或者其制品未依法经过审批的，构成走私行为，按照《中华人民共和国海关行政处罚实施条例》第九条第一款第二项的规定实施处罚，即"（二）应当提交许可证件而未提交但未偷逃税款，走私国家限制进出境的货物、物品的，没收走私货物、物品及违法所得，可以并处走私货物、物品等值以下罚款"。第二，违反海关监管规定的行为及其处罚。在海关行政处罚领域，违反海关监管规定的行为是指违反海关法及其他有关法律、行政法规和规章但不构成走私行为的行为[①]，简言之，行为人并无逃避海关监管的故意。如前所述，进出口以上两项名录中的野生动物或者其制品需要两种许可证件：一是国务院野生动物保护主管部门或者国务院批准进出口的文件，二是允许进出口证明书，向海关申报时不能提交其中之一的，根据《中华人民共和国海关行政处罚实施条例》第十四条第一款的规定实施处罚，即"违反国家进出口管理规定，进出口国家限制进出口的货物，进出口货物的收发货人向海关申报时不能提交许可证件的，进出口货物不予放行，处货物价值 30% 以下罚款"。第三，违反检疫规定的行为及其处罚。根据进出境动植物检疫法"法律责任"一章的规定，有以下行为之一的，由口岸动植物检疫机关处以罚款：（一）未报检或者未依法办理检疫审批手续的。（二）未经口岸动植物检疫机关许可擅自将进境动植物、动植物产品或者其他检疫物卸离运输工具或者运递的。（三）擅自调离或

[①] 参见《中华人民共和国海关行政处罚实施条例》第十二条。

者处理在口岸动植物检疫机关指定的隔离场所中隔离检疫的动植物的。（四）报检的动植物、动植物产品或者其他检疫物与实际不符的；已取得检疫单证的，予以吊销。（五）擅自开拆过境动植物、动植物产品或者其他检疫物的包装的，擅自将过境动植物、动植物产品或者其他检疫物卸离运输工具的，擅自抛弃过境动物的尸体、排泄物、铺垫材料或者其他废弃物的。[①]

公安处罚类。如前所述，公安机关在海关监管区外查处的违法进出口野生动物及其制品的案件，应移交海关处罚。如存在以暴力、威胁方法抗拒缉私和危害缉私人员人身安全的违法行为的，依据治安管理处罚法第五十条的规定实施处罚，即"有下列行为之一的，处警告或者二百元以下罚款；情节严重的，处五日以上十日以下拘留，可以并处五百元以下罚款：……（二）阻碍国家机关工作人员依法执行职务的；（三）阻碍执行紧急任务的消防车、救护车、工程抢险车、警车等车辆通行的；（四）强行冲闯公安机关设置的警戒带、警戒区的。阻碍人民警察依法执行职务的，从重处罚"。此外，涉嫌走私野生动物及其制品犯罪的案件由各级公安机关侦查。

海警机构处罚类。同理，海警机构在我国海域查处的违法进出口野生动物及其制品的案件也应移交给海关进行处罚。如存在以暴力、威胁方法抗拒缉私和危害缉私人员人身安全的违法行为的，根据海警法第七十三条的规定，应当依据治安管理处罚法关于阻碍人民警察依法执行职务的规定予以处罚，即前述治安管理处罚法第五十条规定的处罚。此外，海上发生的走私野生动物及其制品犯罪的案件由海警机关侦查。

（二）刑事法律责任

违法进出口野生动物及其制品的行为涉嫌刑法中的走私珍贵动物及其制品罪，妨害动植物防疫、检疫罪，动植物检疫徇私舞弊罪和动植物检疫失职罪。

其一，走私珍贵动物及其制品罪。刑法第一百五十一条第二款规定："走私国家禁止出口的文物、黄金、白银和其他贵重金属或者国家禁止进出口的珍贵动物及其制品的，处五年以上十年以下有期徒刑，并处罚金；情节特别严重的，处十年以上有期徒刑或者无期徒刑，并处没收财产；情节较轻的，处五年以下有期徒刑，并处罚金。"其中，"国家禁止进出口的珍贵动物及其制品"的认定参见《最高人民法院、最高人民检察院关于办

[①] 参见进出境动植物检疫法第三十九条、第四十条、第四十一条。

理破坏野生动物资源刑事案件适用法律若干问题的解释》第一条①,具体入罪和量刑标准参见前述司法解释第二条②。按照以上规定,走私国家禁止进出口的珍贵动物及其制品,不具有从重处罚情形,未造成动物死亡或者动物、动物制品无法追回,行为人全部退赃退赔,确有悔罪表现的,且走私珍贵动物及其制品价值二万元以上不满二十万元的,可以认定为犯罪情节轻微,不起诉或者免予刑事处罚;情节显著轻微危害不大的,不作为犯罪处理。对于违法进出口野生动物及其制品构成走私犯罪,但按其情节免予刑事处罚或者不作为犯罪处理的,海关应按照走私行为处理,及时作出行政处罚。

其二,妨害动植物防疫、检疫罪。刑法第三百三十七条规定:"违反有关动植物防疫、检疫的国家规定,引起重大动植物疫情的,或者有引起重大动植物疫情危险,情节严重的,处三年以下有期徒刑或者拘役,并处或者单处罚金。单位犯前款罪的,对单位判处罚金,并对其直接负责的主管人员和其他直接责任人员,依照前款的规定处罚。"据此,违反动物防疫、检疫规定,有以下情形之一的应予立案追诉,依法追究其刑事责任,一是引起重大动植物疫情的,二是引起重大动植物疫情危险,情节严重的。

---

① 《最高人民法院、最高人民检察院关于办理破坏野生动物资源刑事案件适用法律若干问题的解释》第一条规定:"具有下列情形之一的,应当认定为刑法第一百五十一条第二款规定的走私国家禁止进出口的珍贵动物及其制品:(一)未经批准擅自进出口列入经国家濒危物种进出口管理机构公布的《濒危野生动植物种国际贸易公约》附录一、附录二的野生动物及其制品;(二)未经批准擅自出口列入《国家重点保护野生动物名录》的野生动物及其制品。"

② 《最高人民法院、最高人民检察院关于办理破坏野生动物资源刑事案件适用法律若干问题的解释》第二条第一款规定:"走私国家禁止进出口的珍贵动物及其制品,价值二十万元以上不满二百万元的,应当依照刑法第一百五十一条第二款的规定,以走私珍贵动物、珍贵动物制品罪处五年以上十年以下有期徒刑,并处罚金;价值二百万元以上的,应当认定为'情节特别严重',处十年以上有期徒刑或者无期徒刑,并处没收财产;价值二万元以上不满二十万元的,应当认定为'情节较轻',处五年以下有期徒刑,并处罚金。" 第二款规定:"实施前款规定的行为,具有下列情形之一的,从重处罚:(一)属于犯罪集团的首要分子的;(二)为逃避监管,使用特种交通工具实施的;(三)二年内曾因破坏野生动物资源受过行政处罚的。" 第三款规定:"实施第一款规定的行为,不具有第二款规定的情形,且未造成动物死亡或者动物、动物制品无法追回,行为人全部退赃退赔,确有悔罪表现的,按照下列规定处理:(一)珍贵动物及其制品价值二百万元以上的,可以处五年以上十年以下有期徒刑,并处罚金;(二)珍贵动物及其制品价值二十万元以上不满二百万元的,可以认定为'情节较轻',处五年以下有期徒刑,并处罚金;(三)珍贵动物及其制品价值二万元以上不满二十万元的,可以认定为犯罪情节轻微,不起诉或者免予刑事处罚;情节显著轻微危害不大的,不作为犯罪处理。"

其三，动植物检疫徇私舞弊罪和动植物检疫失职罪。刑法第四百一十三条规定："动植物检疫机关的检疫人员徇私舞弊，伪造检疫结果的，处五年以下有期徒刑或者拘役；造成严重后果的，处五年以上十年以下有期徒刑。前款所列人员严重不负责任，对应当检疫的检疫物不检疫，或者延误检疫出证、错误出证，致使国家利益遭受重大损失的，处三年以下有期徒刑或者拘役。"以上两项罪名属于针对检疫人员的渎职罪。

【关联规范】

《中华人民共和国野生动物保护法》第三十七条；《中华人民共和国海关法》第五条、第八十二条、第八十三条；《中华人民共和国海关行政处罚实施条例》第七条、第八条、第九条、第十二条、第十四条；《中华人民共和国进出境动植物检疫法》第三十九条、第四十条、第四十一条；《中华人民共和国治安管理处罚法》第五十条；《中华人民共和国海警法》第七十三条；《中华人民共和国刑法》第一百五十一条、第三百三十七条、第四百一十三条。

> **第五十七条　【违法提供野生动物遗传资源的法律责任】**
> 违反本法第三十八条规定，向境外机构或者人员提供我国特有的野生动物遗传资源的，由县级以上人民政府野生动物保护主管部门没收野生动物及其制品和违法所得，并处野生动物及其制品价值或者违法所得一倍以上五倍以下罚款；构成犯罪的，依法追究刑事责任。

【条文主旨】

本条是关于向境外机构或者人员提供我国特有的野生动物遗传资源的法律责任的规定。

【理解与适用】

本条为此次修订新增的条文。野生动物保护法第十七条规定，"国家加强对野生动物遗传资源的保护，对濒危野生动物实施抢救性保护。国务院野生动物保护主管部门应当会同国务院有关部门制定有关野生动物遗传资源保护和利用规划，建立国家野生动物遗传资源基因库，对原产我国的珍贵、濒危野生动物遗传资源实行重点保护"，但该条文对我国野生动物遗传资源的保护仅作原则性规定。本法此次修订在第十七条的基础上新增了第三十八条和第五十七条，其中，第三十八条规定禁止向境外机构或者人员提供我国特有的野生动物遗传资源，除非科研目的需要且依法取得批准，并遵守我国相关规定，这一条款明确了向境外提供我国特有野生动物遗传资源的条件及程序要求。本条则规定在"法律责任"一章，明确了违法为境外提供我国特有的野生动物遗传资源的法律责任。因而从整体上看，野生动物保护法此次修订后对我国特有野生动物遗传资源的保护形成了原则性规定、禁止性规定以及相应法律责任的规范格局，共同搭建起野生动物遗传资源保护和利用的立法规范框架。

本条规范内容包括违法行为和法律责任两部分。

一、违法行为

本条所涉违法事实是指违法向境外机构或者人员提供我国特有的野生动物遗传资源的行为，包含以下两个要件：一是"违法向境外机构或人员提供"，根据本法第三十八条的规定，原则上禁止向境外机构或者人员提供我国特有的野生动物遗传资源。开展国际科学研究合作的，应当依法取得批准，有我国科研机构、高等学校、企业及其研究人员实质性参与研究，按照规定提出国家共享惠益的方案，并遵守我国法律、行政法规的规定，有违此规定的，构成"违法"。二是"我国特有的"野生动物遗传资源，此处并没有采取"珍贵、濒危"野生动物的表述，也不区分是否为国家重点保护野生动物，而是从野生动物遗传资源是否为我国特有的角度进行界分，只要是我国独有的野生动物，其遗传资源的社会、经济、生态价值就属于我国所有，未经批准，境外不得获取和利用。

此处还应明确，生物遗传资源具有附属性，往往赋存于生物物种资源之中，但作为生物遗传资源重要形态的遗传序列信息则可以脱离作为其载体的生物资源而独立存在。[①] 因此，野生动物遗传资源作为一种重要的生物遗传资源，其外延涵盖两种对象：野生动物本身和基因序列信息，前者为有形物，后者为无形物，二者均为野生动物遗产资源的表现样态。

[①] 于文轩、牟桐：《论生物遗传资源安全的法律保障》，载《新疆师范大学学报（哲学社会科学版）》2020年第4期。

二、法律责任

（一）行政法律责任

县级以上人民政府野生动物保护主管部门负责本行政区域内野生动物遗传资源的保护、利用和管理工作，违法向境外机构或者人员提供我国特有的野生动物遗传资源的，由其实施处罚。

本条规定有没收非法财物、没收违法所得、罚款三种处罚，三者为并存关系，应同时适用。具体而言，一是"没收野生动物及其制品"，对应法定处罚种类中的"没收非法财物"。非法财物是指违法者用于从事违法活动的违法工具、物品和违禁品。[1] 放在本条语境下，"非法财物"指野生动物遗传资源，但仅包括具有实物形态的野生动物及其制品，基因序列信息因不是实物而无法予以没收。二是"没收违法所得"，基于"任何人不得从自己的错误行为中获利"的法理，当事人违法为境外提供我国特有的野生动物资源，有违法所得的，应予没收。三是"处野生动物及其制品价值或者违法所得一倍以上五倍以下罚款"，如不存在涉案野生动物及其制品的实物，其价值无从计算，则在"违法所得一倍以上五倍以下"的范围内确定罚款数额；如违法行为人没有违法所得，则在"野生动物及其制品价值一倍以上五倍以下"的范围内确定罚款数额。

（二）刑事法律责任

向境外机构或者人员提供我国特有的野生动物遗传资源涉嫌刑法中有关国家秘密的罪名。首先，根据保守国家秘密法第九条第一款的规定，涉及国家安全和利益的事项，泄露后可能损害国家在政治、经济、国防、外交等领域的安全和利益的，应当确定为国家秘密。遗传资源作为重要的国家战略资源，属于涉及国家利益的秘密。[2] 其次，我国特有野生动物遗传资源中的基因序列信息属于涉密信息并无疑问，亦符合公知的国家秘密样态，此处的争议点是，我国特有的野生动物是否属于国家秘密。本文认为，应当将其视为是国家秘密载体。国家秘密载体是指国家秘密所赖以负载和传递的物质形式。[3] 根据保守国家秘密法第十七条第一款的规定，国家秘密载体有纸介质、光介质、电磁介质以及属于国家秘密的设备、产品

---

[1] 姜明安主编：《行政法与行政诉讼法（第七版）》，北京大学出版社和高等教育出版社2019年版，第265页。

[2] 陈轩禹、李哲：《知识产权视角下遗传资源保护探析》，载《兵团党校学报》2019年第1期。

[3] 郑新香：《国家秘密及其载体保护》，载《广西大学学报（哲学社会科学版）》1995年第2期。

等多种形式。野生动物基因序列信息作为野生动物遗传资源的核心信息，与野生动物体高度合一，因此，我国特有的野生动物物种可以成为承载我国特有的野生动物遗传资源，但区别于传统意义上的国家秘密载体形式。最后，结合我国刑法规定具体分析：

刑法第一百一十一条规定："为境外的机构、组织、人员窃取、刺探、收买、非法提供国家秘密或者情报的，处五年以上十年以下有期徒刑；情节特别严重的，处十年以上有期徒刑或者无期徒刑；情节较轻的，处五年以下有期徒刑、拘役、管制或者剥夺政治权利。"该条文位于危害国家安全罪一章，规定了为境外窃取、刺探、收买、非法提供国家秘密、情报罪。若向境外机构或者人员提供我国特有的野生动物或者我国特有野生动物基因序列信息威胁到国家安全，则构成本罪，应依据上述规定追究其刑事责任。

刑法第二百八十二条规定："以窃取、刺探、收买方法，非法获取国家秘密的，处三年以下有期徒刑、拘役、管制或者剥夺政治权利；情节严重的，处三年以上七年以下有期徒刑。非法持有属于国家绝密、机密的文件、资料或者其他物品，拒不说明来源与用途的，处三年以下有期徒刑、拘役或者管制。"该条文位于妨害社会管理秩序罪一章，第一款规定了非法获取国家秘密罪，第二款规定了非法持有国家绝密、机密文件、资料、物品罪。据此，为向境外机构或者人员提供我国特有野生动物遗传资源做准备，非法获取我国特有的野生动物或者我国特有野生动物基因序列信息的，或非法持有且拒不说明来源与用途的，应依据上述规定追究其刑事责任。

刑法第三百九十八条规定："国家机关工作人员违反保守国家秘密法的规定，故意或者过失泄露国家秘密，情节严重的，处三年以下有期徒刑或者拘役；情节特别严重的，处三年以上七年以下有期徒刑。非国家机关工作人员犯前款罪的，依照前款的规定酌情处罚。"该条文位于渎职罪一章，规定了故意泄露国家秘密罪、过失泄露国家秘密罪，犯罪主体是国家机关工作人员。据此，国家机关工作人员为境外提供我国特有的野生动物或者泄露我国特有野生动物基因序列信息的，应依据上述规定追究其刑事责任。

【关联规范】

《中华人民共和国野生动物保护法》第十七条、第三十八条；《中华人民共和国保守国家秘密法》第九条、第十七条；《中华人民共和国刑法》第一百一十一条、第二百八十二条、第三百九十八条。

> **第五十八条 【违法引进野生动物物种的法律责任】** 违反本法第四十条第一款规定，从境外引进野生动物物种的，由县级以上人民政府野生动物保护主管部门没收所引进的野生动物，并处五万元以上五十万元以下罚款；未依法实施进境检疫的，依照《中华人民共和国进出境动植物检疫法》的规定处罚；构成犯罪的，依法追究刑事责任。

【条文主旨】

本条是关于违法从境外引进野生动物物种的法律责任的规定。

【理解与适用】

本条自2016年野生动物保护法修订增加以来，条文结构没有变动，此次修改将罚款上限由"二十五万元"提高到"五十万元"，加大对违法引进野生动物物种行为的处罚力度。另外，因条文顺序调整，本条援引的法条序号由"第三十七条"变为"第四十条"。

本条规范内容包括违法行为和法律责任两部分。

一、违法行为

本条涵盖两种违法事实，应分别定性量罚。

其一，违反本法第四十条第一款引进野生动物物种的条件和程序规定的。根据野生生物物种的不同分为两种情况：一种是对于从境外引进列入《进出口野生动植物种商品目录》的野生动物物种的，应当经过国务院野生动物保护主管部门的批准，并依法取得允许进出口证明书；允许进出口证明书由国家濒管办决定是否核发。另一种是从境外引进《进出口野生动植物种商品目录》以外的野生动物物种的，应当经过国务院野生动物保护主管部门的批准。总体而言，未经许可引进野生动物物种的，适用本条处罚。

其二，从境外引进野生动物物种，但未依法实施进境检疫的。根据进出境动植物检疫法第三十九条和第四十条①，未依法实施进境检疫的行为可分为以下三类：一是未报检，即引进野生动物物种未依法办理检疫审批手续的；二是报检不实，即报检的野生动物物种与实际不符；三是违反检疫程序规定，如未经许可擅自将引进的野生动物卸离运输工具或者运递，擅自调离或者处理海关指定的隔离场所中隔离检疫的动物等。

外来物种②进入我国的方式通常有自然进入、人为引进、无意引进等几种。其中，自然进入主要是由养殖或繁育场所逃逸、宠物遗弃或逃逸引发的，③通常因引进外来物种后管理不当所致，不在本条处罚范围内，具体分析见本书第五十九条解读。人为引进和无意引进的区别在于行为人对违法引进野生动物物种是否存有主观故意。如行为人有意引进野生动物物种且构成违法的，适用本条处罚，无意引进是否应受处罚则存有争议。本书认为，无意引进也构成违法，应受处罚。基于行政处罚在秩序维护等方面的特点，大部分行政处罚均以客观违法行为作为核心要件，无论相对人有无主观过错，只要客观上违反了行政法律规范，都应该给予行政处罚。④也就是，行政处罚通常不考虑违法相对人的主观构成要件。但也有例外情况，根据行政处罚法第三十三条第二款："当事人有证据足以证明没有主观过错的，不予行政处罚……"因此，如当事人能证明已尽到合理的注意义务，仍未能避免损害结果，则不予处罚。

二、法律责任

（一）行政法律责任

本条针对两种违法行为分别设定了行政处罚。

---

① 进出境动植物检疫法第三十九条规定："违反本法规定，有下列行为之一的，由口岸动植物检疫机关处以罚款：（一）未报检或者未依法办理检疫审批手续的；（二）未经口岸动植物检疫机关许可擅自将进境动植物、动植物产品或者其他检疫物卸离运输工具或者运递的；（三）擅自调离或者处理在口岸动植物检疫机关指定的隔离场所中隔离检疫的动植物的。"第四十条规定："报检的动植物、动植物产品或者其他检疫物与实际不符的，由口岸动植物检疫机关处以罚款；已取得检疫单证的，予以吊销。"第四十一条规定："违反本法规定，擅自开拆过境动植物、动植物产品或者其他检疫物的包装的，擅自将过境动植物、动植物产品或者其他检疫物卸离运输工具的，擅自抛弃过境动物的尸体、排泄物、铺垫材料或者其他废弃物的，由动植物检疫机关处以罚款。"

② 《外来入侵物种管理办法》（2022年第4号令）将外来物种定义为："在中华人民共和国境内无天然分布，经自然或人为途径传入的物种，包括该物种所有可能存活和繁殖的部分。"载中华人民共和国农业农村部网站，http://www.customs.gov.cn/ningbo_customs/ztjj92/4339875/4489243/index.html，最后访问日期：2023年1月15日。

③ 徐媛媛：《我国开始严管外来入侵物种》，载《生态经济》2022年第11期。

④ 马怀德：《〈行政处罚法〉修改中的几个争议问题》，载《华东政法大学学报》2020年第4期。

其一，对于未依法取得国务院野生动物保护主管部门批准文件或者允许进出口证明书，违法从境外引进野生动物物种的，设定了没收非法财物和罚款两种处罚，二者同时适用，由县级以上人民政府野生动物保护主管部门实施。没收非法财物在此处指"没收所引进的野生动物"，一方面，"所引进的野生动物"是违法者从事违法行为的物品，应予没收；另一方面，没收的处罚也有助于控制和防范外来物种入侵风险。在罚款设定上，本条适用定额区间，以五万元为罚款下限，五十万元为罚款上限。

其二，对于从境外引进野生动物物种，未依法进行进境检疫的，进出境动植物检疫法第三十九条、第四十条和第四十一条设定了罚款和吊销许可证件两种处罚，由口岸动植物检疫机关实施。《中华人民共和国进出境动植物检疫法实施条例》第五十九条、第六十条和第六十二条①进一步细化罚款数额的设定：未报检和报检不实的，由海关处五千元以下罚款；违反检疫程序规定的，由海关处三千元以上三万元以下罚款。其中，报检不实的，如已取得检疫单证的，予以吊销。如有引起重大动植物疫情或者伪造、变造动植物检疫单证、印章、标志、封识的情形，尚不构成犯罪或者犯罪情节显著轻微依法不需要判处刑罚的，由口岸动植物检疫机关处两万元以上五万元以下的罚款。

（二）刑事法律责任

违法从境外引进野生动物物种，情节严重的，涉嫌非法引进、释放、丢弃外来入侵物种罪。

根据刑法第三百四十四条之一规定："违反国家规定，非法引进、释放或者丢弃外来入侵物种，情节严重的，处三年以下有期徒刑或者拘役，并处或者单处罚金。"根据第三百四十六条规定，单位犯非法引进、释放、

---

① 《中华人民共和国进出境动植物检疫法实施条例》第五十九条规定："有下列违法行为之一的，由口岸动植物检疫机关处5000元以下的罚款：（一）未报检或者未依法办理检疫审批手续或者未按检疫审批的规定执行的；（二）报检的动植物、动植物产品和其他检疫物与实际不符的。有前款第（二）项所列行为，已取得检疫单证的，予以吊销。"第六十条规定："有下列违法行为之一的，由口岸动植物检疫机关处3000元以上3万元以下的罚款：（一）未经口岸动植物检疫机关许可擅自将进境、过境动植物、动植物产品和其他检疫物卸离运输工具或者运递的；（二）擅自调离或者处理在口岸动植物检疫机关指定的隔离场所中隔离检疫的动植物的；（三）擅自开拆过境动植物、动植物产品和其他检疫的包装，或者擅自开拆、损毁动植物检疫封识或者标志的；（四）擅自抛弃过境动物的尸体、排泄物、铺垫材料或者其他废弃物，或者未按规定处理运输工具上的泔水、动植物性废弃物的。"第六十二条规定："有下列违法行为之一的，依法追究刑事责任；尚不构成犯罪或者犯罪情节显著轻微依法不需要判处刑罚的，由口岸动植物检疫机关处2万元以上5万元以下的罚款：（一）引起重大动植物疫情的；（二）伪造、变造动植物检疫单证、印章、标志、封识的。"

丢弃外来入侵物种罪的，对单位判处罚金，并对其直接负责的主管人员和其他直接负责人，处三年以下有期徒刑或拘役，并处或者单处罚金。刑法第三百四十四条之一规定的行为方式是引进、释放或者丢弃。其中，引进外来入侵物种，是指行为人从境外进口或者通过携带、邮寄和运输等方式向境内输入该物种。[1] 理解这一罪名需要注意，外来入侵物种与外来物种不同，外来入侵物种实行目录制管理，应当严格按照《重点管理外来入侵物种名录》[2] 认定是否属于外来入侵物种，不仅要关注"外来入侵物种"的活体，还要关注动物物种的卵、蛋以及胚胎等其他繁殖材料。此外，本罪为故意犯罪。"情节严重"的判断可以从数量、经济损失、引起传染病传播的危险或危害后果以及对生态资源的破坏程度等方面综合考量。

【适用特别提示】

本条所涉违法事实是"违法从境外引进野生动物物种"与第五十六条所涉违法事实"违法进口野生动物及其制品"不同。具体而言：一是违反的行政管理秩序不同，前者主要违反了野生动物保护和管理秩序，后者主要违反了关境监管秩序。二是行为方式不同，何谓"引进"，从文义解释角度出发，引进是指"从外地或外国引入"，也是一种对物种传播的人为干预[3]；而"进口"是指进入我国关境，也是野生动物及其制品参与国际交易的必经环节；二者关联在于"进口"是从境外引进野生动物物种的主要途径。三是行为客体不同，从境外引进的野生动物物种必然是外来物种，即自然生长或原产于外国，由于自然或人为因素在我国地域范围内繁殖的野生动物物种；而进口的野生动物则不受地域标记所限，既可以是外来物种，也可以是在我国已有分布的物种。

【关联规范】

《中华人民共和国野生动物保护法》第四十条；《中华人民共和国行政处罚法》第三十三条；《中华人民共和国进出境动植物检疫法》第三十九

---

[1] 任学婧、敦宁：《非法引进、释放、丢弃外来入侵物种罪探究》，载《政法学刊》2022年第1期。

[2] 《重点管理外来入侵物种名录》（农业农村部公告第567号），载中华人民共和国农业农村部网站，http://www.moa.gov.cn/govpublic/KJJYS/202211/t20221109_6415160.htm，最后访问日期：2023年1月15日。

[3] 徐以祥、刘铭鑫：《外来物种入侵刑法规制的法教义学分析》，载《行政与法》2021年第12期。

条、第四十条;《中华人民共和国进出境动植物检疫实施条例》第五十九条、第六十条、第六十二条;《中华人民共和国刑法》第三百四十四条之一、第三百四十六条。

> **第五十九条** 【违法将引进野生动物放生、丢弃的法律责任】违反本法第四十条第二款规定,将从境外引进的野生动物放生、丢弃的,由县级以上人民政府野生动物保护主管部门责令限期捕回,处一万元以上十万元以下罚款;逾期不捕回的,由有关野生动物保护主管部门代为捕回或者采取降低影响的措施,所需费用由被责令限期捕回者承担;构成犯罪的,依法追究刑事责任。

【条文主旨】

本条是关于违法将从境外引进的野生动物放生、丢弃的法律责任的规定。

【理解与适用】

本条在原法第五十四条的基础上进行了修改。共有以下三处变动:一是将"放归野外环境"修改为"放生"和"丢弃",放生和丢弃都是非法处置从境外引进的野生动物的行为。其中,放生是指行为人主动解除对引进野生动物活体的控制,使其不被阻挡地逃逸到开放的野外环境中;丢弃是指行为人随意抛弃引进的野生动物,放任其进入野外环境,丢弃对象既可以是野生动物活体,也可以是野生动物死体、幼崽、雏鸟、卵、蛋等缺乏自主行动能力的物种载体;这一修改既进一步细化了违法行为方式,也与生物安全法[①]的规定保持协调一致。二是将罚款上限由"五万元"提高

---

① 生物安全法第二十条第三款规定,任何单位和个人未经批准,不得擅自引进、释放或者丢弃外来物种。第八十一条规定,违反本法规定,未经批准,擅自引进外来物种的,由县级以上人民政府有关部门根据职责分工,没收引进的外来物种,并处五万元以上二十五万元以下的罚款。违反本法规定,未经批准,擅自释放或者丢弃外来物种的,由县级以上人民政府有关部门根据职责分工,责令限期捕回、找回释放或者丢弃的外来物种,处一万元以上五万元以下的罚款。

到"十万元",加大对违法放生、丢弃引进野生动物的处罚力度。三是因条文顺序调整,本条援引的法条由"第三十七条"变为"第四十条"。

本条规范内容包括违法行为和法律责任两部分。

一、违法行为

本法第四十条第二款规定:"从境外引进野生动物物种的,应当采取安全可靠的防范措施,防止其进入野外环境,避免对生态系统造成危害;不得违法放生、丢弃,确需将其放生至野外环境的,应当遵守有关法律法规的规定。"由此可知,从境外引进的野生动物原则上禁止放归野外。"确需将其放生至野外环境"的例外情形是指《引进陆生野生动物外来物种种类及数量审批管理办法》[①] 第十一条第二款规定的科学研究、生物防治、野生动物种群结构调节等特殊情况。任何组织和个人将野生动物放生至野外环境,应当选择适合放生地野外生存的当地物种,不得干扰当地居民的正常生活、生产,避免对生态系统造成危害。放生的审批程序依据《中华人民共和国陆生野生动物保护实施条例》第二十二条第一款的规定:"……放生单位应当向所在省、自治区、直辖市人民政府林业行政主管部门提出申请,经省级以上人民政府林业行政主管部门指定的科研机构进行科学论证后,报国务院林业行政主管部门或者其授权的单位批准。"违反上述规定的,适用本条处罚。

因管理不当导致引进野生动物逃逸、出逃野外是否应受处罚则存有争议。本书认为,从境外引进野生动物物种的行为人具有采取安全可靠的防范措施,防止其进入野外环境的义务。只要造成引进野生动物出逃野外的违法结果,无论是擅自放生、丢弃,还是因管理不当致其逃逸,都应视为是对这种义务的违反,应当依据本条予以处罚。同时,根据行政处罚法第三十三条第二款的规定:"当事人有证据足以证明没有主观过错的,不予行政处罚……"因此,因管理不当导致引进野生动物逃逸,如管理人能证明已经采取了安全有效的防范措施,尽到了合理的注意义务,则不予处罚。

二、法律责任

(一)行政法律责任

违法将从境外引进的野生动物放生、丢弃的,应当承担以下三种行政

[①] 《引进陆生野生动物外来物种种类及数量审批管理办法》(国家林业局令第42号修改),载国家林业和草原局网站,http://www.forestry.gov.cn/main/3951/20170315/204709.html,最后访问日期:2023年1月15日。

行为设定的法律责任：

一是行政命令，即"责令限期捕回"。行政处罚法第二十八条第一款规定，行政机关实施行政处罚时，应当责令当事人改正或者限期改正违法行为。"责令限期捕回"即为此处的"责令限期改正违法行为"，目的在于及时矫正违法行为，消除危害后果或者防止危害后果进一步扩大。放在本条语境下，从境外引进的野生动物物种如未经批准和科学论证放归我国野外环境，可能破坏我国生态平衡，甚至危及生物多样性，引发公共卫生风险，乃至造成人身伤亡等不特定的危害后果。因此，无论是擅自放归引进的野生动物，还是因管理不当导致其逃逸，均应首先责令当事人在一定期限内捕回所引进的野生动物。生物安全法①、《引进陆生野生动物外来物种种类及数量审批管理办法》②和《陆生野生动物保护实施条例》③亦有同样规定。

二是行政处罚，即"处一万元以上十万元以下罚款"。本条设定的处罚种类是罚款，由县级以上人民政府野生动物保护主管部门在一万元以上十万元以下的范围内自由裁量，确定罚款数额。

三是行政强制执行，即"逾期不捕回的，由有关野生动物保护主管部门代为捕回或者采取降低影响的措施，所需费用由被责令限期捕回者承担"。本条规定采取的行政强制执行类型是代履行，是指义务人不履行行政决定确定的义务，而该义务又可以由他人代为履行时，行政机关自行或请第三人代为履行，并向义务人征收履行义务所需的费用，其着眼点是义务内容的强制实现。④放在本条语境下理解代履行的实施：首先，代履行的对象是前述"责令限期捕回"的行政决定，当事人逾期不捕回的，由有关野生动物保护主管部门代为履行。其次，代履行的方式是"捕回"或者"采取降低影响的措施"，其中，"捕回"引进的野生动物可以由野生动物保护主管部门自行捕回，也可以委托第三人代为捕回；"采取降低影响的措施"则有封锁区域、疏散群众等多种形式。再次，代履行的程序要求依据行政强制法第五十一条第一款的规定，即："代履行应当遵守下列规定：（一）代履行前送达决定书，代履行决定书应当载明当事人的姓名或者名称、地址，代履行的理由和依据、方式和时间、标的、费用预算以及代履行人；（二）代履行三日前，催告当事人履行，当事人履行的，停止代履

---

① 参见生物安全法第八十一条。
② 参见《引进陆生野生动物外来物种种类及数量审批管理办法》第十三条。
③ 参见《陆生野生动物保护实施条例》第二十二条第二款。
④ 应松年主编：《当代中国行政法》，人民出版社2018年版，第1574页。

行；（三）代履行时，作出决定的行政机关应当派员到场监督；（四）代履行完毕，行政机关到场监督的工作人员、代履行人和当事人或者见证人应当在执行文书上签名或者盖章。"最后，依据行政强制法第五十一条第二款规定，代履行的费用按照成本合理确定，由当事人承担。也就是，有关野生动物保护主管部门代为捕回或者采取降低影响的措施，所需费用由被责令限期捕回者承担，具体费用的确定由执行机关按照成本合理确定。

（二）民事法律责任

根据本法第四十一条的规定，随意放生野生动物，造成他人人身、财产损害或者危害生态系统的，依法承担民事法律责任。

（三）刑事法律责任

违法将从境外引进野生动物放生、丢弃，情节严重的，涉嫌非法引进、释放、丢弃外来入侵物种罪，规定在刑法第三百四十四条之一，该罪的具体分析见本书第五十八条解读。

【关联规范】

《中华人民共和国野生动物保护法》第四十条、第四十一条；《引进陆生野生动物外来物种种类及数量审批管理办法》第十一条、第十三条；《中华人民共和国陆生野生动物保护实施条例》第二十二条；《中华人民共和国行政处罚法》第二十八条、第三十三条；《中华人民共和国行政强制法》第五十一条；《中华人民共和国刑法》第三百四十四条之一。

> **第六十条　【违法伪造、变造、买卖、转让、租借相关批准文件的法律责任】**违反本法第四十二条第一款规定，伪造、变造、买卖、转让、租借有关证件、专用标识或者有关批准文件的，由县级以上人民政府野生动物保护主管部门没收违法证件、专用标识、有关批准文件和违法所得，并处五万元以上五十万元以下罚款；构成违反治安管理行为的，由公安机关依法给予治安管理处罚；构成犯罪的，依法追究刑事责任。

【条文主旨】

本条是关于伪造、变造、买卖、转让、租借有关证件、专用标识或者有关批准文件的法律责任的规定。

【理解与适用】

本条在原法第五十五条的基础上,将罚款上限由"二十五万元"提高到"五十万元"。另外,因条文顺序调整,本条援引的法条序号由第三十九条变为第四十二条。

本条规范内容包括违法行为和法律责任两部分。

一、违法行为

在野生动物保护领域,出于维持生态平衡、保护生态环境和生物多样性等考虑,野生动物的猎捕、繁育,野生动物及其制品的出售、购买、利用、进出口等均需取得野生动物保护有关部门的许可,取得许可的行政相对人应按照许可证明记载的事项范围采取行动。伪造、变造、买卖、转让、租借有关证件、专用标识或者有关批准文件的违法行为既破坏行政许可事项及对象的特定性,同时也违反野生动物保护管理秩序,应适用本条处罚。本条所涉违法行为及事实的认定包括两个方面:

其一,违反本法第四十二条第一款,该条规定:"禁止伪造、变造、买卖、转让、租借特许猎捕证、狩猎证、人工繁育许可证及专用标识,出售、购买、利用国家重点保护野生动物及其制品的批准文件,或者允许进出口证明书、进出口等批准文件。"这一条款所涉违法事实包含以下两个要件:一是具体行为方式,即伪造、变造、买卖、转让、租借;二是行为指向的目标,包括特许猎捕证、狩猎证、人工繁育许可证、专用标识、出售、购买、利用国家重点保护野生动物及其制品的批准文件以及允许进出口证明书、进出口等批准文件。

其二,违反本法第四十二条第一款的规定,同时违反治安管理行为的。根据治安管理处罚法第五十二条第一款第一项、第二项,伪造、变造或者买卖国家机关、人民团体、企业、事业单位或者其他组织的公文、证件、证明文件、印章的;买卖或者使用伪造、变造的国家机关、人民团体、企业、事业单位或者其他组织的公文、证件、证明文件的,属于违反治安管理的行为。这一条款所涉违法事实包含以下两个要件:一是具体行为方式,即伪造、变造、买卖国家机关文件以及买卖或者使用伪造、变造的国家机关文件；二是行为指向的目标，特许猎捕证、狩猎证、人工繁育许可证、专用标识、出售、购买、利用国家重点保护野生动物及其制品的批准文件以及允许进出口证明书、进出口等批准文件即为该条所指的"国家机关的公文、证件、证明文件"。

以非法手段获取本条所指许可证件之后的使用行为是否需要单独处罚，这一问题需要结合不同规范文件和不同行为方式具体分析。根据野生动物保护法第六十条的规定，只要实施伪造、变造、买卖、转让、租借有关证件、专用标识或者有关批准文件的行为，即构成违法，不区分先前获取和后续使用的行为，仅处罚先前获取行为。治安管理处罚法第五十二条则区分伪造、变造许可证件的行为与买卖或者使用伪造、变造的许可证件的行为，其立场是，二者虽然在时序上具有先后关系，但前者违反了国家许可证件管理秩序，后者违反了野生动物保护秩序，因此，后续的买卖和使用行为不能吸收先前的伪造、变造行为，应认定为两种违法行为，再行量罚。

二、法律责任

（一）行政法律责任

根据处罚机关的不同，本条设定的处罚包括以下两个方面：

其一，由县级以上人民政府野生动物保护主管部门实施的处罚，本条规定的处罚种类有没收非法财物、没收违法所得和罚款，且三者同时适用。此处"非法财物"所指的是违法获取的证件、专用标识和有关批准文件，既包括伪造、变造而来的虚假证件、专用标识和有关批准文件，也包括经过买卖、转让、租借而来的真实证件、专用标识和有关批准文件；违法所得是实施违法行为所取得的款项，放在本条语境下，是指违法者因伪造、变造许可证件的获利，或者交易许可证件的售卖款、转让费和租借费；罚款数额在五万元以上五十万元以下的处罚幅度内确定。

其二，由县级以上人民政府公安机关实施的处罚。根据治安管理处罚法第五十二条第一项及第二项的规定，伪造、变造或者买卖国家机关证件、证明文件的；买卖或者使用伪造、变造的国家机关证件、证明文件的，处十日以上十五日以下拘留，可以并处一千元以下罚款；情节较轻的，处五日以上十日以下拘留，可以并处五百元以下罚款。该条依据情节不同分别设置两种处罚幅度，设定了罚款和行政拘留两种处罚。另外，行政处罚法第二十九条规定，对当事人的同一个违法行为，不得给予两次以上罚款的行政处罚，同一违法行为违反多个法律规范应当给予罚款处罚的，按照数额高的规定处罚。据此，如果当事人同时违反野生动物保护法第六十条和治安管理处罚法第五十二条，按照罚款高者处罚。行政拘留则可与罚款、没收并罚。

(二) 刑事法律责任

伪造、变造、买卖、转让、租借有关证件、专用标识或者有关批准文件涉嫌刑法中的非法经营罪和伪造、变造、买卖国家机关公文、证件、印章罪。

其一，非法经营罪。根据刑法第二百二十五条第二项的规定，买卖进出口许可证、进出口原产地证明以及其他法律、行政法规规定的经营许可证或者批准文件的；扰乱市场秩序，情节严重的，处五年以下有期徒刑或者拘役，并处或者单处违法所得一倍以上五倍以下罚金；情节特别严重的，处五年以上有期徒刑，并处违法所得一倍以上五倍以下罚金或者没收财产。据此，买卖出售、购买、利用国家重点保护野生动物及其制品的批准文件，或者允许进出口证明书、进出口等批准文件，达到扰乱市场秩序，情节严重的，构成本罪。"情节严重"的认定标准参见《最高人民检察院、公安部关于公安机关管辖的刑事案件立案追诉标准的规定（二）》[①] 第七十一条的规定。

其二，伪造、变造、买卖国家机关公文、证件、印章罪。根据刑法第二百八十条第一款的规定，伪造、变造、买卖国家机关的公文、证件、印章的，处三年以下有期徒刑、拘役、管制或者剥夺政治权利，并处罚金；情节严重的，处三年以上十年以下有期徒刑，并处罚金。据此，伪造、变造、买卖"特许猎捕证、狩猎证、人工繁育许可证、专用标识、出售、购买、利用国家重点保护野生动物及其制品的批准文件以及允许进出口证明书、进出口等批准文件"，构成犯罪的，依据上述规定追究刑事责任。

【关联规范】

《中华人民共和国野生动物保护法》第四十二条；《中华人民共和国治安管理处罚法》第五十二条；《中华人民共和国行政处罚法》第二十九条；《中华人民共和国刑法》第二百二十五条、第二百八十条；《最高人民检察

[①] 《最高人民检察院、公安部关于公安机关管辖的刑事案件立案追诉标准的规定（二）》第七十一条规定："具有下列情形之一的，应予立案追诉：1. 个人非法经营数额在五万元以上，或者违法所得数额在一万元以上的；2. 单位非法经营数额在五十万元以上，或者违法所得数额在十万元以上的；3. 虽未达到上述数额标准，但二年内因非法经营行为受过二次以上行政处罚，又从事同种非法经营行为的；4. 其他情节严重的情形。"载最高人民检察院网站，https://www.spp.gov.cn/xwfbh/wsfbt/202204/t20220429_555906.shtml#2，最后访问日期：2023 年 1 月 15 日。

院、公安部关于公安机关管辖的刑事案件立案追诉标准的规定（二）》第七十一条。

> **第六十一条 【罚没野生动物及其制品的处理】** 县级以上人民政府野生动物保护主管部门和其他负有野生动物保护职责的部门、机构应当按照有关规定处理罚没的野生动物及其制品，具体办法由国务院野生动物保护主管部门会同国务院有关部门制定。

【条文主旨】

本条是关于处理罚没野生动物及其制品，以及授权国务院野生动物保护主管部门会同国务院有关部门制定相关处理办法的规定。

【理解与适用】

本条在原法第五十六条的基础上进行了修改。共有以下三处变动：一是罚没对象由"实物"变为"野生动物及其制品"，本章规定的没收对象，包括野生动物及其制品，还包括违法者的违法所得、违法证件、专用标识、批准证件等文书材料。野生动物及其制品不同于其他一般罚没物品，种类繁多且保管难度大，尤其是野生动物活体，如处理不当可能对生态环境甚至群众人身安全造成威胁，因此需要由专门机关进行特殊处理；这一修改使本条聚焦于罚没野生动物及其制品的处理，是立法"精细化"的体现。二是明确负有野生动物保护职责的部门、机构都是处理罚没野生动物及其制品的执法机关，修订前的第五十六条规定除了县级以上人民政府野生动物保护主管部门，只有经授权的单位才能处理罚没的野生动物及其制品，这一授权程序增加了各机关之间职责分工的复杂性；按照现行规定既能落实处理罚没野生动物及其制品的职责，也能够避免各机关在职责履行上互相推诿。三是新增委任性规则，将处理罚没野生动物及其制品的具体办法授权国务院野生动物保护主管部门会同国务院有关部门制定。野生动物保护执法实践中存在林业和草原部门、农业农村部门、森林公安部门、海关、市场监督管理部门、财政部门等多个执法机关，因此，罚没野生动物及其制品处理办法除了规定具体处理方法和程序，还应包括执法机关权责分配的内容，这一工作衔接机制需要国务院野生动物保护主管部门会同其他相关部门协商确立。

本法"法律责任"一章第四十七条至第五十三条、第五十七和第五十八条均设定了没收野生动物及其制品（有的表述为"猎获物"）的处罚，本条为配套条款，规定了处理罚没野生动物及其制品的执法机关和执法依据。

其一，执法机关，包括县级以上人民政府野生动物保护主管部门和其他负有野生动物保护职责的部门、机构。具体而言，县级以上人民政府公安机关、市场监督管理部门以及海关、海警机构等执法机关、司法机关，因办理野生动物案件查处或者利用涉案野生动物或者其制品之后，应依法对其予以处理。概言之，既因职务掌握了涉案野生动物或者其制品，便负有妥善保管和处理的职责。实践中，由于野生动物保护主管部门以外的部门、机构大多不具备处理野生动物或者其制品的专门知识或技术，通常仅负责罚没的野生动物及其制品的登记造册，封存以及暂时保管，最终需移交野生动物保护主管部门处置。

其二，执法依据。本条规定罚没野生动物及其制品的具体处理办法由国务院野生动物保护主管部门会同国务院有关部门制定，陆生野生动物保护实施条例和水生野生动物保护实施条例[①]也规定，依照野生动物保护法规的规定没收的实物，按照国务院林业行政主管部门和渔业行政主管部门的有关规定处理，但国家林草局和农业农村部暂无现行有效的相关处理办法。[②] 其他有关罚没野生动物及其制品的处理规定主要有：财政部《罚没财物管理办法》[③] 第十八条第三项，即"依法没收的野生动植物及其制品，应当交由野生动植物保护主管部门、海洋执法部门或者有关保护区域管理机构按规定处置，或者经有关主管部门同意，交由相关科研机构用于科学研究"。海关处理罚没的野生动物及其制品依据的是《中华人民共和国濒危野生动植物进出口管理条例》第二十六条第二款："罚没的实物移交野生动植物主管部门依法处理；罚没的实物依法需要实施检疫的，经检疫合

---

① 参见《中华人民共和国陆生野生动物保护实施条例》第四十三条和《中华人民共和国水生野生动物保护实施条例》第三十三条。

② 原国家林业局制定的《关于妥善处理非正常来源陆生野生动物及其产品的通知》已于 2012 年失效，国家林草局暂无其他同类文件可替补。

③ 《罚没财物管理办法》（财税〔2020〕54 号），载中华人民共和国财政部网站，http：//szs.mof.gov.cn/zt/mlqd_ 8464/zcgd/202012/t20201230_ 3638000.htm，最后访问日期：2023 年 1 月 15 日。

格后，予以处理。罚没的实物需要返还原出口国（地区）的，应当由野生动植物主管部门移交国家濒危物种进出口管理机构依照公约规定处理。"司法机关在办案过程中处理涉案野生动物及其制品依据最高人民法院、最高人民检察院、公安部、司法部联合制定的《关于依法惩治非法野生动物交易犯罪的指导意见》①的规定，对不易保管的涉案野生动物及其制品，在做好拍摄、提取检材或者制作足以反映原物形态特征或者内容的照片、录像等取证工作后，可以移交野生动物保护主管部门及其指定的机构依法处置。对存在或者可能存在疫病的野生动物及其制品，应立即通知野生动物保护主管部门依法处置。

另外，国家林业和草原局起草了《罚没野生动植物及其制品保管处置管理办法（征求意见稿）》②和《罚没野生动植物及其制品移交管理办法（征求意见稿）》③，均已于2021年11月5日向社会公开征求意见，目前尚未正式公布。以上两份征求意见稿确立了罚没野生动植物及其制品国家所有原则、分类处置原则和执法、保管、处置岗位相分离原则，建立健全了罚没野生动物及其制品的移交、保管和处置制度，规定了放归野外、返还境外、保管封存、调配、公益捐赠、变卖、公开拍卖、无害化处理等多种处置方式及其适用顺序。野生动物保护法此次修订后，罚没野生动物及制品的处理办法也迎来新契机。

【关联规范】

《中华人民共和国野生动物保护法》第四十七条至第五十三条、第五十七条、第五十八条；《中华人民共和国陆生野生动物保护实施条例》第四十三条；《中华人民共和国水生野生动物保护实施条例》第三十三条；《罚没财物管理办法》第十八条；《中华人民共和国濒危野生动植物进出口管理条例》第二十六条；《关于依法惩治非法野生动物交易犯罪的指导意见》。

---

① 《最高人民法院、最高人民检察院、公安部、司法部印发〈关于依法惩治非法野生动物交易犯罪的指导意见〉的通知》（公通字〔2020〕19号），载中华人民共和国公安部网站，https://www.mps.gov.cn/n7598387/c7586721/content.html，最后访问日期：2023年1月15日。

② 《罚没野生动植物及其制品保管处置管理办法（征求意见稿）》，载国家林业和草原局网站，http://www.forestry.gov.cn/main/4461/20211105/144614218342955.html，最后访问日期：2023年1月15日。

③ 《罚没野生动植物及其制品移交管理办法（征求意见稿）》，载国家林业和草原局网站，http://www.forestry.gov.cn/main/4461/20211105/143514851566194.html，最后访问日期：2023年1月15日。

> 第六十二条 【野生动物及其制品价值的评估规定】县级以上人民政府野生动物保护主管部门应当加强对野生动物及其制品鉴定、价值评估工作的规范、指导。本法规定的猎获物价值、野生动物及其制品价值的评估标准和方法，由国务院野生动物保护主管部门制定。

【条文主旨】

本条是关于加强野生动物及其制品鉴定、价值评估工作，以及授权国务院有关部门制定猎获物价值、野生动物及其制品价值的评估标准和方法的规定。

【理解与适用】

本条前半部分规定："县级以上人民政府野生动物保护主管部门应当加强对野生动物及其制品鉴定、价值评估工作的规范、指导。"这为此次修法的新增内容，旨在加强野生动物保护主管部门的执法能力建设。县级以上人民政府野生动物保护主管部门作为本行政区域范围内负责野生动物保护的专门机关，应当牵头积极规范和指导野生动物及其制品的鉴定、价值评估工作。此处的"规范"和"指导"可以体现在建立内设机构或者指定第三方机构负责野生动物及其制品的鉴定和价值评估工作，制定并落实鉴定和价值评估的流程要求，指导同级人民政府或下级人民政府负有野生动物保护职责的机关开展鉴定和评估工作，组织执法人员培训学习活动等方面。

本条后半部分规定："本法规定的猎获物价值、野生动物及其制品价值的评估标准和方法，由国务院野生动物保护主管部门制定。"其规范目的是确定猎获物、野生动物及其制品的价值，主要功能是辅助本法部分处罚内容的实现，并用于案件情节的判定。具体而言，本法"法律责任"一章第四十七条至第五十三条、第五十七条均设定了罚款的处罚方式，具体罚款数额的计算以猎获物、野生动物及其制品的价值为基数，再依据相应比例确定。考虑到我国生物多样性丰富，野生动物种类繁多以及本法确立的分类分级保护野生动物的原则，野生动物及其制品的价值评估办法所涉条目众多，内容专业性强，更适合由国务院规章加以规范。因此本条呈现为委任性规则，即不直接规定猎获物价值、野生动物及其制品价值的评估标准和方法，授权国务院野生动物保护主管部门制定具体办法。

国家林业和草原局和农业农村部针对陆生野生动物和水生野生动物分别制定了《野生动物及其制品价值评估方法》[①]和《水生野生动物及其制品价值评估办法》[②]。以上两个文件的主要内容有：一是明确核算机构，即核算其价值的执法机关或者评估机构，也就是处罚机关既可以自行核算，也可以委托第三方评估机构核算；二是随附基准价值标准名录，即《陆生野生动物基准价值标准目录》和《水生野生动物基准价值标准目录》；三是野生动物及其制品的实际交易价格高于按照评估方法计算的价值的，按照实际交易价格执行[③]；四是野生动物整体价值，野生动物制品价值以及人工繁育的野生动物及其制品价值的计算分别适用不同的公式，随着上述两个价值评估办法的出台，现行的价值认定基础变更为"基准价值"。[④]

陆生和水生野生动物及其制品价值的具体计算标准和方法如下：其一，野生动物整体价值＝基准价值×保护级别系数[⑤]。一般而言，无论陆生还是水生，国家一级重点保护野生动物的保护级别系数为10，国家二级重点保护野生动物的保护级别系数为5。地方重点保护的陆生野生动物和有重要生态、科学、社会价值的陆生野生动物，保护级别系数为1。[⑥] 野生动

---

① 《野生动物及其制品价值评估方法》（原国家林业局令第46号），载国家林业和草原局网站，http://www.forestry.gov.cn/main/3951/20171204/1058011.html，最后访问日期：2023年1月15日。

② 《水生野生动物及其制品价值评估办法》（农业农村部2019年第5号令），载中华人民共和国农业农村部网站，http://www.moa.gov.cn/nybgb/2019/201909/202001/t20200109_6334655.htm，最后访问日期：2023年1月15日。

③ 参见《野生动物及其制品价值评估方法》第六条和《水生野生动物及其制品价值评估办法》第九条。

④ 刘勇、姜康康、刘昀：《走私珍贵动物制品案件中动物制品价值认定的困惑与建议》，载《上海法学研究》集刊2021年第24卷，总第72卷。

⑤ 《野生动物及其制品价值评估办法》规定，野生动物整体价值的计算按照基准价值乘以相应倍数核算，此处的"倍数"与"保护级别系数"仅表述不同，含义相同，例如，国家一级保护野生动物，按照所列野生动物基准价值的十倍核算，倍数为十倍抑或保护级别系数为10，不影响公式计算结果。此处为了提取陆生和水生野生动物整体价值计算的共性，选用《水生野生动物及其制品价值评估办法》规定的"保护级别系数"代为表达计算公式中常数项。"物种来源系数"同理。

⑥ 参见《野生动物及其制品价值评估方法》第四条和《水生野生动物及其制品价值评估办法》第四条。

物的卵、蛋，幼年水生野生动物的整体价值计算则另有规定。①

其二，野生动物制品价值的计算上，核算机构具有一定的自由裁量空间，但不得超过野生动物整体价值。陆生野生动物制品的价值由核算其价值的执法机关或者评估机构根据实际情况予以核算，但不能超过该种野生动物的整体价值；②而水生野生动物制品的价值，按照该物种整体价值乘以涉案部分系数计算，涉案部分系数不应超过 1，系该物种主要利用部分的，涉案部分系数不应低于 0.7，具体由核算其价值的执法机关或者评估机构综合考虑该制品利用部分、对动物伤害程度等因素确定。③

其三，人工繁育的野生动物及其制品的价值＝同种野生动物及其制品价值×物种来源系数。列入人工繁育国家重点保护野生动物名录物种的人工繁育野生动物个体及其制品，物种来源系数为 0.25；其他物种的人工繁育野生动物个体及其制品，物种来源系数为 0.5。④

对于新增加的野生动物物种，但尚未列入《陆生野生动物基准价值标准目录》和《水生野生动物基准价值标准目录》的，其基准价值相应地参照与其同属、同科或目的陆生野生动物或最近似的水生野生动物的基准价值核算。⑤对于《濒危野生动植物种国际贸易公约》附录所列的非原产于我国的野生动物物种，已被国家林草局或者农业农村部核准为国家重点保护野生动物的，按照对应保护级别系数核算价值；未经核准的野生动物及其制品，其价值按照同属、同科或者同目的地方重点保护野生动物或者有重要生态、科学、社会价值的野生动物的价值核算；未经核准的水生

---

① 根据《野生动物及其制品价值评估方法》第四条第二款的规定，两栖类野生动物的卵、蛋的价值，按照该种野生动物整体价值的千分之一核算；爬行类野生动物的卵、蛋的价值，按照该种野生动物整体价值的十分之一核算；鸟类野生动物的卵、蛋的价值，按照该种野生动物整体价值的二分之一核算。根据《水生野生动物及其制品价值评估办法》第五条、第六条的规定，水生野生动物幼年整体的价值，按照该物种成年整体价值乘以发育阶段系数计算。发育阶段系数不应超过 1，由核算其价值的执法机关或者评估机构综合考虑该物种繁殖力、成活率、发育阶段等实际情况确定。水生野生动物卵的价值，有单独基准价值的，按照其基准价值乘以保护级别系数计算；没有单独基准价值的，按照该物种成年整体价值乘以繁殖力系数计算。爬行类野生动物卵的繁殖力系数为十分之一；两栖类野生动物卵的繁殖力系数为千分之一；无脊椎、鱼类野生动物卵的繁殖力系数综合考虑该物种繁殖力、成活率进行确定。
② 参见《野生动物及其制品价值评估方法》第五条。
③ 参见《水生野生动物及其制品价值评估办法》第七条。
④ 参见《野生动物及其制品价值评估方法》第七条和《水生野生动物及其制品价值评估办法》第八条。
⑤ 参见《野生动物及其制品价值评估方法》第九条和《水生野生动物及其制品价值评估办法》第十条。

物种，按照保护级别系数 1（即基准价值）核算。① 对于没有列入《濒危野生动植物种国际贸易公约》附录的野生动物及其制品的价值，按照与其同属、同科或者同目的地方重点保护野生动物或者有重要生态、科学、社会价值的野生动物的价值核算；未被列入《濒危野生动植物种国际贸易公约》附录的地方重点保护水生野生动物，参照保护级别系数 1（即基准价值）核算。②

【适用特别提示】

有关野生动物及其制品价值评估标准和方法的现行规定还有：《国家林业局关于发布破坏野生动物资源刑事案中涉及走私的象牙及其制品价值标准的通知》③ 涉及走私象牙及其制品的价值认定标准。《国家林业局关于发布破坏野生动物资源刑事案件中涉及犀牛角价值标准的通知》④ 涉及犀牛角的价值认定标准。《最高人民法院、最高人民检察院、国家林业局、公安部、海关总署〈关于破坏野生动物资源刑事案件中涉及的 CITES 附录Ⅰ和附录Ⅱ所列陆生野生动物制品价值核定问题〉的通知》⑤ 规定了 CITES 附录Ⅰ、附录Ⅱ所列陆生野生动物制品价值的核定标准。再加上《最高人民法院、最高人民检察院、公安部、司法部印发〈关于依法惩治非法野生动物交易犯罪的指导意见〉的通知》（以下简称《四部门意见》）和《最高人民法院、最高人民检察院关于办理破坏野生动物资源刑事案件适用法律若干问题的解释》（以下简称《两院司法解释》），均规定了破坏野生动物资源刑事案件办理中涉案野生动物及其制品的价值的核

---

① 参见《野生动物及其制品价值评估方法》第八条和《水生野生动物及其制品价值评估办法》第四条。

② 参见《野生动物及其制品价值评估方法》第八条和《水生野生动物及其制品价值评估办法》第十一条。

③ 《国家林业局关于发布破坏野生动物资源刑事案中涉及走私的象牙及其制品价值标准的通知》（林濒发〔2001〕234 号），载国家林业和草原局网站，http://www.forestry.gov.cn/main/5925/20200414/090421836882644.html，最后访问日期：2023 年 1 月 15 日。

④ 《国家林业局关于发布破坏野生动物资源刑事案件中涉及犀牛角价值标准的通知》（林护发〔2002〕130 号），载国家林业和草原局网站，http://www.forestry.gov.cn/main/5925/20200414/090421649636152.html，最后访问日期：2023 年 1 月 15 日。

⑤ 《最高人民法院、最高人民检察院、国家林业局、公安部、海关总署〈关于破坏野生动物资源刑事案件中涉及的 CITES 附录Ⅰ和附录Ⅱ所列陆生野生动物制品价值核定问题〉的通知》（林濒发〔2012〕239 号），载国家林业和草原局网站，http://www.forestry.gov.cn/main/5925/20200414/090421178150102.html，最后访问日期：2023 年 1 月 15 日。

定标准和方法。

此处应注意，核定野生动物及其制品的价值于本法法律责任而言，主要为确定罚款数额。而以上五个文件是办理破坏野生动物资源刑事案件的规定，核定野生动物及其制品的价值主要为判断犯罪情节的轻重，据此定罪量刑，与罚金并无直接关联。[①] 因此。依据本法"法律责任"一章进行罚款时，野生动物及其制品或者猎获物价值的计算应与以上五个文件无关，不宜混淆适用。

另外，2020 年的《四部门意见》首次提出，对涉案野生动物及其制品价值，可以根据国务院野生动物保护主管部门制定的价值评估标准和方法核算。2022 年的《两院司法解释》第十五条进一步明确，对于国家禁止进出口的珍贵动物及其制品、国家重点保护的珍贵、濒危野生动物及其制品的价值，根据国务院野生动物保护主管部门制定的评估标准和方法核算，也就是，本条所指规定对于刑事办案亦有参考意义。但尚不能完全覆盖，如《四部门意见》另规定："对野生动物制品，根据实际情况予以核算，但核算总额不能超过该种野生动物的整体价值。具有特殊利用价值或者导致动物死亡的主要部分，核算方法不明确的，其价值标准最高可以按照该种动物整体价值标准的 80% 予以折算，其他部分价值标准最高可以按整体价值标准的 20% 予以折算，但是按照上述方法核算的价值明显不当的，应当根据实际情况妥当予以核算。"《两院司法解释》则另规定："对于有重要生态、科学、社会价值的陆生野生动物、地方重点保护野生动物、其他野生动物及其制品的价值，根据销赃数额认定；无销赃数额、销赃数额难以查证或者根据销赃数额认定明显偏低的，根据市场价格核算，必要时，也可以参照相关评估标准和方法核算。"以上规定与《野生动物及其制品价值评估方法》和《水生野生动物及其制品价值评估办法》的规定不同，由此可见，破坏野生动物资源的行政违法案件和刑事犯罪案件在涉案野生动物及其制品价值的评估上，核定标准和方法有所重合，但并不相同。

【关联规范】

《中华人民共和国野生动物保护法》第四十七条至第五十三条、第五十七条；《野生动物及其制品价值评估方法》；《水生野生动物及其制品价值评估办法》；《国家林业局关于发布破坏野生动物资源刑事案中涉及走私

---

① 参见《最高人民法院、最高人民检察院关于办理破坏野生动物资源刑事案件适用法律若干问题的解释》第二条至第八条。

的象牙及其制品价值标准的通知》;《国家林业局关于发布破坏野生动物资源刑事案件中涉及犀牛角价值标准的通知》;《最高人民法院、最高人民检察院、国家林业局、公安部、海关总署〈关于破坏野生动物资源刑事案件中涉及的 CITES 附录Ⅰ和附录Ⅱ所列陆生野生动物制品价值核定问题〉的通知》;《最高人民法院、最高人民检察院、公安部、司法部印发〈关于依法惩治非法野生动物交易犯罪的指导意见〉的通知》;《最高人民法院、最高人民检察院关于办理破坏野生动物资源刑事案件适用法律若干问题的解释》第二条至第八条、第十五条、第十六条。

第六十三条 【野生动物保护公益诉讼制度】对违反本法规定破坏野生动物资源、生态环境,损害社会公共利益的行为,可以依照《中华人民共和国环境保护法》、《中华人民共和国民事诉讼法》、《中华人民共和国行政诉讼法》等法律的规定向人民法院提起诉讼。

【条文主旨】

本条将野生动物保护纳入公益诉讼的法定范围,确立了野生动物保护公益诉讼制度。

【理解与适用】

本条为此次修订新增的条文。

一、确立野生动物保护公益诉讼制度的原因

(一)公益诉讼能够弥补现有野生动物保护机制的不足

野生动物保护公益诉讼制度的补充功能主要体现在以下三个方面:一是扩展野生动物保护的范围。违法开发、利用野生动物资源除了损害生物多样性,还可能引发生态系统失衡,甚至带来疫病传播风险,损害社会公众身体健康。一旦产生野生动物资源受损以外的其他严重结果,现有野生动物保护机制下的刑事制裁和行政监管手段尚无针对性举措。公益诉讼制度为野生动物保护提供了另外一种可能,即对于已经损害社会公共利益或者具有损害社会公共利益重大风险的侵害野生动物的行为,均可基于公共利益的考量提起公益诉讼①，将可能影响的生态环境、公共卫生安全，以及野生动物本身的价值等都纳入保护范围。二是促进生态修复。综观野生动物保护法律法规对法律责任的设定，以刑事法律责任和行政法律责任为主，主要责任承担方式包括剥夺人身自由、罚款、没收等，侧重于对违法行为人的惩治和处罚，缺少补救性责任的设定。公益诉讼制度将生态修复纳入到野生动物保护的法律责任体系中②，重新整合了野生动物保护的法律责任形态，为恢复被侵害野生动物生态价值提供了新渠道。三是建立事前预防机制。在民事公益诉讼中，只要具有损害社会公共利益的重大风险即可提起诉讼，无需发生实际损害后果。在行政公益诉讼中，人民检察院督促负有野生动物保护职责的行政机关积极依法履行职责，能够避免危害后果的发生或者控制危害后果的扩大。公益诉讼的预防性功能是对刑事处罚和行政处罚等事后规制手段的重要补充。

（二）公益诉讼范围可兼容野生动物保护公益诉讼

公益诉讼的概念界定和制度建构以"公共利益"为主要目标和着眼点。野生动物作为生物资源和生态环境的一部分，具有生态价值；医药、养殖、科学研究等领域野生动物产业的发展，亦可创造经济价值。因此，野生动物作为公共资源，从经济效益、生态环境、资源利用等方面推动人类进步和发展，通过公益诉讼保护野生动物具有正当前提，保护野生动物就是维护公共利益。③ 此外，在实定法上，环境保护法第二条④通过列举的方法明确了"环境"的外延，指明野生生物是"环境"的一部分，由此可知，野生动物是环境公共利益的重要体现，可以成为公益诉讼保护的对象。

根据民事诉讼法和行政诉讼法的规定，民事公益诉讼适用于"法律规定的有关机关和组织发现的污染环境、侵害众多消费者合法权益等损害社

---

① 朱烨、梁勇：《野生动物保护之环境公益诉讼路径探析》，载《山东法官培训学院学报》2020年第3期。

② 《最高人民法院关于审理环境民事公益诉讼案件适用法律若干问题的解释》（法释〔2020〕20号）第十八条是对环境民事公益诉讼中民事责任的规定，即"对污染环境、破坏生态，已经损害社会公共利益或者具有损害社会公共利益重大风险的行为，原告可以请求被告承担停止侵害、排除妨碍、消除危险、修复生态环境、赔偿损失、赔礼道歉等民事责任"。

③ 赵祖斌：《论野生动物保护公益诉讼的建构》，载《干旱区资源与环境》2020年第10期。

④ 环境保护法第二条规定："本法所称环境，是指影响人类生存和发展的各种天然的和经过人工改造的自然因素的总体，包括大气、水、海洋、土地、矿藏、森林、草原、湿地、野生生物、自然遗迹、人文遗迹、自然保护区、风景名胜区、城市和乡村等。"

会公共利益的行为""人民检察院在履行职责过程中发现的破坏生态环境和资源保护、食品药品安全领域侵害众多消费者合法权益等损害社会公共利益的行为",行政公益诉讼适用于"生态环境和资源保护、食品药品安全、国有财产保护、国有土地使用权出让等领域"。[①] 用法律条款中的"等"字涵盖其他"等外"范围,可见案件范围不拘泥于列示的领域。[②] 现有法律规定为公益诉讼范围的拓展留有空间,野生动物保护公益诉讼即为公益诉讼"等"外领域的一次探索。

司法实践中,野生动物保护公益诉讼以检察机关提起的刑事附带民事公益诉讼为主。[③] 近年来,最高人民检察院积极推进野生动物保护检察公益诉讼的制度实践和案例指导。例如,2020年初,最高人民检察院下发通知,明确要求各级检察机关结合公益诉讼检察职能,积极开展源头防控,严惩非法捕猎国家保护的野生动物行为,积极稳妥探索拓展野生动物保护领域的公益诉讼。[④] 2020年2月28日发布了《检察机关野生动物保护公益诉讼典型案例》[⑤]。2021年10月9日又发布了《生物多样性保护公益诉讼典型案例》[⑥],其中收录了六起野生动物保护相关的公益诉讼案件。

综上所述,将野生动物保护纳入公益诉讼范围具有法理依据和法律、政策的支撑。

二、野生动物保护公益诉讼的类型

本条规定:"对违反本法规定破坏野生动物资源、生态环境,损害社

[①] 参见民事诉讼法第五十八条和行政诉讼法第二十五条。

[②] 李凌云:《从损害控制到风险预防:野生动物保护公益诉讼的优化进路》,载《中国环境管理》2020年第5期。

[③] 在中国裁判文书网以"野生动物保护"和"公益诉讼"为关键词进行搜索,共有544篇法律文书,其中刑事案由有490件。检索日期:2023年1月5日。

[④] 颜运秋、陈忠:《拓展野生动物保护检察公益诉讼案件范围》,载《检察日报》2020年第3期。

[⑤] 《检察机关野生动物保护公益诉讼典型案例》,载最高人民检察院网站,https://www.spp.gov.cn/xwfbh/wsfbt/202002/t20200228_455360.shtml#1,最后访问日期:2023年1月15日。

[⑥] 《生物多样性保护公益诉讼典型案例》,载最高人民检察院网站,https://www.spp.gov.cn/xwfbh/wsfbt/202110/t20211009_531433.shtml#2,最后访问日期:2023年1月15日。

会公共利益的行为，可以依照环境保护法①、民事诉讼法②、行政诉讼法③等法律的规定向人民法院提起诉讼"，属于准用性规则，即不规定野生动物保护公益诉讼制度的具体内容，直接适用民事公益诉讼和行政公益诉讼的相关规定即可。从案由的角度，野生动物保护公益诉讼也是环境公益诉讼的延伸。

（一）野生动物保护民事公益诉讼

民事诉讼法第五十八条、环境保护法第五十八条以及《最高人民法院关于审理环境民事公益诉讼案件适用法律若干问题的解释》④ 第一条至第八条规定了环境民事公益诉讼制度的具体起诉条件：

其一，在原告资格的设定上，具有民事公益诉讼原告资格的包括法律规定的机关和有关组织以及人民检察院。此处"法律规定的机关和有关组织"是指符合下列条件的社会组织：（一）依法在设区的市级以上人民政府民政部门登记；（二）专门从事环境保护公益活动连续五年以上且无违法记录。人民检察院在没有"法律规定的机关和组织"或者前述"法律规定的机关和组织"不提起诉讼的情况下，可以提起诉讼。若"法律规定的机关或者组织"提起诉讼，人民检察院可以支持起诉。

其二，具有被告的行为已经损害社会公共利益或者具有损害社会公共利益重大风险的初步证明材料。需注意，提起民事公益诉讼不以出现损害

---

① 环境保护法第五十八条规定："对污染环境、破坏生态，损害社会公共利益的行为，符合下列条件的社会组织可以向人民法院提起诉讼：（一）依法在设区的市级以上人民政府民政部门登记；（二）专门从事环境保护公益活动连续五年以上且无违法记录。符合前款规定的社会组织向人民法院提起诉讼，人民法院应当依法受理。提起诉讼的社会组织不得通过诉讼牟取经济利益。"

② 民事诉讼法第五十八条规定："对污染环境、侵害众多消费者合法权益等损害社会公共利益的行为，法律规定的机关和有关组织可以向人民法院提起诉讼。人民检察院在履行职责中发现破坏生态环境和资源保护、食品药品安全领域侵害众多消费者合法权益等损害社会公共利益的行为，在没有前款规定的机关和组织或者前款规定的机关和组织不提起诉讼的情况下，可以向人民法院提起诉讼。前款规定的机关或者组织提起诉讼的，人民检察院可以支持起诉。"

③ 行政诉讼法第二十五条第四款规定："人民检察院在履行职责中发现生态环境和资源保护、食品药品安全、国有财产保护、国有土地使用权出让等领域负有监督管理职责的行政机关违法行使职权或者不作为，致使国家利益或者社会公共利益受到侵害的，应当向行政机关提出检察建议，督促其依法履行职责。行政机关不依法履行职责的，人民检察院依法向人民法院提起诉讼。"

④ 《最高人民法院关于审理环境民事公益诉讼案件适用法律若干问题的解释》（法释〔2020〕20 号），载最高人民法院网站，https：//www.court.gov.cn/fabu - xiangqing - 282651.html，最后访问日期：2023 年 1 月 15 日。

事实为前提条件，如能证明有出现损害结果的现实和紧迫的重大风险，也可提起诉讼。

其三，符合提起民事诉讼的其他条件，即有明确的被告；有具体的诉讼请求和事实、理由；属于人民法院受理民事诉讼的范围和受诉人民法院管辖。

（二）野生动物保护行政公益诉讼

行政诉讼法第二十五条第四款以及《最高人民法院、最高人民检察院关于检察公益诉讼案件适用法律若干问题的解释》[1] 第二十一条至第二十三条具体规定了环境行政公益诉讼制度的起诉条件：

其一，在原告资格的设定上，人民检察院是提起行政公益诉讼的唯一主体。

其二，被告是负有野生动物保护职责的行政机关。

其三，具有被告违法行使职权或者不作为，致使国家利益或者社会公共利益受到侵害的证明材料。需注意，提起行政公益诉讼以发生公益损害事实为必要条件。

其四，已履行诉前程序，即先向行政机关提出检察建议，督促其依法履行职责。行政机关不依法履行职责的，人民检察院依法向人民法院提起诉讼。行政机关应当在收到检察建议书之日起两个月内依法履行职责，并书面回复人民检察院。出现国家利益或者社会公共利益损害继续扩大等紧急情形的，行政机关应当在十五日内书面回复。

其五，符合提起行政诉讼的其他条件，即有具体的诉讼请求和事实根据；属于人民法院受案范围和受诉人民法院管辖。

【关联规范】

《中华人民共和国环境保护法》第二条、第五十八条；《中华人民共和国民事诉讼法》第五十八条；《中华人民共和国行政诉讼法》第二十五条；《最高人民法院关于审理环境民事公益诉讼案件适用法律若干问题的解释》第一条至第八条、第十八条；《最高人民法院、最高人民检察院关于检察公益诉讼案件适用法律若干问题的解释》第二十一条至第二十三条。

---

[1] 《最高人民法院关于审理环境民事公益诉讼案件适用法律若干问题的解释》（法释〔2020〕20 号），载最高人民检察院网站，https://www.spp.gov.cn/xwfbh/wsfbt/202012/t20201230_504430.shtml#2，最后访问日期：2023 年 1 月 15 日。

> 案例评析

甲市乙区丙餐厅诉甲市自然资源局处罚决定案[①]

一、案情简介

甲市自然资源局林业执法人员到甲市乙区丙餐厅经营的"××蛇宴"餐厅进行执法检查，发现该餐厅出售滑鼠蛇、王锦蛇、灰鼠蛇等野生动物。后经华南野生动物物种鉴定中心出具的鉴定报告及价值评估说明，确认查处的涉案野生动物均属于国家"三有"保护野生动物，价值合计为224400元。甲市自然资源局认定丙餐厅未经批准擅自出售国家"三有"保护野生动物，根据野生动物保护法第四十八条第二款[②]，决定没收查处的野生蛇，并处涉案野生动物核定标准价格1.1倍罚款246840元。丙餐厅不服该处罚决定，提起诉讼。

二、核心问题

案涉处罚决定书的事实认定和法律依据是否合法以及所确定罚款数额是否适当。

三、法院裁判要旨

上诉人丙餐厅未经批准擅自出售国家"三有"保护野生动物，且无法提供现场查获的野生动物的合法来源证明，应当按照野生动物保护法第四十八条第二款的规定予以处罚。在罚款数额的确定上，丙餐厅主张其销售的野生动物来源合法，均为人工养殖，应适用《野生动物及其制品价值评估方法》第七条第一款的规定，价值按同种野生动物的50%计算。但丙餐厅提供的供货合同及购销单尚不能反映具体的供货种类、数量及日期等供货详情，不能证实丙餐厅被查获的野生动物具有合法来源，更不能证实为人工繁育的事实。甲市自然资源局根据本案查明的事实及以上法律规定，对丙餐厅处查获野生动物价值1.1倍罚款246840元，合法有据，处理恰当。最终判决驳回上诉，维持原判。

四、专家评析

根据修订前的野生动物保护法，丙餐厅未经批准擅自出售国家"三

---

① 广东省佛山市中级人民法院（2021）粤06行终238号行政判决书，载中国裁判文书网，https://wenshu.court.gov.cn/website/wenshu/181107ANFZ0BXSK4/index.html？docId=eyYeS+7Ix/Zhfebc/VFsSOyRx4j5nKh22HV4kDFmnAZzjiT0TZatkGI3IS1ZgB82zl0jsPly77O8+ZDGqf-gfPRl3Yomk5Ff68pNJ8JM1zrUSA8XsNgrYZATlZINQzR9Y，最后访问日期：2023年1月15日。
② 本案引用的法律文件均为裁判时有效的文件，以下不再提示。

有"保护野生蛇,且无法提供合法来源证明,违反第三十条,构成"使用没有合法来源证明的非国家重点保护野生动物及其制品制作的食品",应当依据第四十八条第二款予以处罚,即"没收野生动物,并处野生动物价值一倍以上五倍以下的罚款",最终处以没收查处的野生蛇和涉案野生蛇核定价格 1.1 倍罚款 246840 元。本法修订后,丙餐厅售卖使用国家"三有"保护野生蛇制作食品的行为,违反第三十一条第三款,即禁止生产、经营使用国家重点保护野生动物和有重要生态、科学、社会价值的陆生野生动物以及其他陆生野生动物及其制品制作的食品,应当根据第五十三条第二款予以处罚,即"责令停止违法行为,没收野生动物及其制品和违法所得,责令关闭违法经营场所,并处违法所得十五倍以上三十倍以下罚款"。同时,"餐饮场所为食用野生动物提供消费服务",违反本法第三十三条,应依据第五十五条予以处罚,即"责令停止违法行为,限期改正,没收违法所得,并处违法所得二倍以上十倍以下罚款"。也就是,丙餐厅的违法行为同时违反两个法律规范,根据行政处罚法第二十九条,应按照罚款高者处罚。显然本法对生产、经营野生动物制作的食品的违法行为设定的罚款更高。综上所述,本法修订前后的规定不同,本案的行为定性和处罚依据均不同,处罚结果也不同。现行法全面禁食野生动物,餐厅不能经营任何野生动物或者其制品作为菜品出售,即便取得野生动物或者其制品的合法来源证明亦不被允许,且处罚严厉性大为加强。

闵某春诉甲县森林公安局、甲县人民政府处罚决定案[①]

一、案情简介

甲县森林公安局在办理熊某元非法猎捕国家重点保护动物一案时,发现闵某春涉嫌非法收购野生动物。据查,闵某春在没有办理任何手续的情况下,擅自向甲县柿子镇水银村熊某元购买非法猎捕的野生动物麂子一只。经聘请甲县发展和改革委员会价格认定中心对涉案的野生动物麂子进行价格评估,涉案的野生动物麂子价值 1575 元人民币。甲县森林公安局认

---

① 云南省盐津县人民法院(2019)云 0623 行初 99 号行政判决书,载中国裁判文书网,https://wenshu.court.gov.cn/website/wenshu/181107ANFZ0BXSK4/index.html?docId=930s85qhV2N82ExKSUn4l/CLur/3/tDyLZPKYjl9RlVbSwU0rdgt/mI3IS1ZgB82zl0jsPly77O8+ZDGqfgfPRl3Yomk5Ff68pNJ8JM1zrWt+ggCXy5tEIbIYPTyt0U/,最后访问日期:2023 年 1 月 15 日。

为闵某春非法收购野生动物，根据野生动物保护法第四十八条[①]的规定，决定处闵某春非法收购的一只麂子实物价值3倍的罚款，共计人民币4725元。闵某春不服处罚决定，向县政府申请行政复议，县政府决定维持，闵某春后又提起诉讼。

二、核心问题

闵某春不知其非法收购和食用的动物为国家重点保护野生动物是否影响其违法事实构成。

三、法院裁判要旨

闵某春经张某权介绍向熊某元购买30斤左右的野生动物并食用，但不能分辨具体是什么野生动物，只知道购买野生动物是违法行为。熊某元证实其卖给闵某春的动物是在野外猎捕的麂子，在猎捕当天直接从猎捕的现场运送至某镇某唐农家乐闵某春处，以每斤45元之价卖给闵某春，共获利1500元。本案中，闵某春非法收购野生动物的违法事实存在，甲县森林公安局对闵某春进行行政处罚，并不要求闵某春明确区分该动物是野生麂子或者野生羊。故，甲县森林公安局认定闵某春非法收购野生动物麂子的事实清楚；其行为违反野生动物保护法第二十七条，应依据第四十八条进行处罚，适用法律正确；根据价值鉴定结果处闵某春三倍罚款，处罚适当；甲县政府作出予以维持的复议决定亦无不当，最终判决驳回原告闵某春诉讼请求。

四、专家评析

根据修订前的野生动物保护法，闵某春购买他人非法猎捕野生动物麂子的违法行为构成"非法购买国家重点保护野生动物"，违反第二十七条，即"禁止出售、购买、利用国家重点保护野生动物及其制品"，应当依据第四十八条第一款予以处罚，即"没收野生动物及其制品和违法所得，并处野生动物及其制品价值二倍以上十倍以下的罚款"。由于涉案麂子已被闵某春食用，不能罚以没收，最终处麂子价值3倍的罚款4725元。本法修订后，闵某春为食用非法购买野生麂子的行为违反第三十一条，即禁止食用和为食用非法购买国家重点保护野生动物和国家保护的有重要生态、科学、社会价值的陆生野生动物以及其他陆生野生动物，应当依据第五十三条第一款予以处罚，即"责令停止违法行为，没收野生动物及其制品，并处野生动物及其制品价值二倍以上二十倍以下罚款"。由此可知，本案根据修法前的规定予以处理，违法事实是非法购买国家重点保护野生动物，

---

① 本案引用的法律文件均为裁判时有效的文件，以下不再提示。

并不考虑违法者购买野生动物的动机是食用还是其他利用目的。虽然修法前也规定了禁止为食用非法购买国家重点保护的野生动物及其制品,并设定了相应的法律责任,但本案并未据此处理。本法此次修订为贯彻全面禁食野生动物的精神,着重加强对为食用目的非法出售、购买、运输野生动物行为的规范,并加大处罚力度。综上所述,本法修订前后的规定不同,本案的行为定性在是否区分行为动机上有所差异,处罚依据和处罚结果亦不同。

第五章 附 则

> 第六十四条 【施行日期】本法自 2023 年 5 月 1 日起施行。

【条文主旨】

本条是关于本法施行日期的规定。

【理解与适用】

施行日期，是所有法律的必备条款。法律的施行日期，也称法律的生效日期、实施日期，是指法律从什么时候开始生效。法律对于施行日期的规定方式主要有两种，分别是直接规定从某日起开始实施，或者规定"自公布之日起施行"。

根据本条的规定，新修订的野生动物保护法自 2023 年 5 月 1 日起施行。法律"不溯及既往"，即除非法律明确作出规定，否则不对其生效以前的行为或事件发生效力，因此新修订的野生动物保护法只适用于其施行之日以后的行为。同时，自 2023 年 5 月 1 日起，凡是与新修订的野生动物保护法相抵触的规定，都将失去效力。

新修订的野生动物保护法于 2022 年 12 月 30 日通过，到 2023 年 5 月 1 日开始实施，中间有 4 个月。这段时间属于新法的实施准备期间，有关方面应当认真准备，做好新法的学习、宣传、培训工作，做好原有规定的清理工作，做好配套性规定的制定工作。

图书在版编目（CIP）数据

中华人民共和国野生动物保护法理解与适用／李洪雷主编；李霞副主编．—北京：中国法制出版社，2023.2

ISBN 978-7-5216-3326-9

Ⅰ．①中… Ⅱ．①李… ②李… Ⅲ．①野生动物-动物保护-自然资源保护法-法律解释-中国②野生动物-动物保护-自然资源保护法-法律适用-中国 Ⅳ．①D922.681

中国国家版本馆 CIP 数据核字（2023）第 030472 号

策划编辑	王熹（wx2015hi@sina.com）		
责任编辑	赵律玮（ayu.0907@163.com）	封面设计	李宁

中华人民共和国野生动物保护法理解与适用
ZHONGHUA RENMIN GONGHEGUO YESHENG DONGWU BAOHUFA LIJIE YU SHIYONG

主编／李洪雷
副主编／李霞
经销／新华书店
印刷／三河市国英印务有限公司
开本／730 毫米×1030 毫米　16 开　　　　　　　　印张／14.75　字数／217 千
版次／2023 年 2 月第 1 版　　　　　　　　　　　　2023 年 2 月第 1 次印刷

中国法制出版社出版
书号 ISBN 978-7-5216-3326-9　　　　　　　　　　　　　定价：59.00 元

北京市西城区西便门西里甲 16 号西便门办公区
邮政编码：100053　　　　　　　　　　　　　　　　　传真：010-63141600
网址：http：//www.zgfzs.com　　　　　　　　　　编辑部电话：010-63141795
市场营销部电话：010-63141612　　　　　　　　　　印务部电话：010-63141606

（如有印装质量问题，请与本社印务部联系。）